CW01152001

R. Alden Smith

Vergil

R. Alden Smith

Vergil

Dichter der Römer

Aus dem Englischen
von Cornelius Hartz

unus liber tantis liberis
Katie, Harry, Ben, Rachel,
Bayush, Sileshi, Tarikwa

Englische Originalausgabe:
»Virgil«
John Wiley & Sons Ltd., Chichester 2011
All Rights reserved. Authorised translation from the English language edition published by John Wiley & Sons Ltd. Responsibility for the accuracy of the translation rests solely with Wissenschaftliche Buchgesellschaft and is not the responsibility of John Wiley & Sons Ltd. No part of this book may be reproduced in any form without the written permission of the original copyright holder, John Wiley & Sons Ltd.

© R. Alden Smith 2011

Die Deutsche Nationalbibliothek verzeichnet diese Publikation in der Deutschen Nationalbibliografie; detaillierte bibliografische Daten sind im Internet über http://dnb.d-nb.de abrufbar.

Das Werk ist in allen seinen Teilen urheberrechtlich geschützt.
Jede Verwertung ist ohne Zustimmung des Verlages unzulässig.
Das gilt insbesondere für Vervielfältigungen,
Übersetzungen, Mikroverfilmungen und die Einspeicherung in
und Verarbeitung durch elektronische Systeme.

© 2012 by WBG (Wissenschaftliche Buchgesellschaft), Darmstadt
Die Herausgabe des Werkes wurde durch die Vereinsmitglieder der WBG ermöglicht.
Umschlaggestaltung: Peter Lohse, Heppenheim
Umschlagabbildung: Augustin Cayot (1667–1772), Didos Tod. Paris, Louvre.
Foto: Erich Lessing, akg-images
Typographie und Satz: SatzWeise, Föhren

Besuchen Sie uns im Internet: www.wbg-wissenverbindet.de
ISBN 978-3-534-24899-5

Die Buchhandels-Ausgabe erscheint beim Verlag Philipp von Zabern, Darmstadt/Mainz
Umschlaggestaltung: Jutta Schneider, Frankfurt am Main
Umschlagabbildung: »Vergil liest aus seinem 6. Buch der Äneis«/Gemälde, 1820, von Jean-Baptiste Joseph Wicar (1762–1834). Tremezzo, Villa Carlotta. © akg-images / Rabatti – Domingie
ISBN 978-3-8053-4463-0

www.zabern.de

Elektronisch sind folgende Ausgaben erhältlich:
eBook (PDF): 978-3-534-72659-2 (für Mitglieder der WBG)
eBook (epub): 978-3-534-72660-8 (für Mitglieder der WBG)
eBook (PDF): 978-3-8053-4495-1 (Buchhandel)
eBook (epub): 978-3-8053-4494-4 (Buchhandel)

Inhaltsverzeichnis

Vorwort — 7

1. Kapitel
Vergils Leitmotive: Dialog, Weisheit, Mission — 11

2. Kapitel
Publius Vergilius Maro: Eine Präambel — 36

3. Kapitel
Eklogen-Dialoge — 50

4. Kapitel
Georgica: Festmahl der Weisheit — 87

5. Kapitel
Aeneis: Mission und *telos* — 118

6. Kapitel
Vergil-Handschriften: Vom Codex zur kritischen Ausgabe — 166

7. Kapitel
Vergils Vermächtnis — 182

Literaturhinweise — 201

Anmerkungen — 215

Register — 228

Vorwort

Vergil ist für die Literatur der Antike das, was Michelangelo für die Kunst der Renaissance ist – auch wenn man in diesem Satz die Epochen fortließe, er wäre vielleicht immer noch wahr. Es ist ein Privileg für mich, einer derjenigen zu sein, die über Vergil forschen und ihn näher kennengelernt haben – zumindest den Vergil, den wir in seinen Texten finden.

Bei diesem Projekt schulde ich meinen Freunden und Kollegen einiges an Dank. Viele haben einzelne Kapitel oder sogar das ganze Manuskript gelesen. Ich danke herzlich meiner Kollegin Julia Hejduk, die mir Resonanz gab, Gedanken auf die Probe stellte und Übersetzungen prüfte – und all das *summa cum caritate*. Jeff Hunt, dessen Anmerkungen von wirklich unschätzbarem Wert waren, schulde ich mehr, als ich auszudrücken vermag. Seine Frau Jenny hat ebenfalls einen Großteil des Manuskripts gelesen und verbesserte Stil und Substanz. Auch Kenneth Jones und Richard Durán gaben mir willkommenes Feedback zu ausgewählten Kapiteln. Außerdem danke ich Antony Augoustakis, Simon Burris, Susan Colón, Tommye Lou Davis, Jeff Fish, Brent Froberg, Daniel Hanchey, Tim Heckenlively, David Jeffrey, Steven Jones, Michael Sloan und Amy Vail für ihre ermunternden Worte und für unbürokratischen Gedankenaustausch. Dankbar bin ich auch Darin Davis, die mich ein paar meiner Ideen den Crane Scholars der Baylor University vorstellen ließ. Thelma Mathews gebührt mein tief empfundener Dank dafür, dass sie zahllose Aufgaben für mich erledigt hat. Ich danke Paulette Edwards, die mir eine Menge administrativer Schreibarbeiten abgenommen hat, und Doris Kelly, die meinen Terminplan organisiert hat.

Eine Menge Hilfe kam von anderen Kollegen und Freunden. Gareth Williams nahm mich freundlich auf an der Columbia University, wo ein Großteil dieses Buchs verfasst wurde, und gewährte mir Zutritt zur Butler Library. Auch danke ich Joe Farrell, der mich in Philadelphia in puncto Logistik unterstützte, als ich in der Van Pelt Library der Penn University forschte; dort lernte ich Dan Traister kennen, Kurator des Research Service der Rare Book & Manuscript Library. Ich bin ihm (und meinem Kollegen von der Baylor University, David White, der uns einander vorstellte) dankbar für seine Unterstützung bei der Manuskriptsichtung; auch Nico Knauer steuerte hier wertvolle Hinweise bei.

Professor Mario Geymonat (Venedig) bot mir wertvolle Hilfe in Bezug auf Manuskripte und andere Themen an. Ich danke Monsignore Piazzi von der Biblioteca Capitolare in Verona für besondere Unterstützung. Bezüglich einiger wichtiger Aspekte meiner Forschungen in Italien danke ich *ex corde* Professor Gianni Profita und Dr. Maurizio Fallace, dem Direttore Generale per i Beni Librari. Professor Peter Arzt-Grabner und Professor Gerhard Petersmann zeigten sich ebenfalls sehr hilfreich und erlaubten mir, ein paar meiner Ideen an der Universität Salzburg vorzustellen. Ich danke auch Eleanor Stump von der St. Louis University für den Zugang zur Bibliothek und ihre Gastlichkeit sowie Karl Galinsky und David Armstrong für ihr Feedback zu einer Vorlesung, die ich an der University of Texas hielt.

Für ihre Resonanz zu verschiedenen Teilen des Manuskripts danke ich insbesondere Neil Coffee, Craig Kallendorf, Richard Thomas und John Van Sickle. Auch Sophia Papaiannou verdanke ich viele geistreiche Kommentare. Ich kann unmöglich alle namentlich aufführen, die hier mit Rat und Tat zur Seite standen, dennoch muss ich Giancarlo Abbamonte, Greg Daugherty, Patricia Johnston, Philip Lockhart, Michèle Lowrie, Piergiacomo Petrioli, Fabio Stock und Katharina Volk nennen sowie von der Moody Library Kenneth Carriveau und Janet Sheets. Im Rahmen einer speziellen Angelegenheit in Chicago danke ich zudem Peter Knox und Ujival Vyas. Als ich mit diesem Projekt begann, hatte ich das ehrenvolle Amt des Präsidenten der *Virgilian Society* inne. Ich habe sehr profitiert von anregenden Gesprächen mit dem mittlerweile verstorbenen Sandy McKay; auch danke ich Vonnie Sullivan für ihre wertvolle Hilfe und Gastlichkeit sowie Bruce Jaffie und Lettie Teague für unsere gemeinsamen Abendessen in New York und verschiedene Aspekte bezüglich des Themas »Wein«.

Meine Studenten an der Baylor University haben mich bei diesem Projekt begeistert unterstützt, vor allem gilt mein Dank meinen Assistenten T. J. McLemore, Kathleen Miller, Heather Outland und Faith Wardlaw sowie Anne Langhorne, Stephen Margheim, Joe Muller, Holly Murphy und Anna Sitz. Mein Vergil-Kurs 2008 brachte mir auch neue Einblicke: Jessie Carrothers, Sam und Ashely Cole, Ashley Crooks, Noelle Jacot, Gideon Jeffrey, Jason Milam, Clint Pechacek, William Priest, Harry Smith und Mary Claire Russell.

Ich möchte meine Wertschätzung gegenüber den Sabbatical- und Research-Komitees der Baylor University ausdrücken, insbesondere Vizekanzler Truell Hyde und seinen Beschäftigten sowie Lehrstuhlinhaber John Thorburn, der mich unterstützte. Viel verdanke ich zudem meinen Dekanen Tom Hibbs (Honors College) und Lee Nordt (Arts and Sciences) sowie Kanzlerin Elizabeth Davis und Präsident David Garland.

Beim Verlag Wiley-Blackwell danke ich Sophie Gibson, Haze Humbert,

Graeme Leonard und Galen Smith sowie den anonymen Rezensenten, die einiges an konstruktiver Kritik beisteuerten. Zum Schluss möchte ich meiner Frau Diane meinen tiefempfundenen Dank ausdrücken, für ihre grenzenlose Hilfe und Unterstützung, sowie meinen tapferen Kindern, für ihre unerschütterliche Ruhe und Geduld. Ihnen ist dieses Buch gewidmet.

1. Kapitel

Vergils Leitmotive: Dialog, Weisheit, Mission

> Und siehe, da hörte ich eine Stimme ...: »Nimm und lies!«
> Augustinus, *Confessiones* 8.12

> Literarischer Code und Genre diktieren die Art und Weise, wie zwischen Dichter und Publikum stillschweigend kommuniziert wird.
> Charles Segal, aus der Einleitung zu Gian Biagio Conte, *Memoria dei poeti e sistema letterario*, 9

Vergil schrieb in einem bestimmten Code. Das Wort »Code«, wie es im Zitat oben erscheint, bezieht sich auf den dichterischen Stil und die Methode, mit der ein Dichter seine Inhalte vermittelt. Dichtung wird mittels bestimmter gattungsspezifischer Assoziationen und Anspielungen codiert. Obgleich ursprünglich für eine Schriftrolle konzipiert, sind uns Vergils Gedichte in Gestalt eines Buches überliefert worden, das wir »Codex« nennen; es hatte bereits die Form unserer heutigen Bücher. Vom lateinischen Wort *codex* (bzw. *caudex*, ursprünglich »Baumrinde«, später »Buch«) stammen auch unsere modernen Wörter Code und Codex ab. Der epische Code, mit dem man sich bei der Vergil-Lektüre konfrontiert sieht, wurde selbst umcodiert, als er von den antiken Schriftrollen in einen Codex übertragen wurde.

Vergil schrieb drei große dichterische Werke, alle im daktylischen Hexameter unter dem Oberbegriff *epos* (griech. »Wort«). Man kann Vergils Werk also als drei Manifestationen des epischen Codes ansehen. Vergils frühestes Werk, die *Eklogen*, gehört der Bukolik an und hat allem Anschein nach etwas mit der Welt der Hirten zu tun; sein zweites, die *Georgica*, ist ein Lehrgedicht, augenscheinlich über die Landwirtschaft; seine große Erzählung, die *Aeneis*, ist eine heroische Dichtung. Diese Unterscheidungen innerhalb des epischen Codes sollen die ersten Wegweiser für uns sein auf unserer Reise durch Vergils Dichtung.

1. Kapitel

Von Codes und Codices

Um Vergils Code zu entschlüsseln, muss sich der Leser zunächst mit dem Codex in seiner modernen Buchform beschäftigen. Diese moderne Form ist aus den antiken und mittelalterlichen Quellen entstanden (ihre Geschichte wird im 6. Kapitel dieses Buches behandelt). Wir wollen hier zunächst nur eine der Handschriften betrachten und untersuchen, welche Rolle sie innerhalb der Geschichte des Vergil-Textes spielt.

Im 16. Jahrhundert fiel Francesco I. de'Medici eine wichtige Handschrift in die Hände; sie erhielt so die Bezeichnung *Codex Mediceus*. Francesco brachte sie von Rom nach Florenz, zum Hauptsitz der Medici. Der Codex ist in der dortigen Biblioteca Medicea Laurenziana untergebracht und enthält Emendationen in roter Tinte vom Philologen Iulius Pomponius Laetus (italienisch: Pomponio Leto) aus dem 15. Jahrhundert.[1] Vor Leto hat jedoch bereits ein früherer Besitzer und Bearbeiter des Codex am Ende der *Eklogen*, direkt vor dem Anfang der *Georgica*, in ganz kleiner Schrift eine Subskription eingefügt (Abb. 1):

> Turcius Rufius Apronianus Asterius v(ir) c(larissimus) et inl(ustris) ex comite domest(icorum) protect(orum) ex com(ite) priv(atarum) largit(ionum)
> ex praef(ecto) urbi patricius et consul ordin(arius) legi et distincxi codicem fratris Macharii v(iri) c(larissimi)
> non mei fiducia set eius cui si et ad omnia sum devotus arbitrio
> XI Kal. Mai(as) Romae.[2]

> Ich, Turcius Rufius Apronianus Asterius, hochangesehenes und ehrenvolles Mitglied der Beschützer des [kaiserlichen] Hauses und ehemaliger Verwalter des Privatvermögens || und ehemaliger Stadtpräfekt und rechtmäßig gewählter Konsul, habe diesen Codex meines hochangesehenen Bruders [= Freundes] Macharius gelesen und interpungiert, || nicht aufgrund meines Vertrauens in mich selbst, sondern aufgrund meines Vertrauens in wen auch immer [den zukünftigen Leser?], dem ich mich in jeder Hinsicht bezüglich meines Urteilsvermögens [d. h. meiner Bearbeitung] unterwerfe; [geschrieben] am 21. April in Rom.

Diese Subskription liefert einen wertvollen Hinweis zur Datierung, als *terminus ante quem*.[3] Turcius Rufius Apronianus Asterius hat das Manuskript sorgfältig studiert, und seine mysteriösen Worte – in der obigen Übersetzung ist insbesondere der Ausdruck »in wen auch immer« ungewöhnlich –

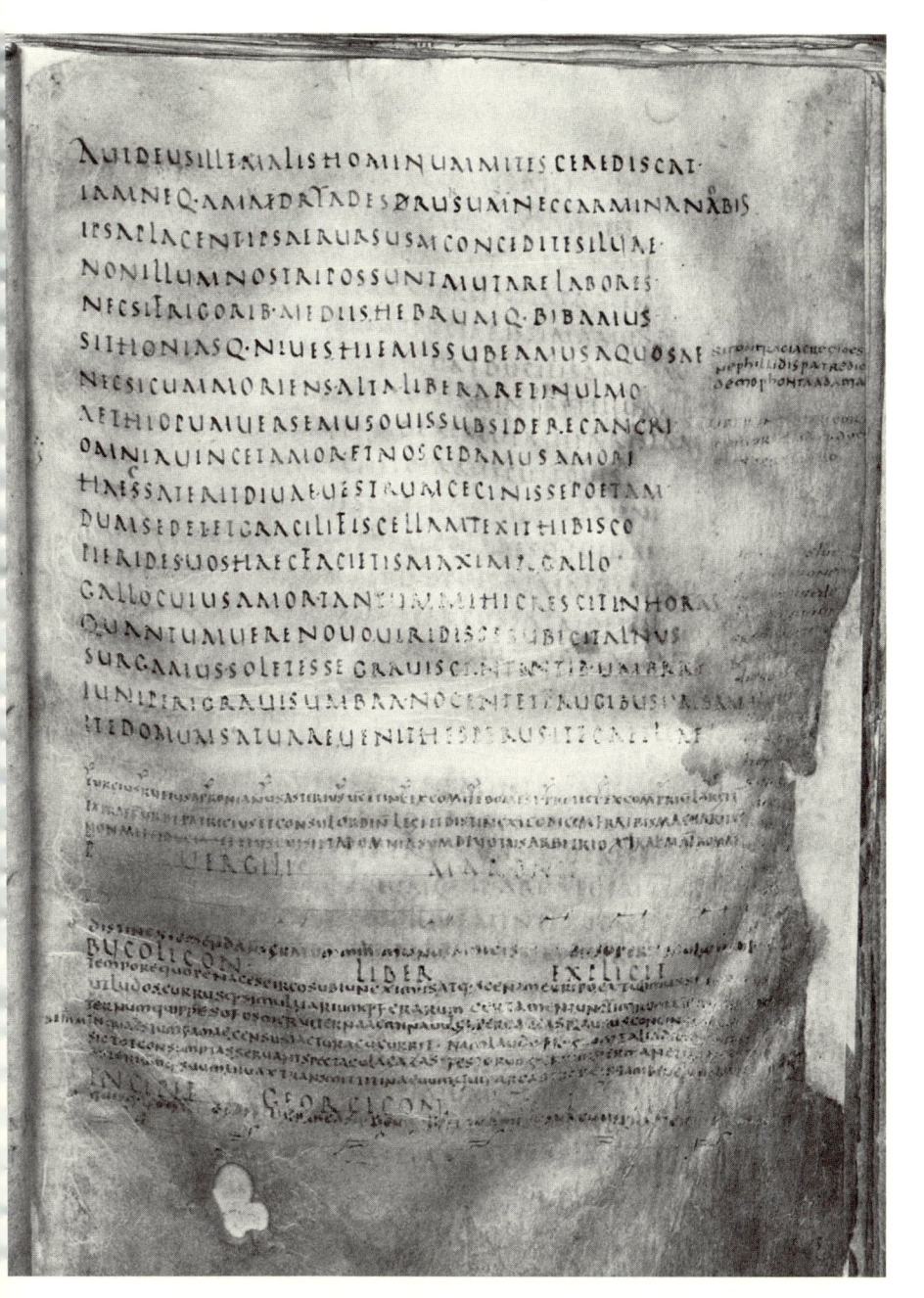

Abb. 1 Vergil, *Codex Mediceus* (Ms. Plut. 39.1, fol. 8r, 9r).
Biblioteca Nazionale Centrale, Florenz.

bieten ein paar spannende Details. Wie Jahre später Leto hat Apronianus seine Bearbeitungen wahrscheinlich auf der Basis einer älteren Ausgabe vorgenommen, die einen Schritt näher am Vergil'schen Autograph (dem Original-Manuskript) war. Apronianus' Codierung des Textes besteht nicht nur darin, dass er diese Widmung hinzugefügt hat, sondern auch in seinen Emendationen und in der Interpunktion.

Was will Apronianus der Nachwelt durch diese Subskription mitteilen? Zunächst einmal will er sagen, dass er, auch wenn er das traditionell höchste römische Amt innehatte, nicht einfach nur ein Politiker war, sondern zugleich jemand, der eine tiefempfundene Bewunderung für Vergil hegte und den Text sorgfältigst emendiert hat. Dass er dies während seines Konsulats (dem höchsten Amt Roms, eingeführt von Lucius Iunius Brutus im Jahre 509 v. Chr.) tat, ist offenbar von großer Bedeutung, ebenso wie die Tatsache, dass er diese Subskription am 21. April anfertigte, dem Tag des alljährlichen Parilia-Festes, das als »Geburtstag« der Stadt Rom galt. Das Jahr 494 hätte fast 1000 Jahre nach der Gründung der römischen Republik gelegen. Wenn Apronianus also anmerkt, dass er *consul ordinarius* war (der das Amt »am festgelegten Tag« antrat, also »rechtmäßig gewählt« war), schafft er eine Verbindung zum traditionellen Amt der Antike. Die Anspielung auf die Parilia bedeutet eine Anerkennung der prä-christlichen Vergangenheit Roms, denn Pales war eine heidnische Gottheit der Hirten. Der Zusatz steht insofern ganz passend zwischen *Eklogen* und *Georgica*, die sich beide mit Viehherden beschäftigen.[4] Mit dieser Subskription vollbringt er also eine ganze Menge und bestätigt die noch immer andauernde Bedeutung eines der größten Dichter des alten Rom.

Um seine Verbindung zu den altrömischen Werten noch deutlicher herauszustellen, sagt Apronianus, er sei Sponsor der traditionellen heidnischen römischen Spiele gewesen, jedoch kennen wir ihn auch als Herausgeber christlicher Devotionalliteratur. Seine Familie war seit der Zeit Konstantins mit der herrschenden Klasse verbunden. Ein gewisser L. Turcius Apronianus war Stadtpräfekt, und sein Sohn wiederholte diese Leistung im Jahre 362. Der Historiker Ammianus aus dem 4. Jahrhundert teilt uns mit, dass einer von diesen beiden unter Kaiser Julian senatorischer Legat in Antiochia war (23.1.4).

Materielle Hinterlassenschaften bringen uns diese Familie noch näher: Zwei Statuenbasen, die auf dem Marsfeld gefunden wurden, hatten einstmals Darstellungen von Apronianus und seiner Frau getragen; diese Standbilder könnten aus ihrem dortigen Wohnhaus stammen. Ein anderer Zweig der Familie lebte auf dem Esquilin; ein Mitglied der Familie vergrub ein paar Erbstücke in aller Eile nahe dem Haus, vielleicht um das Familienvermögen vor der Invasion der Goten im Jahre 410 zu schützen. Dieser Schatz, der Objekte beinhaltet, die heidnischen Einfluss aufweisen, gehörte mit Sicherheit derselben Familie an wie unser Manuskriptbearbeiter. Alan Cameron schließt daraus, dass die Familie sowohl aus christlichen wie aus heidnischen Mitgliedern bestand; der christliche Zweig hatte sich wahrscheinlich mit Nicht-Christen verheiratet.[5]

Eine solche Rekonstruktion der religiösen Neigungen dieser Familie passt gut zu unserem Apronianus, der eine Edition von Sedulius' christlicher Dichtung *Carmen Paschale* herausgab und zugleich ein Anhänger Vergils war und die Handschrift interpungierte, die er von seinem »Bruder« Macharius erhalten hatte.[6] Wenn man heute »Vergil« liest, liest man immer einen kollationierten Text, den wir Herausgebern wie Apronianus verdanken.

Die Koexistenz zweier verschiedener kultureller Hintergründe in seiner Familie – ein Familienmosaik, wie es unter den Aristokraten jener Zeit wohl nicht unüblich war – spricht für ein praktikables Zusammenwirken von heidnischen und christlichen Elementen. Wenn man seine Zugehörigkeit zum christlichen Glauben bedenkt, ist die Subskription des Apronianus für die Vergil-Überlieferung umso wichtiger, denn diese Überlieferung ist somit zum Amalgam zweier religiöser Kulturen geworden, und die Subskription ist buchstäblich ein christliches Addendum zu einer langen heidnischen Tradition. Dass er seinen Text den zukünftigen Vergil-Lesern widmet, zeigt, dass er sich der Tatsache bewusst ist, dass er mit diesem Codex als Vergil-Vermittler auftritt, was bezeugt, dass Apronianus nicht nur als bedeutender Herausgeber, sondern auch als ein wichtiger früher Leser des Textes anzusehen ist. Apronianus hat den Text also in einer Art und Weise codiert, die sicherstellte, dass seine Vergil-Handschrift Teil der Zukunft sein würde, auch wenn diese Zukunft keine christliche wäre. In gewisser Weise hat er in den Seiten dieser Handschrift für die Nachwelt ein autobiographisches Kleinod versteckt, genau wie sein Vorfahr den Familienschatz auf dem Esquilin vergraben hatte.

Leser-Code

Der Leser, der ein Buch aufschlägt und liest, eröffnet einen Dialog mit dem Codex und schließlich auch mit dem Code. Mithin beginnt der Leser, mit dem Text und dessen Code zu interagieren; diese Interaktion oder Auseinandersetzung mit dem Text ist »codiert«, denn der Leser erschafft beim Lesen seinen eigenen Code, während er Vergils epischem Code begegnet. Ein Code funktioniert immer in zwei Richtungen: Was wir »epischen Code«

nennen, bewegt sich vom Text aus zum Leser hin, während der »Leser-Code« die Auseinandersetzung des Lesers mit dem Text beschreibt. Eine solche Auseinandersetzung wird durch den Autor unterstützt, der »die Kompetenz des idealen Lesers festlegt, das heißt, der Autor konstruiert den Ansprechpartner und macht dies zur Motivation seines Textes. Der Text leitet eine strategische Kooperation ein und regelt sie«.[7] Je mehr ein Leser von der Überlieferung versteht, desto mehr nähert er sich dem idealen Leser und desto besser ist sein Rüstzeug für die Auseinandersetzung mit dem Text.

Auch wenn wir nie wissen werden, an welche zukünftigen Leser Apronianus dachte oder wie Vergil sich seine Leser vorgestellt hat, können wir dennoch ein paar Eigenschaften des idealen Lesers jedes Zeitalters konstatieren. Zunächst einmal wird jeder Leser, der sich der Stufe des idealen Lesers zu nähern beginnt, in zunehmendem Maße zur Kenntnis nehmen, dass Vergils Text eine umfassende Tradition zugrunde liegt, und, in dem Maße wie er oder sie es vermag, sich mit dieser Tradition auseinandersetzen. Ein Beispiel: Je mehr sich ein Leser mit Homer auskennt, desto größer wird sein Verständnis der *Aeneis* sein. Der ideale Leser erkennt, dass man den späteren Autor am besten verstehen kann, wenn man sich mit dem früheren beschäftigt hat.

Das zweite Kriterium für den idealen Leser ist eine gewisse Kenntnis des kulturellen Milieus zu Lebzeiten Vergils. Während es nicht weiterführt, Vergil eine rigide politische Agenda zuzuschreiben, kann man dennoch nicht die Augen davor verschließen, dass Vergil sich seiner eigenen Bedeutung innerhalb der dichterischen Tradition ebenso bewusst war wie der Tatsache, dass die römische Welt sich im Umbruch befand.

Drittens muss der ideale Leser Respekt haben vor der Stimme des Autors im Text. Apronianus scheint solch einen Respekt zu zeigen, indem er seine sorgfältige Bearbeitung »in jeder Hinsicht« seinem zukünftigen Leser oder vielleicht sogar Gott widmet,[8] er kennt seinen Platz innerhalb einer Tradition, die Vergils Stimme als Autor bewahrt. Ungeachtet aller Diskrepanzen innerhalb der Handschriften (auch denen, die Apronianus vielleicht unwissentlich hineingebracht hat) tritt dennoch der Text hervor, den wir als »Vergil« kennen und den der ideale Leser hinsichtlich Tradition, historischem Kontext und mit Respekt vor der Integrität der Stimme des Autors zu verstehen sucht. Bewusstes Lesen schließt eine Reaktion des Lesers nicht etwa aus, sondern qualifiziert sie sogar: Der ideale Leser beginnt eine ehrliche Auseinandersetzung mit dem Text.

Dichterisches Handwerk

Lange bevor Vergil in den späten 40er Jahren des 1. Jahrhunderts v. Chr. mit seiner literarischen Produktion begann, war es eine Sache des handwerklichen Könnens, Worte in Verse zu setzen. Dies impliziert schon die Etymologie des lateinischen Wortes *poeta*, das von einem griechischen Wort abstammt, das »herstellen« heißt *(poieo)*. Das andere lateinische Wort für »Dichter«, *vates*, bedeutet »Seher« oder »Prophet« – eine metaphorische Umschreibung, die die dichterische Inspiration einschließt. Inspiriert durch die Musen, beginnt der römische Dichter einen Dialog mit seinen Vorgängern, durch intertextuelle Referenzen beziehungsweise Anspielungen und das gegenseitige Kreuzen von Genres. Gerade für Vergils Zeit galt dies: Der kunstfertige Dichter griff auf seine Vorgänger zurück, in einem Prozess der Imitation, Nachbildung und Interpretation.[9]

Bei Vergil sind intertextuelle Referenzen generell abgestimmt auf eine Praxis dichterischer Verweise, die man als »alexandrinisch« bezeichnet; diese wurde in der Zeit des Hellenismus (323–146 v. Chr.) entwickelt und ist gekennzeichnet von einer spielerischen Art der Nachbildung.[10] Vor jener Epoche war die Referenz, allgemein ausgedrückt, eher Nachahmung als Nachbildung. Das Diktum, Aischylos' Tragödien seien »Krümel von der Tafel Homers«, ist sehr alt und wird von Athenaios, einem Autor des 3. Jahrhunderts, Aischylos selbst zugeschrieben *(Deipnosophistae* 8.347e). Aischylos bildet Homer nicht nach, vielmehr verwendet er homerisches Material und erweitert es. In der Epoche des Hellenismus beginnt etwas ganz anderes: Die Referenz wird zu einem gelehrten Spiel und richtet sich an einen Leser, der einen Code dechiffrieren möchte. Die Verweise in der alexandrinischen Literatur sind nicht unbedingt darauf angelegt, sofort aufgedeckt zu werden; die codierten Referenzen werden für gebildete Insider verfasst – oder tatsächlich dafür, dass man sie erst beim zweiten oder dritten Lesen entdeckt.[11] Der Kommentar wird gelehrter, die Erwiderungen werden kryptischer, Referenzen undurchsichtiger und für Leser gedacht, die »sich auskennen«. Um zu untersuchen, wo sich Vergil in diesem Spektrum der Referenzen ansiedeln lässt, wollen wir zunächst, bevor wir uns seinem Text zuwenden, zwei Beispiele außerhalb seines Corpus betrachten. Wir werden feststellen, dass Vergils alexandrinischer Stil eine bestimme Art der intertextuellen Referenz benutzt, wie wir sie von griechischen Dichtern wie Pindar kennen.

Fast ein halbes Jahrtausend vor Vergil schuf Pindar, der berühmte Dichter aus dem böotischen Theben, die *Olympische Ode* 14, um den Sieg des Asopichos, Sohn eines verstorbenen böotischen Adligen, bei den Olympischen Spielen zu feiern. Dieses Gedicht ruft die Grazien an, die Hauptgöttinnen der böotischen Stadt Orchomenos:

> Grazien von Orchomenos, Hüterinnen des alten minyischen Volkes, hört mich beten. Denn durch euch wird jedem Sterblichen alles Angenehme zuteil, der weise, schön anzusehen oder berühmt ist. (14.4–7)

In Übereinstimmung mit der zu seiner Zeit klassischen Form der intertextuellen Referenz kreiert Pindar eine Gemeinschaft erzeugende Stimmung, indem er in seinen Text Bezüge zu Hesiod, seinem böotischen Vorgänger, einflicht, der mehr als hundert Jahre vor ihm gelebt hatte, insbesondere zu Hesiods Beschreibung der Grazien (*Theogonie* 63–74).

Pindar verwendet die Figur der Echo, um Kleodamos in der Unterwelt die positiven Entwicklungen betreffs Asopichos mitzuteilen:

> Ich kam hierher, um auf lydische Art und Weise und besonders schön Asopichos zu besingen, denn dank dir ist Minya in Olympia siegreich. Nun gehe, Echo, zum dunklen Haus der Persephone und bringe die glorreiche Nachricht seinem Vater. Wenn du Kleodamos siehst, sag ihm, dass sein Sohn beim berühmten Tal von Pisa sein Haar bekränzt hat mit den Flügeln der berühmten Wettkämpfe. (14.17–24)

Die Bergnymphe Echo verkörpert auf metaphorische Art und Weise die Anspielung auf Hesiod, denn Pindar fungiert als »Echo« Hesiods. Pindars Ruhm bewahrt das Andenken an Hesiod, genau wie Asopichos' Sieg den guten Klang des Namens seines Vaters in Böotien bewahrt. Das Lokalkolorit, das dieser Ode anhaftet, hilft ebenso dabei, Asopichos und Kleodamos, seinen verstorbenen Vater, zu verbinden wie Pindar und seine dichterische Vaterfigur, Hesiod. Auch wenn man vielleicht sagen könnte, dass Pindars Hesiod-Referenz und die Art und Weise, wie er diese verwendet, die Praktiken der Alexandriner vorwegnimmt, ist diese doch von allgemeinerer Natur und richtet sich nicht in erster Linie an Leser, die sich auskennen.[12]

Ein ähnliches Beispiel findet sich bei Euripides, der sich in der *Medea* etwa nach einem Drittel auf den berühmten Barden Orpheus bezieht. Jason sagt, er würde lieber persönlichen Ruhm genießen als großen Reichtum oder sogar »die Fähigkeit, Lieder zu singen, die schöner sind als die des Orpheus« (543). Orpheus ist der Prototyp des Sängers und *exemplum* des treuen Ehemanns; sein Name in Jasons Mund ist also geradezu widersinnig und absurd – ein gutes Beispiel für die methodische Ironie bei Euripides.[13]

Solche frühen Beispiele für zwischentextliche Bezüge sind zwar geschickt, aber nicht so anspruchsvoll und clever wie die alexandrinische Referenz. Zu Beginn der römischen Kaiserzeit übertrifft die Praxis der intertextuellen Referenz, durch den alexandrinischen »Filter« verfeinert, sowohl Jasons Anspielung auf Orpheus in Euripides' *Medea* als auch Pindars Ausdruck böotischer Loyalität gegenüber Hesiod in der 14. *Olympischen Ode*. Betrachten wir dies anhand zweier weiterer Beispiele etwas näher.

Gegen Ende des letzten Buches der *Georgica* findet sich ein interessanter Hinweis auf den Euphrat, der auf einer ähnlichen Beschreibung des assyrischen Flusses bei Kallimachos basiert:

> Dies sang ich über den Landbau und die Viehhaltung, während der große Caesar beim tiefen Euphrat im Kriegsgeschehen donnerte und als Sieger den willigen Völkern Gesetze gab und den Weg, der zum Olymp führt. Zu jener Zeit weilte ich, Vergil, in den Fluren der Parthenope, umblüht von der Beschäftigung ruhmloser Muße. (4.559–64)

In diesem Kontext weist, wie James J. Clauss festgestellt hat, das nahe Nebeneinander von Krieg (561) und Frieden (564) darauf hin, dass Vergil nach der Schlacht bei Actium sagen will, dass er »sich selbst des *ignobile otium* erfreut, des Friedens und der Muße, die man für nichtmilitärische, agrarische Themen benötigt.«[14] Ein paar Jahre früher haben Ruth S. Scodel und Richard F. Thomas darauf hingewiesen, dass der Hinweis auf den Euphrat am Ende eines Vergil-Buchs kein einmaliges Vorkommnis ist, und bringen die entsprechenden Passagen mit Kallimachos in Verbindung:

> Dreimal in seinem Werk erwähnt Vergil den Euphrat. In *Georgica* 1.509 droht dem Fluss Krieg; in *Georgica* 4.561 donnert dort Octavian; in *Aeneis* 8.726 stellt der Fluss, nach Actium, keine Gefahr mehr dar. Jeder dieser Bezüge tritt im sechstletzten Vers des jeweiligen Buchs auf. Dieses Muster ist kein Zufall: Vergil spielt auf den *Assyríou potamoío mégas rhóos* [die große Flut des assyrischen Flusses] aus Kallimachos' *Hymnos* 2.108 an – auch dort im sechstletzten Vers zu finden. Der Scholiast identifiziert Kallimachos' Fluss als Euphrat, und die programmatische Passage ist eine Steilvorlage für eine so ausgefeilte Referenz.[15]

Einige Forscher sind noch weiter gegangen, von Joseph Farrell, der sagt, dass eine solche intertextuelle Referenz Vergils Zugehörigkeitsgefühl zu den kallimacheischen Prinzipien symbolisiert, bis Richard Jenkyns, der meint, dass dies vor allem als Möglichkeit zu sehen ist, Octavians Fähigkeit herauszustellen, die Panik zu mindern, die mit Problemen im Osten assoziiert wurde.[16]

Scodel und Thomas weisen darauf hin, dass Vergil auch im sechstletzten Vers des achten *Aeneis*-Buches den Euphrat erwähnt, wo Aeneas' Schild den zukünftigen Glanz Roms offenbart. Ein Verweis in diesem Zusammenhang könnte auf das Ausmaß Augustus' militärischer Siege und die nachfolgende politische Einigung hinweisen; aber er zeigt, durch die Anspielung auf Kallimachos, ebenso Vergils Verbundenheit mit den dichterischen Prinzipien der Alexandriner.[17]

Die Praxis des alexandrinischen intertextuellen Verweises, der so kunstvoll ist, dass sogar die genaue Stellung einzelner Wörter wichtig ist, findet sich auch bei anderen augusteischen Dichtern. Ovid verfährt ähnlich, wenn er in den *Metamorphosen* die *Aeneis* (10.475) zitiert, in genau dem gleichen Buch an genau der gleichen Stelle; in beiden Stellen geht es darum, wie ein Schwert aus der Scheide gezogen wird. Im ovidischen Kontext fungiert das Bild des aus der Scheide gezogenen Schwertes als Symbol für das Ende einer perversen sexuellen Liebschaft, während es in der *Aeneis* tatsächlich einen kriegerischen Vorgang beschreibt. Ovids Anspielung richtet sich an einen Leser, der gebildet und aufmerksam genug ist, die auffallende Präzision des Zitats – wenn auch nicht notwendigerweise beim ersten Lesen – zu bemerken. Der Leser muss kenntnisreich genug sein, um die spielerische Art und Weise zu würdigen, wie hier eine heroische Schlachtfeldszene auf einen wahrlich unheroischen Moment bezogen wird.[18]

Die zwei oben genannten Beispiele aus der griechischen Literatur sind um einiges älter als Vergil; das aus Ovid nur ein Vierteljahrhundert jünger als die *Aeneis*. Jedes von ihnen kann als repräsentatives Modell für die Funktionsweise intertextueller Referenzen gelten. Die ersten zwei setzen den neuen Text mit einem früheren Autor oder dichterischen Corpus in Verbindung, und zwar in einer Art und Weise, die die Referenz innerhalb der dichterischen Tradition kontextualisiert. Das Vergil-Beispiel jedoch zeigt, wie eine solche Anspielung eine Doppelfunktion haben kann – indem sie sich sowohl auf politische Hintergründe als auch auf die dichterischen Prinzipien der Alexandriner bezieht –, während das Beispiel aus Ovid zeigt, wie ein Autor es in spielerischer Art und Weise mit einem direkten Vorgänger aufnimmt, vorhandene Bilder neu einsetzt und sogar dessen Worte an genau der gleichen Stelle im Text zitiert, dadurch aber ein ganz anderes Ergebnis erzielt.

Zwei Jahre nach seinem und Ruth Scodels kurzem, aber wichtigen Beitrag über den Euphrat hat Richard Thomas die verschiedenen Funktionsweisen von Referenzen in Vergils *Georgica* analysiert und dabei sieben Kategorien festgelegt, wie der Dichter in puncto intertextueller Referenzen vorzugehen vermag. All diese Referenzen stellen den Austausch des Dichters mit einem Vorgänger dar, ob er ihn nun imitiert, ihn korrigiert, mit ihm verschmilzt oder in seiner Dichtung ein Fenster von einem Dichter zu einem anderen erschafft.[19] Vergils Neigung zur alexandrinischen Referenz schließt nicht aus, dass er parallel dazu die eher »klassisch« zu nennende Art der Referenz, wie wir sie bei Pindar oder Euripides finden, verwendet. Vergil imitiert im klassischen Stil, während er zugleich im alexandrinischen Stil Referenzen erschafft. Sein Hauptbeitrag zum römischen Heldenepos ist, dass er dies nicht nur tut, um seine Kunstfertigkeit zur Schau zu stellen, sondern um allgemein-menschliche Themen aufzugreifen.[20]

Motivische Konturen

Vergil verwendet diese verschiedenen Stile, um in seinem Corpus drei großen Leitmotiven eine Form zu geben. Das erste Leitmotiv ist der Dialog, der sich sowohl extern manifestiert, in Bezug auf Referenzen, als auch intern, durch das Ausbalancieren verschiedener Standpunkte oder dualistischer Ideen innerhalb eines Textes, eine Eigenheit, die Adam Perry vor vielen Jahren treffend als »zwei Stimmen« bezeichnet hat.[21]

Die Metapher der konkurrierenden Stimmen wird manchmal interpretiert als »ein Hauch von Ambivalenz«.[22] Diese Ambivalenz sollte man allerdings eher als einen Aspekt von Vergils dualistischem »Hin und Her« sehen. In *Ekloge* 1 zum Beispiel stellt Vergil mittels der Charaktere Meliboeus und Tityrus zwei ganz unterschiedliche Standpunkte dar. Ein Kontrast zwischen dem Kind, das bald zur Welt kommen wird, in *Ekloge* 4 und dem kürzlich verstorbenen Daphnis, der bald vergöttlicht werden wird, in *Ekloge* 5 beschließt die erste Hälfte des ersten Buches mit Dichtung aus der Feder Vergils. In der achten *Ekloge* würde der Erzähler gerne einen Tribut an seinen Patron verfassen, doch er kann nicht. Die poetische Landschaft der *Eklogen* ist eine Mischung aus (und in gewissem Maße ein Dialog zwischen) Ost und West (= Arkadien und Italien), Stadt und Land, Hoffnung und Verzweiflung.

Solch einen Dualismus finden wir nicht nur in den *Eklogen*. Der *labor improbus* (»üble« oder »mühselige Arbeit«) des Bauern in den *Georgica* wird kontrastiert mit beziehungsweise komplementiert durch den *durus labor* (»harte Arbeit«), der die Freuden der Ernte ermöglicht: Es sind verschiedene Erfahrungen ein und derselben Welt und keine diskursiven Konstrukte. In der *Aeneis* liebt Aeneas (beinahe) ganz standhaft sein zukünftiges Land, zugleich missglückt ihm die Liebe zu Dido; er ist ganz seiner Mission hingegeben, dennoch wird er von ihr abgelenkt; in Buch 11 ersehnt er den

Frieden, den eine Gesandtschaft sich erbittet, doch im selben Buch wird er zum gnadenlosen Rächer; am Ende der *Aeneis* zögert er zunächst, doch dann tötet er in wilder Raserei. Die Motive von Vergils Dualismus drehen sich um Hingabe, Loyalität, Mut oder Liebe, und indem Vergil sie in dieser Art und Weise darstellt, arbeitet er sich durch diese Motive in seinem Corpus, wobei er einen dialogischen Eindruck entstehen lässt.

Vergils zwei Stimmen werden in Opposition zueinander gesetzt, aber nur selten in einer Art und Weise, dass keine Koexistenz beider möglich ist. Solch ein Dualismus bewegt sich jenseits des vorsokratischen Begriffs der pythagoreischen Gegensätze zum Dialog hin, mit dem ultimativen Ziel der Vermittlung von Weisheit, nicht nur von Konflikten. In diesem Sinne ist Vergil viel eher sokratisch (und platonisch) als pythagoreisch. Eine Vermittlung dieser Gegensätze geschieht durch die Stimme der Weisheit, die der Erzähler verkörpert.[23]

Eben diese Art der Weisheit ist das zweite Leitmotiv von Vergils poetischer Produktion. All seine Gedichte haben eine didaktische Funktion, und keines dient lediglich der Unterhaltung oder der simplen Fortführung einer literarischen Tradition. Ganz offensichtlich ist der Dialog, wie der der *Eklogen*, ein Vehikel der Vermittlung von Weisheit, wie man es aus den platonischen Dialogen oder den gegensätzlichen Merkmalen der pythagoreischen Philosophie kennt. Doch Vergils Buch der Weisheit sind nicht die *Eklogen*, sondern die *Georgica*. Zwar gibt es viele dialogische Elemente in den *Georgica* – zum Beispiel das pessimistische Ende der Bücher 1 und 3 gegenüber den optimistischeren Schlussfolgerungen von 2 und 4 –, doch vermittelt Vergil in den *Georgica* Weisheit auf eine andere Art und Weise, indem er gnomische Maximen und zahlreiche allgemein übertragbare Momente aus dem Leben der Bauern einfließen lässt. Die Weisheit der *Georgica* umfasst jeden Aspekt der menschlichen Existenz; wie so oft erwähnt, handeln die *Georgica* weniger von der Landwirtschaft als vielmehr vom Leben an sich.[24]

Der dritte Aspekt der motivischen Ausformung von Vergils Werk ist, dass er ihr ein ganz bestimmtes Ziel setzt. Man könnte sagen, dass es die Zielsetzung der *Eklogen* ist, dem römischen Publikum mittels eines neuen Genres menschliche Freude zu vermitteln, inmitten politischer Unruhen; die Zielsetzung der *Georgica* ist eine Darstellung von Arbeit, Leben, Tod und Regeneration. Die *Aeneis* hingegen ist ganz und gar zielgerichtet: Die Mission der zentralen Figur ist die Wiederherstellung von Troja als Rom. Die *Aeneis* ist somit nicht nur der gut erzählte Teil eines epischen Zyklus wie *Ilias* oder *Odyssee* oder eine kunstvolle Geschichte von Helden und Heldentaten wie die *Argonautika*. Es ist ein teleologisches Epos, das rechtfertigen und erklären soll, wie eine neue Nation aus dem tragischen Zusammenbruch einer anderen geboren wird. Darin erschafft Vergil einen Helden, der, auch wenn er alles andere als perfekt ist, dennoch Edelmut und Tapferkeit beweist.

In jedem von Vergils Werken finden sich die oben dargestellten Motive wieder: interner und externer Dialog, bodenständige Weisheit und eine bestimmte Mission. Während bei den *Eklogen* die ersten zwei dieser Elemente im Vordergrund stehen, bei den *Georgica* das zweite und bei der *Aeneis* das dritte, umfasst doch jedes der Werke alle drei. Um diese wichtigen Motive voranzutreiben, fügt sich Vergil durch geschickte Referenzen und Anspielungen in eine bereits existierende literarische Tradition ein, adaptiert den epischen Code und definiert ihn neu. Wir wollen kurz einige der Persönlichkeiten anschauen, welche die literarische Tradition geprägt haben, deren Erbe Vergil ist.

Vorbilder in der Dichtung

Die folgende (freilich verkürzte) Ansammlung von Quellen gibt lediglich einen kleinen Einblick in die breite Tradition, aus der Vergil geschöpft hat. Einige der Namen sind in diesem Buch bereits erwähnt worden. Zwar waren alle Dichter wichtige referenzielle Vorbilder im alexandrinischen Sinn, doch im Sinne der klassischen Referenz waren einige wichtiger als andere. Wenn auch die Liste grob chronologisch ist, so beginnt sie doch zufällig mit dem vielleicht wichtigsten Namen.

Wie wichtig Homer (um 750 v. Chr.) für Vergil war, ist kaum zu ermessen. Sowohl die *Ilias* als auch die *Odyssee* werden besonders in der *Aeneis* imitiert, und auch für Vergils andere Werke war Homer wichtig. Wie Halperin bezüglich Vergils Verwendung traditionellen Materials ganz richtig anmerkt, bieten »Referenzen zur *Odyssee* ... eine Quelle motivischer Kontinuität innerhalb des Genres Epos und helfen die literarische Genealogie der bukolischen Dichtung zu definieren«.[25]

Hesiod (ca. 730–ca. 670 v. Chr.) fungierte ebenfalls als Quelle für Vergil. Hesiods *Werke und Tage* (manchmal abgekürzt mit dem ersten Wort des griechischen Titels als *Erga*) waren Vorbild für die *Georgica*, während sein kurzes Epos *Theogonie* Vergil ebenfalls mit Material für jedes seiner Werke versorgte. Hesiod war der Erste, der angab, die Musen auf dem Berg Helikon gesehen zu haben (*Theogonie* 22–35), und stellt dar, wie er von ihnen den Auftrag zum Dichten bekommen hat – eine Szene, die für Kallimachos wichtig war und die in den *Eklogen* wiederkehrt (6.69–73).

Die Bedeutung der griechischen Tragödie für Vergil ist ein Thema, das in der Vergil-Forschung erst in jüngster Zeit in umfassender Weise behandelt worden ist. Wir haben bereits ein Beispiel untersucht, aus Euripides, dessen Einfluss sich bei Vergil in der psychologischen Gestaltung von Figuren wie Dido wiederfindet. Es wäre aber falsch, in diesem Zusammenhang nicht auch auf Sophokles hinzuweisen, dem Vergil in seiner Behandlung allgemein-menschlicher Themen viel verdankt, sowie auf Aischylos in Bezug auf Themen wie Leid und göttliche Bestimmung.

Während die Dialoge Platons eher allgemeinen Einfluss auf Vergils dialogischen Stil gehabt haben mögen, war die Hauptquelle der Inspiration für die *Eklogen* sicherlich der Dichter Theokrit (ca. 300–ca. 260 v. Chr.), der aus Sizilien stammte. Theokrit schrieb pastorale *Idyllen*, Mimen (kurze Theaterstücke), Hymnen, Epithalamien (Hochzeitsgedichte) und Epyllien (kurze Epen, von denen nur Fragmente erhalten sind). Einige der *Idyllen* sind Dialoge, andere lyrische Monologe; wiederum andere weisen Elemente der Chorlyrik auf, wenn auch im Hexameter. Theokrits Form, Stil, Bildwelt und Figuren finden ihren unmissverständlichen Nachhall in denen Vergils.

So wie Theokrit eine wichtige Quelle für Vergils bukolische Dichtung war, war es Nikander (2. Jh. v. Chr.) für seine didaktische. Unter Nikanders didaktischen Werken gab es ebenfalls ein Gedicht mit dem Titel *Georgika*, von dem sich Vergil Thema und Titel borgte. Auch wenn von Nikanders Gedicht nur ein kleiner Teil überliefert ist, zeigt Geymonat den hohen Grad der Kunstfertigkeit Vergils in einer Nikander-Referenz in *Georgica* 1.178, wo Vergil mit einem Nikander-Zitat spielt; von dieser Beobachtung abgesehen können wir nur raten, wie viel Vergil aus Nikanders Werk übernommen hat.[26]

Zweifellos von größerer Bedeutung war Kallimachos (ca. 305–ca. 240 v. Chr.), der aus Kyrene stammte, aber später nach Alexandria ging, wo er zahlreiche wissenschaftliche Werke für die berühmte Bibliothek der Stadt verfasste, darunter *Pinakes*, eine gelehrte Übersicht der Bibliotheksbestände. Kallimachos' bekanntestes Gedicht, die *Aitia* (»Ursachen«), bietet eine Darstellung der Ursprünge verschiedener mythologischer Themen. Darin spielt Kallimachos auf Hesiod an, indem er sich selbst als von den Musen auf dem Helikon instruiert porträtiert. Im Prolog gibt Kallimachos auch an, er plane, seinen Kritikern zu antworten, die er als *telchines* bezeichnet. Deren Kritik richtete sich hauptsächlich gegen seine anti-epische Haltung, die er mit anderen gelehrsamen hellenistischen Dichtern teilte, die aufmerksam die dichterischen Vorschriften der *Poetik* des Aristoteles studiert hatten (23.1459a27). Kallimachos hatte einen Kreis von Studenten, darunter befanden sich die Universalgelehrten Eratosthenes von Kyrene und Aristophanes von Byzanz. Sein berühmtester Student jedoch war Apollonios von Rhodos (ca. 270–ca. 180 v. Chr.), der Vorsteher der Bibliothek von Alexandria wurde. Viele Forscher nehmen an, dass er sich gegen seinen Lehrmeister wandte und sogar zum Anführer der diesem feindlich gesonnenen *telchines* wurde. Wie dem auch sei, mit seinem Epos *Argonautika* hat sich Apollonios in bezeichnendem Ausmaß gegen Kallimachos' Diktum »Ein großes Buch ist ein großes Übel« (fr. 465 Pf.) gewandt. Die *Argonautika* waren ein wichtiges Vorbild für Vergils *Aeneis*. Ein weiterer für Vergil wichtiger alexandrinischer Dichter war Aratos von Soloi (ca. 300–ca. 240 v. Chr.), dessen *Phainomena* ein kurzes Epos über die Himmelskonstellationen sind, das in der didaktischen Tradition Hesiods steht.

Unter den Autoren, die Vergil wahrscheinlich als Heranwachsender las, sind Naevius (um 235 v. Chr.) und Ennius (239–169 v. Chr.) hervorzuheben. Naevius, gebürtig in Capua, war Soldat im Ersten Punischen Krieg (der 241 v. Chr. endete). Auch wenn ein paar Fragmente seiner Tragödien erhalten sind, ist Naevius doch bekannter für seine Komödien, von denen 28 Titel sowie einige Fragmente überliefert sind. Er schrieb auch ein Epos mit dem Titel *Der Punische Krieg*, in dem es einen Bericht über Aeneas' Begegnung mit Dido in Karthago gegeben haben mag.[27] Homer wurde von Livius Andronicus, einem Dichter des 3. Jahrhunderts v. Chr., in lateinische Saturnier-Verse übertragen; auch diesen kannte Vergil.

Auch Quintus Ennius ist ein enorm wichtiges Vorbild für Vergil, insbesondere für die *Aeneis*. Im Jahre 204 v. Chr. kam Ennius mit Cato d. Ä. aus Kalabrien nach Rom. Seine literarische Produktion war vielseitig, darunter Drama (vor allem Tragödien), Satiren, Panegyrik (Lobdichtung, in diesem Fall zu Ehren Scipios), Didaktisches (*Hedyphagetika* über die Gastronomie) und Epik. In dieser letzten Kategorie zeichnete sich Ennius durch die *Annalen* aus, das maßgebliche römische Epos vor der *Aeneis*. Zu Beginn des Werks stellt Ennius dar, wie ihm Homer erscheint, um ihm zu eröffnen, dass er eine Wiedergeburt des griechischen Dichters sei. Aeneas ist einer der Charaktere in Ennius' *Annalen*, obwohl er, wie Skutsch in der ersten Anmerkung seines Kommentars klarstellt, nicht in den Mittelpunkt rückt. Vielmehr stellt Ennius lediglich Aeneas' Irrfahrten und Heldentaten in Italien dar. Doch auch aus den vergleichsweise wenigen Fragmenten des Ennius, die überlebt haben (z. B. Skutsch xvii, *Est locus Hesperiam quam mortales perhibebant*, »Es gibt einen Ort, den die Sterblichen ›Hesperia‹ nannten«; vgl. *Aeneis* 1.530 und 3.163), kann man ersehen, wie viel Vergil seinem literarischen Vorgänger schuldet.

Zeitlich näher zu Vergil liegt eine Gruppe von Dichtern, die von Cicero

(*Ad Atticum* 7.2.1) *neoteroi* (»neue [Dichter]« bzw. »Neoteriker«) genannt wurden und sich in Rom zu einer einflussreichen literarischen Strömung entwickelten. Einer dieser Dichter war Catull (Gaius Valerius Catullus, ca. 85 – Ende 50er v. Chr.). Etwa in der Mitte der (wohl nicht vom Dichter selbst so zusammengestellten) Sammlung mit den Gedichten Catulls befindet sich ein Epyllion (Kleinepos), das die Hochzeit von Peleus mit Thetis, einer Meeresgöttin, behandelt; dies sind die Eltern des epischen Helden Achilleus. In diese Erzählung hat Catull eine Vignette eingebaut, die Theseus und Ariadne beschreibt – eine Liebesgeschichte, die später einen wichtigen Impuls für *Aeneis* 4 darstellen sollte. Man kann die Bedeutung von Catull und anderen Neoterikern für die gesamte Produktion Vergils gar nicht genug betonen. Insbesondere übernahm Vergil die Vorliebe der Neoteriker für alexandrinische Referenzen und spielt oft auf Catull an.

Vergil war auch mit anderen neoterischen Dichtern vertraut. Gaius Licinius Calvus (um 50 v. Chr.) schrieb eine *Io*, auf die Vergil in den *Eklogen* anspielt. Dieses Gedicht, von dem nur Fragmente überliefert sind, kann als repräsentativ für das neoterische Epyllion angesehen werden, das durch einen feinen und extrem referenziellen Stil charakterisiert wird. Obwohl dieser Stil alle Werke Vergils prägt, sind Ton und Inhalt der *Io* doch weit entfernt von der *Aeneis* und lassen sich eher mit Catulls oben erwähnter Erzählung von Peleus und Thetis (*carmen* 64) vergleichen oder mit dem Aristaeus-Epyllion aus *Georgica* 4. Ein weiteres Gedicht dieser Art ist *Dictynna* von Publius Valerius Cato, einem der Anführer der Neoteriker.

Helvius Cinna (ca. 90–44 v. Chr.), auf den Catull in *carmen* 95 und Vergil in der neunten *Ekloge* anspielt, schrieb ein mythologisches Epyllion mit dem Titel *Zmyrna*. Daneben gab es Dichter, die Invektiven (Beschimpfungen) verfassten; Quintus Cornificius war Vergil bekannt, obwohl wir ihn nur aus einer Referenz in Catull 38 kennen. Die Clique um Valerius Cato (falls er wirklich eine führende Rolle unter den Dichtern spielte) war anscheinend ziemlich bedeutsam.

Über das Leben des Lukrez (Titus Lucretius Carus, ein Zeitgenosse Catulls) wissen wir nicht viel, auch wenn wir glücklicherweise sein Hauptwerk besitzen: *De rerum natura*, ein langes Lehrgedicht, in dem Lukrez in daktylischen Hexametern die Naturgesetze des Universums darstellt, in der Tradition der griechischen Philosophen, die »über die Natur« (*peri physeos*) schrieben. In diesem Werk vertritt er energisch die Lehren der epikureischen Philosophie. Wenn man sagt, Lukrez habe eine tiefgreifende Wirkung auf Vergil gehabt, so berührt dies nicht einmal den Kern der Wahrheit. Obwohl Vergil am auffälligsten in den *Georgica* auf Lukrez zurückgreift, ist Lukrez' Einfluss auch für die *Aeneis* wichtig, wie Studien von Philip R. Hardie, Julia T. Dyson und Leah Kronenberg ausführlich bewiesen haben.

Während einige von Vergils Figuren zeigen, dass er Interesse an epikureischen philosophischen Modellen hatte, ist es dennoch unwahrscheinlich, dass er die epikureische Philosophie zur Gänze bejahte. Dennoch war Vergil nicht selten in der Gesellschaft von Epikureer-Freunden wie Philodemos von Gadara (ca. 110–ca. 40 v.Chr.), in dessen Villa in Kampanien er viel Zeit verbrachte. Falls Vergil zwischen 49 und 46 v.Chr. in Rom war, könnte er auch mit dem pythagoreischen Philosophen Nigidius Figulus (ca. 98–45 v.Chr.) in Kontakt gekommen sein. Auch wenn Vergil sich weder der epikureischen noch der pythagoreischen Philosophie angeschlossen hat, so zeigt seine Dichtung dennoch Spuren beider.

Zum Schluss wollen wir noch einen anderen Dichter betrachten, der wichtig war für Vergil. Cornelius Gallus (geb. 70 v.Chr.) schrieb nach dem Höhepunkt der neoterischen Bewegung, der er verhaftet war. Er war Roms erster Elegiker, und er war einer der engsten Dichterkollegen Vergils. Wie Calvus war Gallus sowohl Dichter als auch militärischer Befehlshaber. Octavian beauftragte ihn damit, sich um die römischen Staatsangelegenheiten in Ägypten zu kümmern. Nachdem er jedoch gegen Befehle Augustus' verstoßen hatte, wurde er nach Rom zurückgerufen und des Hochverrats angeklagt. Ein Senatsdekret verurteilte ihn zum Verlust seines Privatvermögens. Der Verurteilte beging im Jahre 26 v.Chr. Selbstmord – ein Ereignis, das Vergil zweifellos tief berührte.

Diese Dichter, zusammen mit einigen Prosa-Schriftstellern, die nicht oben angeführt sind, wie Theophrast, Varro, Cicero und Cato d.Ä., sind Teil des reichen Schatzes literarischer Quellen, die sich bei Vergil in verschiedenen intertextuellen Bezügen wiederfinden.

Vergils referenzieller (und imitierender) Stil

Im Fall der klassischen Art der intertextuellen Referenz, wie sie oben beschrieben wurde, verbindet ein Dichter wie Pindar sein Werk mit dem eines Vorgängers, um einem eigenen Platz in der poetischen Tradition zu erlangen. Die alexandrinische Referenz kann eine ähnliche Wirkung haben, aber erlangt diese auf eine selbstbewusstere und gelehrsamere Art und Weise. Diese Art der Referenz lädt den Leser dazu ein, die Rolle eines Insiders einzunehmen, der die Manipulation des dichterischen Codes durch den Autor zu schätzen weiß.

Weiter oben haben wir festgestellt, dass Vergils Referenzen, wenn auch im Einklang mit der alexandrinischen Praxis, ebenso »klassische« Funktionen aufweisen. Der erste Vers der *Aeneis*, der mit dem berühmten *arma virumque cano* (»Waffen und den Mann besinge ich«, 1.1) beginnt, bezieht sich auf die ersten Verse der beiden homerischen Epen, mit *arma* als Anspielung auf das Motiv des Zorns, mit dem die *Ilias* beginnt, und *virum* als tatsächlicher Übersetzung des einleitenden Wortes von Homers *Odyssee*. Richard Lansing hat kürzlich vorgeschlagen, dass die 38 Wörter von Vergils Prolog (*Aeneis* 1.1–7) der Anzahl der Bücher der beiden homerischen Epen entsprechen und der Prolog gleichzeitig genau doppelt so lang ist wie der bei Apollonius.

Doch sind Vergils Anspielungen manchmal nicht ganz so offensichtlich. In *Georgica* 1 nimmt Vergil einen Faden eines dichterischen Vorgängers auf – Aratos, der im vorherigen Abschnitt erwähnt wurde. Wenn dieser sich im zweiten Vers seiner *Phainomena* auf Hesiod bezieht, verwendet Aratos das Adjektiv *arreton* (»unausgesprochen«) in einer offensichtlichen Paronomasie auf seinen eigenen Namen. Später in diesem Gedicht baut Aratos ein Akrostichon, das mit einem der Code-Wörter für raffinierte Poesie, *lepte* (»schlank«, *Phainomena* 783), beginnt; das erste Wort jedes der vier folgenden Verse beginnt mit einem Buchstaben dieses Adjektivs – ein Wort, das Aratos' Stil treffend charakterisiert, nicht nur in dieser Passage (783–87), sondern in den gesamten *Phainomena*.[28]

Ganz ähnlich geht Vergil in *Georgica* 1 vor, wenn er bestimmte Astralphänomene beschreibt. Ich zitiere hier die relevanteste Stelle des lateinischen Textes (1.429–33) – darunter ein wenig ausführlicher und freier übersetzt, um das Akrostichon zu erhalten:

> **MA**ximus agricolis pelagoque parabitur imber;
> at si virgineum suffuderit ore ruborem,
> **VE**ntus erit: vento semper rubet aurea Phoebe.
> sin ortu quarto (namque is certissimus auctor)
> **PU**ra neque obtunsis per caelum cornibus ibit.

> Doch wenn du zurückschaust auf die schnelle Sonne und die Monde,
> die der Ordnung nach folgen, wird dich niemals der Morgen täuschen
> und auch nicht die Fallstricke der stillen Nacht.
> Sobald der Mond sein *rückwärts gewandtes* Feuer sammelt,
> wenn er den Himmel mit seinem schwarzen Horn verdunkelt, begegnet
> **MA**ssiver Regen dem Landwirt und dem Schiffer;
> aber wenn sie ihr Gesicht mit *jugendlicher* Röte bedeckt, kommt
> **VE**rstärkt Wind auf: Im Wind errötet die goldene Phoebe.

Wenn aber beim vierten Aufgehen (denn das ist *der sicherste Urheber*) in
PUrem Glanz und strahlend sie den Himmel durchschreitet ...
(Auch die Sonne, die auf- und wieder untergeht im Meer,
wird Zeichen geben; *die sichersten Zeichen* folgen der Sonne.
(1.427–35, 438–39)

Vergils Beschreibung von Sonne, Mond und Himmelskonstellationen identifiziert diesen Text sofort mit dem des Aratos. Die zweite Hälfte von Aratos' Gedicht ist als *Prognoseis dia semeion* bekannt, wobei *semeion* das griechische Äquivalent des lateinischen Wortes *signa* ist, das wiederum eine plausible Adaption des griechischen *phainomena* ist. Um dem aufmerksamen Leser zu verstehen zu geben, dass er sich auf Aratos als Autor bezieht, schafft Vergil nicht nur ein Wortspiel mit Bezug auf den Titel des Werks, sondern auch auf seinen Urheber. Diesen nennt er hier beim vierten Mondaufgang als »den sichersten Urheber« (d. h. Indikator) – das gleiche Adjektiv, das in den folgenden Versen »die sichersten Zeichen« (*signa*, d. h. Erscheinungen) beschreibt.

In den vorausgehenden Versen 393–423 hat Vergil (wie in der Forschung zuerst Owen M. Ewald aufgefallen ist) ein interessantes Reimschema verwendet, das den Leser darauf hinweisen soll, dass er nach etwas Besonderem Ausschau halten darf. Vergil verschmilzt die Selbstidentifizierung des Anfangs der *Phainomena* und das Akrostichon, das Aratos mit den Anfangsbuchstaben des Wortes *lepte* gebildet hat. In einem rückwärts zu lesenden Akrostichon, hier angezeigt durch die Großbuchstaben am Anfang der Verse 429, 431 und 433, spielt Vergil auf die Abkürzung seines eigenen Namens, **Pu**blius **V**ergilius **Ma**ro, an.[29]

Obwohl schwer zu sagen ist, warum Vergil ein rückläufiges Akrostichon verwendet (andere hellenistische Dichter wie Nikander haben deutlichere Akrosticha zur Selbst-Identifikation verwendet, z. B. *Theriaka* 345–53), gibt es doch Hinweise im Text, wie »wenn man zurückschaut« (425) oder »rückwärts gewandtes Feuer«. Hinzu kommt, dass Vergil in seinem Text das Wort »rein« an der gleichen Position verwendet wie Aratos das griechische Wort mit derselben Bedeutung (*kathare, Phainomena* 783). In der antiken Biographie von Vergil (*Vita Suetonii Donati* 36 f.) ist nachzulesen, dass sein neapolitanischer Spitzname »Jungfrau« (*Parthenias*) war, was auf Latein *virgineus* (»jungfräulich«, 430) heißt, ein Begriff, den man passenderweise mit Reinheit verbindet.

Ich habe eingangs festgestellt, dass Vergil in einem bestimmten Code schrieb. Dieser Code ist durchdrungen von der hellenistischen Tradition, deren intellektueller Stammsitz vor der augusteischen Zeit Alexandria gewesen war. Wie wir im Zuge des Ovid-Beispiels gesehen haben, setzt eine solche Referenz einen Leser voraus, der in der Lage ist, den Code zu interpretieren. Dennoch können Vergils Anspielungen auf mehr als einer Ebene funktionieren, was Karl Galinsky als »polysem« bezeichnet hat – ein Terminus, den Richard Thomas in seinem Artikel in den *Harvard Studies* (2000) weiter ausführt. Wie weit auch immer man dies fassen will, es ist klar, dass Vergil bezüglich der Tiefe seiner Referenzen eine große Bandbreite zur Verfügung stand. Solch eine intertextuelle Schlagfertigkeit kann nicht von jedem Leser entdeckt werden, aber sie bietet einen besonderen Schatz für den, der es vermag.

Doch man muss auch anmerken, dass diese Art der Cleverness als Ausschmückung für die allgemein-menschlichen Fragen dient, die Vergil in seinen Texten ansprechen will. Diese Fragen schließen sich an an die großen Leitmotive Dialog, Weisheit und Mission, die in diesem Kapitel beschrieben wurden, und durch die Organisation dieser Motive und ihre Ausschmückung mit Mitteln der alexandrinischen Gelehrsamkeit vermag Vergil seine eigene Nische in der epischen Tradition zu behaupten. Somit unterscheidet sich die *Aeneis* auch sehr von den Werken der römischen Vorgänger Vergils in Sachen Epos, wie wir sie in der neoterischen Dichtung (wie Catulls 64. Gedicht) oder im Lehrepos (wie Lukrez' *De rerum natura*) finden. In der *Aeneis* greift Vergil bestimmte Aspekte dieser auf, insbesondere in Bezug auf Sprache und Stil, aber er übernimmt nicht komplett Catulls Format des neoterischen Epyllion oder Lukrez' didaktisches Format. Und er schreibt auch nicht im annalistischen Format des Prosa-Autors Quintus Fabius Pictor (3. Jh. v. Chr.), der auf Griechisch schrieb, oder des großen lateinischen Epikers Ennius. In der Tat könnte Catulls humorvolle Bezeichnung der *Annalen* eines gewissen Volusius als »Scheiß-Folianten« darauf hinweisen, dass das alte annalistische Genre (außer vielleicht, wenn es kunstvoll gestaltet war) Mitte bis Ende des 1. Jahrhunderts v. Chr. nicht allzu beliebt war.

Stattdessen blickt Vergil auf Homer zurück, wie es niemand anders getan hat. Auch wenn Ennius sich selbst als wiedergeborenen Homer gesehen haben mag, trifft diese Bezeichnung vielleicht eher auf Vergils Verhältnis gegenüber Homer zu. Dementsprechend unterscheidet sich Vergil, auch wenn er durch und durch Alexandriner war, von Dichtern wie Calvus, Cinna oder Valerius Cato, deren Epyllia mehr mit Catull 64 gemein hatten und dem Stil, der kurz in Vergils sechster *Ekloge* aufscheint, die auf diese Art Dichtung anspielt, aber von ihrer Art her ganz offensichtlich selbst kein Epyllion ist.

Auch Vergils Aristaeus-Epyllion in *Georgica* 4 nimmt eher Ovids *Meta-*

morphosen vorweg, als dass es Vergils eigene *Aeneis* ankündigt. Auch wenn die *Aeneis* nicht als komplett irregulär erscheint, so steht sie doch für eine etwas überraschende Entwicklung innerhalb der Gattung des Epos; denkt man sich die *Aeneis* weg, so ist der Weg zu Ovid, über das kurze kosmologische Silen-Gedicht *Ekloge* 6 und das Aristaeus-Epyllion in *Georgica* 4, in mancherlei Hinsicht gradliniger.

Um das bisher Gesagte zusammenzufassen: Vergil praktiziert sowohl die klassische als auch die alexandrinische Referenz. Insbesondere in der *Aeneis* imitiert er Homer, nicht nur um zu zeigen, wie viel er ihm verdankt, sondern auch um die Tradition, deren Urvater Homer als erster und bedeutendster Epiker war, neu zu beleben. Vergils imitierende »klassische« Referenzen erschaffen einen neuen Text, der auf Homer basiert. Aber er geht darüber hinaus mittels alexandrinischer Referenzen, der weiterentwickelten Form der Verbindung zwischen Texten, die eine polyseme Qualität aufweist.

Während also die alexandrinische Gelehrsamkeit nicht darauf schließen lassen muss, dass in einem Text so phantasievolle Verbindungen oder geheime Botschaften stecken wie Dan Brown sie in *Sakrileg* dem »Letzten Abendmahl« zuschreibt, funktioniert die alexandrinische Referenz ähnlich wie Giovanni Palas Interpretation desselben Bildes: In *La musica celata* (2007) behauptet Pala, in der Anordnung und Größe der Jünger, die mit Christus um den Tisch sitzen, eine codierte Tonleiter zu erkennen. Sollte Palas Theorie richtig sein, würde seine Analyse eine künstlerische Parallele zur alexandrinischen Gelehrsamkeit bieten, der Vergil verhaftet war.

Aufschlussreiche Motive: Vergils Geschichten

In seiner Behandlung allgemein-menschlicher Probleme verwendet Vergil alexandrinische Referenzen, um die zentralen Motive zu akzentuieren, die beim Leser bleiben, auch wenn er oder sie mit Lesen fertig ist. Wir haben gesehen, dass die Begriffe Dialog, Weisheit und Mission die drei wichtigsten Motive sind, über die der Dichter seine Texte mit denen seiner Vorgänger verbindet, und auch die untergeordneten Motive unterstützen diese Hauptmerkmale. Man findet viele dialogische Gegenüberstellungen, so von Gut und Böse, Freude und Trauer, Gnade und Brutalität. Vergils Dichtung kennzeichnen wehmutsvolle Blicke auf ein verlorenes Goldenes Zeitalter; ein Kampf um die Kontrolle, wenn Chaos herrscht; das Entdecken von Gemeinschaft und Frieden inmitten von Zwietracht und Streit; ein Pflichtgefühl gegenüber Land und Familie, das über persönlichem Gewinnstreben steht; der Wert der Geschichte, ausbalanciert mit der Hoffnung auf eine bessere Zukunft; ein Gefühl von Sinnhaftigkeit und Schicksal im Angesicht harter Widrigkeiten. Solche Dualismen könnten im pythagoreischen Konzept der Ausgewogenheit von Gegensätzen begründet sein. Doch Vergil ist nicht per se Pythagoreer, sondern eher dieser Art des Denkens ganz allgemein verhaftet, was man insbesondere an den *Eklogen* sehen kann.

Nehmen wir ein Beispiel für Vergils erzählerische Technik, um diesen Punkt zu verdeutlichen. In *Ekloge* 1 spricht der Ziegenhirt Tityrus, dessen Besitz als militärische Entschädigung konfisziert werden sollte, über seine Reise nach Rom, wo er dagegen protestieren wollte. Aufgrund seines niedrigen sozialen Status müsste sein Besitz natürlich eher dürftig sein. Dennoch spricht Tityrus gegenüber Meliboeus, einem weiteren heimatlosen Ziegenhirten, folgendermaßen über das Ergebnis seiner Reise in die Stadt, wo er einem »Gott« begegnet ist:

… Ich konnte nirgendwo anwesende Götter erblicken. Hier, Meliboeus, sah ich den jungen Mann, für den unsere Altäre zwölf Mal im Jahr rauchen, und als ich ihn hier fragte, antwortete er mir zuerst: Weidet eure Kühe wie zuvor, Jungen, und schickt ihnen Stiere zuhilfe. (1.40–45)

Frei von fremden Übergriffen wird Tityrus echtes Weideland nahe den ihm bekannten Flüssen besitzen (51). Obwohl Meliboeus anmerkt, dass Tityrus die Schönheit des Landlebens genießen wird, wo die Gärtner singen (56), enthüllt Meliboeus, dass ihm selbst und anderen vertriebenen Ziegenhirten ein düstereres Schicksal droht, sie müssen weit fortgehen, nach Afrika, Skythien oder Britannien. Er sagt in gefühlsbeladener Manier seine eigene Heimkehr voraus, wenn er sein »Reich« wiedersehen wird, das dann ein ruchloser Soldat, ein Ausländer (71), besitzen wird. »Siehe«, ruft Meliboeus aus, »wozu die Zwietracht die elenden Bürger getrieben hat« (72). Dann gebietet er sich selbst in sarkastischer Weise, seinen Weinberg in Ordnung zu bringen, befiehlt seinen Ziegen, weiterzulaufen, er selbst wird nicht mehr singen (77).

Tityrus reagiert, indem er Meliboeus an seine Tafel einlädt, die freilich bescheidener ist als die des tarentinischen Bauernfestes in den *Georgica*, die wir später untersuchen werden. Tityrus teilt nicht die vorangegangene Vision barbarischer Beschlagnahme, sondern hofft auf Gemeinschaft, wie sie das letzte Bild in diesem Gedicht suggeriert: »Es rauchen die hohen Dächer der Villen und größere Schatten fallen von den hohen Bergen hinab« (82 f.). Kurz gesagt: Es herrscht deutlich ein Hin und Her, das sich im Gespräch und in den Schicksalen der beiden Hauptpersonen widerspiegelt. Dualismen und Dialoge wie dieser kennzeichnen diese Sammlung.

Leitmotiv des zweiten dichterischen Werkes Vergils, der *Georgica*, ist die Weisheit, die von der Güte der Mutter Erde abgeleitet wird. Eine solch unkomplizierte Form der Weisheit verkörpert eine ein wenig mysteriöse Gestalt, die am Anfang von *Georgica* 4 erscheint. Nach einer längeren Beschreibung der »Unruhen« in einem Bienenstaat verlegt Vergil den Schauplatz in wärmere Gefilde, sogar wärmer als Paestum, und kommt plötzlich nach Tarent, einer Stadt in Süditalien. Der Erzähler gibt an, dort einen alten Mann gesehen zu haben, der ein ärmliches Stück Land besaß:

> Denn ich erinnere mich, dass ich bei den Türmen der Burg von Oebalia, wo der schwarze Galaesus die goldenen Äcker benetzt, einen korykischen Greis sah, dem nur ein paar Morgen Land geblieben waren, die weder fruchtbar genug waren zum Pflügen noch zum Weiden von Vieh geeignet noch für den Weinbau. (125–29)

Es ist unklar, warum Virgil diesen Mann als »Korykier« beschreibt – eine Bezeichnung, die darauf hinweisen könnte, dass er aus Korykien in Kilikien stammt, oder als Verweis auf eine Nymphenhöhle auf dem Parnass dienen könnte. Wo auch immer er herkommt, die bescheidenen Verhältnisse des alten Mannes werden mit königlichem Reichtum verglichen (132), in der Nähe der Stadt und doch Welten entfernt. Jeden Abend kehrt er heim und belädt seinen Tisch mit selbst angepflanzten Feldfrüchten (134 f.); er war der Erste, der gemäß den Jahreszeiten Pflanzen anbaute, der Erste, der sich viele Bienen hielt, und der Erste, der Honig aus Waben presste. Seine Ulmen stehen ordentlich in einzelnen Reihen (144), seine Birnbäume sind gepflanzt und seine Dornbüsche tragen Pflaumen (146). Seine Art zu leben ist weise und einfach.

Die Tatsache, dass sein Name nicht genannt wird, gewährt dem Leser eine Pause. Das Detail über die Imkerei ist seltsam, denn Aristaeus, die Figur, die später einen prominenteren Platz in *Georgica* 4 einnehmen wird, ist der Imker par excellence.[30] Noch weitere Details lassen diesen Mann mysteriös erscheinen und deuten darauf hin, dass er nicht ein einzelnes Individuum ist, sondern ein Amalgam verschiedener Figuren, die etwas mit Weisheit zu tun haben. Obwohl nicht per se Philosoph, zeigt er doch eine kontemplative Einstellung zum Leben, denn er lebt in Demut und neigt dazu, alles zu seiner Zeit zu tun.

Für diesen klugen Mann besteht das Leben nicht nur aus Arbeit um ihrer selbst willen, noch aus politischen Zusammenhängen oder dem mühsamen Streben der Städter. Vielmehr hat er seine Lebensfreude und innere Zufriedenheit einfach darin gefunden, dass er satt ist; er erfährt Zufriedenheit anstatt Gier. Beeinflusst durch den Charakter des Cato, wie er zum Beispiel in Ciceros *De senectute* dargestellt wird, und innerhalb jener Abhandlung durch den süditalischen Philosophen Archytas, steckt Vergils Bauer im süditalischen Boden seinen eigenen Claim ab: Seine Weisheit und Zufriedenheit sind einfach und erdverbunden. Ein wichtiger Aspekt der Zielsetzung Vergils in den *Georgica* ist es, eine solche Weisheit zu vermitteln.

Wenden wir uns nun Vergils *magnum opus* zu, das, obgleich durch und durch zielgerichtet, zugleich Charakteristika von Dualismus und Weisheit aufweist, wie wir sie in den *Eklogen* und *Georgica* finden. In *Aeneis* 1 verbringt Aeneas, nachdem ein Seesturm die troische Flotte zerstreut hat, einige Zeit in Karthago mit Dido, die sich in ihn verliebt. Im vierten Buch erzählt Vergil, dass Jupiter Merkur zum Helden schickt, um ihn zu veranlassen, seine Reise fortzusetzen. Der Götterbote gibt Jupiters Fragen wieder: Warum spielt Aeneas die Rolle eines Ehemannes und errichtet die Mauern einer fremden Stadt? Er spricht Aeneas darauf an, dass er sich nicht an seine Mission erinnert (»ach, du vergisst dein eigenes Reich ...«, 4.267), und beschwört ihn, des Schicksals zu gedenken, das er seinem Sohn Ascanius schuldet. Aeneas' folgendes Zögern führt zu einem zweiten Auftritt von Merkur. Während er auf dem Deck seines Schiffes schläft, hat Aeneas eine Vision des Gottes, der eine schnelle Abfahrt von ihm fordert (562, 569) und ihn warnt, dass Dido entschlossen ist, zu sterben (564). Jetzt reagiert Aeneas schnell und erzählt seinen Männern von der Vision (574).

Beide Auftritte von Merkur sind absolut zielgerichtet. Auch wenn Aeneas ermahnt werden muss, so ist doch klar, dass er um seine Mission weiß, denn Vergil beschreibt ihn als »entschlossen, fortzugehen« (554), schon bevor ihm der Gott erscheint.

Merkurs Worte, die Jupiters klugen olympischen Ratschlag wiedergeben, ermahnen Aeneas, sich an seine Mission zu erinnern, anstatt Didos treu ergebenen Ehemann zu spielen. Es gibt auch einen internen Dialog Aeneas', nach dem ersten Erscheinen Merkurs, wobei Aeneas erörtert, was die beste Vorgehensweise sei (283). Durch diesen internen Dialog ergibt sich die Möglichkeit, dass die andere von Vergils »zwei Stimmen« die Voraussetzungen für Aeneas' Mission infrage stellt. Die Schwermut steht im Einklang mit der Sichtweise, die Vergil Meliboeus verleiht, der in *Ekloge* 1 sein Eigentum verliert, und mit der psychologischen Wirkung der verheerenden Pest, die *Georgica* 3 beschließt. Solche »dunklen Lesarten« werden in der Vergilforschung manchmal der sogenannten »Harvard-Schule« zugeschrieben. Eine »positivere« Sicht auf Vergil ist die sogenannte »Europäische Schule«, der eben vor allem europäische Wissenschaftler zuzurechnen sind.

Merkurs Anweisung enthüllt die komplexe Natur des Textes: Aeneas' eigentliche Berufung wird seinem persönlichen Wunsch, in Karthago zu bleiben, gegenübergestellt. Die Passage weist somit Dialog, Weisheit und Mission zugleich auf: Während er sich mit seinem eigenen inneren Konflikt auseinandersetzt, muss Aeneas sich auf seine Weisheit verlassen können, um sich von dem zu befreien, was ihn von seiner Mission ablenkt. Die Mission von Vergils idealem Leser – dem Leser, der sich den Codex vornehmen möchte und beginnen, dessen Code zu knacken – ist nicht, die Spannungen zwischen den verschiedenen Lehrmeinungen Europas und Harvards beizulegen, sondern diese Spannung als wichtiges Element der Vergil'schen Gestaltungsweise zu akzeptieren und das »Hin und Her« zu schätzen, das Vergils Text charakterisiert. So wie die Emphase in den einzelnen Werken Vergils unterschiedlich ist, so sind es auch seine wichtigsten Ziele. Wir werden nie genau wissen, wie Vergil dazu kam, sich diese Ziele zu stecken, oder in welchem Umfang seine eigenen Erfahrungen der Welt seine Werke geprägt haben.

Dennoch ist es sinnvoll zu überlegen, wie viel von dieser Erfahrung wir erforschen können – einer, die den Dualismus von Republik und Kaiserreich umfasste, die Weisheit benötigte, um die dramatischen Umwälzungen der spätrepublikanischen Zeit zu verstehen, und die sich schließlich mitten im zielgerichtet agierenden kaiserlichen Rom wiederfand. Wenden wir uns nun dieser Welt zu, die Vergils Weltsicht geprägt hat, denn auch wenn wir nur wenige Angaben über Vergils Leben besitzen, so wissen wir doch eine ganze Menge über die Welt, in der er lebte.

2. Kapitel

Publius Vergilius Maro: eine Präambel

> Mantua me genuit, Calabri
> rapuere, tenet nunc
> Parthenope; cecini pascua, rura, duces.
> Mantua hat mich geboren, Kalabrien
> raffte mich dahin, jetzt hält mich
> Parthenope. Ich habe von
> Weiden, Feldern und Herrschern gesungen.
>
> Vergils Grabspruch (*Vita Suetonii Donati* 36)

Wir wissen nur sehr wenig über den historischen Vergil. Eine größtenteils unhistorische Biographie, im 2. Jahrhundert n. Chr. von Sueton verfasst, findet sich in einem Werk, das später im 4. Jahrhundert von dem Gelehrten Aelius Donatus redigiert wurde; beide Namen, der des Autors und der des Redaktors, finden sich im Titel: *Vita Suetonii Donati*. Forscher wie Nicholas Horsfall haben gezeigt, dass die *Vita Suetonii* ein Kompendium aus Rückschlüssen ist, die aus Vergils Dichtung gewonnen wurden, und somit mit Vorsicht betrachtet werden muss.

Zwei Schüler von Donatus waren Hieronymus, Bibelexeget und Übersetzer, und Servius, ein Vergil-Forscher des 4. Jahrhunderts, dessen ausführlicher Kommentar *(expositio)* weitere Details zu Vergils Leben enthält, die wahrscheinlich ebenfalls aus der Dichtung abgeleitet sind. Die *expositio*, normalerweise von Wissenschaftlern als »Servius-Kommentar« oder einfach »Servius« bezeichnet, wurde später von Tiberius Claudius Donatus erweitert, der trotz der Ähnlichkeit der Namen nicht mit Aelius Donatus verwandt war. Verschiedene Fassungen des Servius-Kommentars waren über ein Jahrtausend lang im Umlauf, bis im frühen 17. Jahrhundert der Gelehrte Pierre Daniel eine endgültige Fassung veröffentlichte, bestehend aus dem gesamten Kommentar des Servius zusammen mit Tiberius Claudius Donatus' wissenschaftlichen Notizen. Diesen Kommentar kennt man als *Servius auctus* (»erweiterter Servius«) oder *Servius Danielis* (»Daniels Servius«).

Im Hinblick auf die geringe Verlässlichkeit der Quellen wird dieses Kapitel nicht das Leben des Vergil per se darstellen, sondern es soll, sozusagen als Präambel für sein Leben, eine kurze Betrachtung des sozialen und politischen Klimas wiedergeben, in dem er geboren wurde und lebte. Zu diesem Zweck ist es nützlich, zwischen zwei »Vergils« zu unterscheiden. Zunächst gibt es den Virgil, der zum Text geworden ist; diesen meint man, wenn man sagt: »Im Vergil sind die Motive Dialog, Weisheit und Mission allgegenwärtig«, oder: »Im Vergil ist das menschliche Pathos praktisch allgegenwärtig.« Bei solchen Sätzen meint »Vergil« den Text des Dichters. Die zweite Vergil, der historische, ist für uns weitgehend verloren. Indem sie stillschweigend Servius' Darstellung gefolgt sind, haben viele Forscher die Worte Vergil'scher Figuren wie Tityrus, Meliboeus oder Moeris überinterpretiert und so versucht, einen historischen Vergil zu konstruieren – ohne zufriedenstellendes Ergebnis.

Das präaugusteische Milieu

Ein paar Tage vor der größten Herausforderung Ciceros als Konsul (63 v. Chr.) wurde Vergil sieben Jahre alt. Damals mussten die Konsuln Marcus Tullius Cicero und Gaius Antonius eine Verschwörung bekämpfen, die von einem gescheiterten römischen Aristokraten namens Catilina initiiert worden war. Catilina hatte eine Armee aus flüchtigen Sklaven und Banditen versammelt und in der ländlichen Umgebung Etruriens installiert, zwischen Mantua und Rom. In der Annahme, der politische Neuling *(homo novus)* Cicero sei noch unerfahren, versuchte Catilina einen Staatsstreich. Cicero vereitelte den Versuch und wurde zum Nationalhelden; eine Welle des Patriotismus erfasste die Stadt und ganz Italien.

Schon seit langer Zeit hatte Rom die Vorherrschaft auf der italischen Halbinsel inne. Als Ergebnis des Ersten Punischen Krieges wurde Sizilien Roms erste Provinz (241 v. Chr.), Korsika und Sardinien folgten. Im folgenden Jahrhundert war Spanien hinzugekommen, gefolgt von Makedonien, dem nördlichen Afrika und Pergamon. Bei letzterer Provinz berichten Plutarch (*Tiberius Gracchus* 14.1–2) und Livius (*Periochae* 58) eine Besonderheit bezüglich ihrer Aneignung: Das Königreich wurde Rom von König Attalos III. geschenkt (133 v. Chr.). Dieses Vermächtnis spielte eine wichtige Rolle bei der Transformation Roms von der Republik zum Weltreich – einer Transformation, die in vollem Gange war, als Vergil zur Welt kam.

Im Jahr der Schenkung des Attalos wollte Tiberius Gracchus – der das fünfthöchste plebejische Wahlamt, das des Volkstribuns, bekleidete – die großen Landgüter *(latifundia)* der römischen Elite umverteilen und armen Stadtbewohnern überlassen. Gracchus' Pläne wurden von senatorischen Konservativen bekämpft, er selbst schließlich umgebracht. 122 v. Chr. erlitt Gracchus' Bruder Gaius, ebenfalls Volkstribun, dasselbe Schicksal, weil er versuchte, Reformen durchzusetzen, die das Agrarrecht und die Zusammensetzung von Geschworenengerichten betrafen. Die Nachwirkungen der ein halbes Jahrhundert alten anti-*latifundia*-Gesetzgebung (wie der der Gracchen) und die Neudefinition des italischen Volkes (z. B. durch Sulla, der als Diktator die Ausweitung des Wahlrechts erleichterte) waren vor Vergils Geburt abgeschlossen; die Erinnerung daran war jedoch noch immer frisch.

In *Georgica* 2 zeigt Vergil, dass man sich auch in den 30er Jahren noch daran erinnerte, denn er spielt auf die *latifundia* an, in einer Abänderung des Wortes mittels Tmesis (»Zerschneidung«) in *latis ... fundis*.

> Doch hier herrschen sichere Ruhe und ein Leben ohne Lug und Trug, reich an vielerlei Gütern, Muße auf *weitläufigen Feldern*, es gibt Höhlen und Seen voll Leben, ein kühles Tempe, das Blöken der Kühe und zarten Schlummer unter einem Baum. (2.467–71)

Obwohl Vergils Bauer in einem Zustand der äußeren Sicherheit lebt, hätten diese Art von Muße wohl eher die reichen Besitzer der Landgüter genießen können als die Bauern, die auf ihnen arbeiteten. Obgleich es Gesetze dagegen gab, existierten zu der Zeit, in der Vergil die *Georgica* schrieb, viele solche Landgüter. Auch wenn wir über Vergils familiären Hintergrund wenig wissen, kann man wohl annehmen, dass er selbst kein solches Landgut besessen hat, auch wenn sein Vater irgendeine Art von Grundbesitz gehabt haben könnte. Immerhin wissen wir, dass Vergil aus Mantua im Norden Italiens stammte. Als Vergil geboren wurde, war Gnaeus Pompeius – 34 Jahre alt und am Beginn einer steilen Karriere – zum ersten Mal Konsul. Am 15. Oktober 70 v. Chr. kam Vergil zur Welt.

59 v. Chr. schloss Pompeius mit Caesar und Crassus eine Allianz, die unzutreffenderweise als »Erstes Triumvirat« bezeichnet wird; diese inoffizielle gemeinsame Staatsführung dauerte an, bis Crassus 53 v. Chr. starb. Auch wenn Gaius Iulius Caesar der Anführer des Trios war, war er oft die Zielscheibe von Witzen und Gedichten. Zum Beispiel schrieb Catull Mitte der 50er Jahre das folgende Epigramm:

> Nicht allzu sehr versuche ich, Caesar, dir zu gefallen,
> und auch will auch nicht wissen, ob du schwarz oder weiß bist.
> (Catull, *carmen* 93)

Catull zeigt, dass er Caesars Aufstieg zur Macht und seine politischen Machenschaften kritisch beobachtet. Und Vergil wird Catulls Dichtung und Haltung gut gekannt haben.

Nach Crassus' Tod gelang es Pompeius nicht, Caesars Feinde, die lautstark forderten, Caesar solle in Gallien abgelöst werden, zum Schweigen zu bringen. Dass Pompeius sich hierin als so wenig effektiv erwies, führte zu einer Kluft zwischen ihm und Caesar, die sich durch einen Disput darüber, wer von beiden eine bestimmte Legion Soldaten anführen dürfe, noch verschlimmerte. Infolgedessen überquerte Caesar den Rubikon, einen Fluss etwa 150 km südöstlich von Mantua. Zu jener Zeit (49 v. Chr.) könnte der zwanzigjährige Vergil in Mailand oder Cremona studiert haben, wo er die Nachricht vernommen haben mag, dass es zum Bürgerkrieg kam.

Im Laufe des Krieges fand Pompeius den Tod (48 v. Chr.) und, vier Jahre später, schließlich auch Caesar. Für Vergil, der in den 30er Jahren seine *Georgica* schrieb, waren diese Wunden noch nicht verheilt. Als die Nachricht von Pompeius' Niederlage bei Pharsalos Rom erreichte, war Vergil fast 23 Jahre alt; als Kind und als junger Mann hatte er in einem Italien gelebt, das von gesellschaftlichen Unruhen gezeichnet war.

Am Ende des ersten Buches der *Georgica* behandelt Vergil den Tod Caesars und die Unruhen unter den Römern; dabei beschreibt er detailliert böse Vorzeichen, darunter epische Motive wie sprechende Tiere und transpirierende Statuen (1.471–80; vgl. *Ilias* 19.404–24). Vergil erhöht das Pathos noch, indem er eine Zukunft ausmalt, in der Bauern auf ihren Feldern die unbestatteten Gebeine ihrer Landsleute finden werden:

> Der Landwirt durchwühlt mit gebogenem Pflug die Erde und gräbt dabei vom Rost zerfressene Wurfspieße aus, oder er stößt mit der Hacke auf Helme, die nun nutzlos sind, und staunt über die großen Knochen in den ausgegrabenen Gräbern. (1.494–97)

Als Vergil Mitte der 40er Jahre v. Chr. nach Rom kam, hatte er bereits viel über den hohen Preis des Krieges – insbesondere des oben erwähnten Bürgerkriegs – nachgedacht, was seine Weltsicht stark beeinflusste.

Als Caesar 44 v. Chr. ermordet wurde, erkannte Vergil, dass dies für Rom das Ende einer politischen Ära bedeutete. Doch dann kam ein anderer junger Mann nach Rom, kurz nach Caesars Tod, und dieser veränderte die politische Landschaft für den Rest von Vergils Leben. Octavian, dem Vergil verklausuliert einen großen Teil seiner Werke widmete, pflegte eine freundschaftliche, wenn auch zunächst indirekte, Beziehung zu Vergil. Cicero kannte Octavian und sah ihn als weitaus größere Hoffnung für Rom an als dessen Alternative, Marcus Antonius, der ein hochrangiger Tribun und der wichtigste Vertraute Caesars gewesen war. Ciceros Hoffnung, Octavian werde Antonius den Rang ablaufen, wurde schließlich Wirklichkeit, wenn auch vielleicht nicht ganz so, wie Cicero es sich vorgestellt hatte.

43 v. Chr. machte die *lex Titia* (»Titius-Gesetz«) eine Allianz zwischen Lepidus, Caesars letztem Reitereikommandeur, und Caesars zwei offiziellen Erben, Marcus Antonius und Octavian, offiziell – Letzterer erbte zwei Drittel des riesigen Vermögens seines Großonkels und arrangierte die Ermordung Ciceros. Der Senat, der schwer unter Caesars Ermordung und Ciceros Hinrichtung litt, verlieh Lepidus, Antonius und Octavian den offiziellen Titel *triumviri rei publicae constituendae* (»Dreimänner, die die Republik wiederherstellen sollen«). Vom Jahr 43 bis zum Pakt von Tarent im Jahre 37 v. Chr., der das Triumvirat für weitere fünf Jahre verlängerte, festigte Octavian seine Autorität innerhalb der übrig gebliebenen republikanischen Institutionen, während er seine Macht gegenüber seinen Kollegen in drei Richtungen ausbalancierte. Vergil schrieb seine *Eklogen* mitten in einer Zeit solch politischer Instabilität.

Der augusteische Kontext

Mehrere Analysen haben versucht, bestimmte *Eklogen* mittels interner Bezugspunkte zu datieren. Von den meisten dieser Gedichte nimmt man an, dass sie nach 43 v. Chr. verfasst wurden, auch wenn eine Art Prototyp der *Eklogen* schon früher im Umlauf gewesen sein könnte, wie eine Anekdote bei Servius vermuten lässt: Cicero habe voll Erstaunen einer öffentlichen Rezitation der *Eklogen* beigewohnt und danach gesagt, er sehe in Vergil »eine neue Hoffnung für das große Rom« (*magnae spes altera Romae*; Servius ad 6.11).[1] Falls dies nicht komplett erfunden ist, könnte es ein Hinweis sein, dass solche Rezitationen Prototypen bestimmter *Eklogen* (oder zumindest dieser einen *Ekloge*) beinhalteten, die vor Ciceros Tod am 7. Dezember 43 v. Chr. veröffentlicht wurden.

In ihrer heute geläufigen Form wurden die *Eklogen* mit Sicherheit später verfasst. Octavian begann erst 41 v. Chr. mit der Konfiszierung von Ländereien in Norditalien, so dass dieses Datum als *terminus post quem* anzusehen ist für die Gedichte, die auf das Thema Bezug nehmen. Ob Vergils Familie von diesen Enteignungen betroffen war oder nicht, ganz offensichtlich hat die Umsiedelung der Bauern einen tiefen Eindruck bei ihm hinterlassen: Zwei Gedichte hat er diesem wichtigen Thema gewidmet. Auch wenn *Ekloge* 1 keine autobiographischen Elemente enthalten sollte, so bietet das unerfreuliche Ergebnis der Enteignungen doch einen Kontext für dieses Gedicht.

Octavian nahm seine Rache für das Attentat auf Caesar vor allem in der Schlacht bei Philippi im Oktober 42 v.Chr. Dass am ersten Tag desselben Jahres Caesars Vergöttlichung verkündet worden war, machte Octavian zum Sohn eines Gottes *(filius divi)*, eine Definition, die mehr politische als religiöse Bedeutung hatte. Gemäß einem Gelübde, das er im Zuge seines Sieges bei Philippi ablegte, machten Octavian und andere Adlige sich daran, die Stadt wiederaufzubauen. Asinius Pollio zum Beispiel machte aus dem von ihm restaurierten Atrium Libertatis Roms erste öffentliche Bibliothek. Dieses war nur eines von vielen Gebäuden, die in einer Zeit umgebaut wurden, in der aus Rom, der Stadt aus Ziegelsteinen, eine Stadt aus Marmor wurde.[2] Die Fertigstellung der Bibliothek Pollios fiel mit Anzeichen politischer Stabilität und der Blütezeit einer jungen und dynamischen Generation von Dichtern zusammen, die diese Bibliothek durchaus besucht haben mögen, um ihre gelehrten Gedichte zu verfassen.

Doch die Stabilität nach Philippi war nicht von Dauer. Im Jahre 40 v.Chr. heiratete Marcus Antonius Octavians Schwester Octavia. Auch wenn die Triumvirn drei Jahre später ihre Allianz erneuerten, spaltete sich Antonius in den frühen 30er Jahren ab, als er eine Liebesbeziehung mit der ägyptischen Königin Kleopatra einging, die ganz seinem sinnlichen und politischen Geschmack entsprach. Antonius und Kleopatra stellten Prototypen für die *Aeneis* dar: Antonius wurde zum Vorbild für Aeneas in Karthago und für den unterlegenen, aber beeindruckenden Gegner wie die »Königs-«Biene in *Georgica* 4 oder Turnus, wiederum in der *Aeneis*. Kleopatra diente als Vorbild für Königin Dido.

Marcus Antonius und Octavian gerieten genau zu der Zeit miteinander in Konflikt, als Vergil die *Georgica* verfasste, sein zweites großes dichterisches Werk; es wurde 29 v.Chr. fertiggestellt. Charakteristisch für dieses Werk ist, dass der Ton zwischen optimistisch und pessimistisch wechselt, was an die Stimmung in Rom vor Actium denken lässt. Ein Beispiel dafür, vom Ende des ersten Buches, wo Vergil mit erinnerungswürdigen Bildern eine Kutsche beschreibt, die man nicht lenken kann, zeigt dies:

> Der ruchlose Mars wütet in der ganzen Welt, so wie die Quadrigen, wenn sie das Starttor verlassen und schnell vorpreschen. Und vergebens hält der Wagenlenker die Zügel fest, er wird von den Pferden gezogen und der Wagen gehorcht ihm nicht. (*Georgica* 1.511–14)

Dieses Bild könnte man als Metapher für die Schwierigkeiten des Regierens ansehen. Diese Art der Sprunghaftigkeit ist charakteristisch für Charakter und Gestaltungsweise der *Georgica*.

In den 30er Jahren wurden Marcus Antonius' Gefühle für Kleopatra immer offensichtlicher, während man sie in Rom als absolut negativen Einfluss auf den Triumvirn ansah. Als Octavian im Jahre 35 v. Chr. seine Schwester zusammen mit 2000 Soldaten zu Antonius in den Osten schickte, übernahm dieser die Truppen, schickte Octavia jedoch zurück und erklärte sich zum Gemahl Kleopatras. Während das zweite Triumvirat seinem Ende entgegenging, musste Antonius bald einsehen, was die Stunde geschlagen hatte – und dass er selbst zum Großteil dafür verantwortlich war.

Einst von Cicero in dessen *Philippischen Reden* für seinen ausschweifenden Lebenswandel angegriffen, tat Antonius in den 30er Jahren wenig, um dieses Image aufzubessern. Stattdessen verfasste er sogar eine Abhandlung mit dem Titel *Über seine Trunkenheit*, worin er beschrieb, dass es seine ganz eigenen Vorzüge habe, Bacchus im Übermaße zuzusprechen. Man muss Vergil nicht für prüde halten, wenn man annimmt, dass er von Antonius' Verhalten abgestoßen war.

Auch Jahre später ist diese negative Sicht auf Marcus Antonius immer noch deutlich, wenn Vergil ihn in *Aeneis* 8 in ein wahrlich unvorteilhaftes Licht setzt:

> Von hier führt mit barbarischer Kraft und verschiedenen Waffen Antonius, der Sieger über die Völker Auroras und die rote Küste, Ägypten und die Macht des Ostens und sogar das weit entfernte Baktra mit sich, und ihm folgt – welche Schmach – seine ägyptische Ehefrau. Alle zusammen stürzen sich hinein und das Meer schäumt, aufgewühlt durch Ruder und dreizackige Schiffsschnäbel. (*Aeneis* 8.685–90)

Vergils Porträt enthält geradezu bösartige Details, wie zum Beispiel Marcus Antonius' »barbarische« Macht, die er aus einer nicht-römischen Quelle schöpft. Seine Fremdartigkeit wird zusätzlich dadurch verstärkt, dass er eine »ägyptische Ehefrau« an seiner Seite hat. Eine deutlich negative Sichtweise Kleopatras zeigt auch Horaz im ersten Buch seiner *Oden* (1.37), wo der Dichter ihren Tod nach der Schlacht bei Actium 31 v. Chr. feiert.

Die Auseinandersetzung zwischen Marcus Antonius und Octavian war der zentrale Konflikt in Vergils Erwachsenenalter. Die Unterlegenen, Antonius und Kleopatra, kehrten nach Ägypten zurück, wurden aber verfolgt von Octavian und Marcus Agrippa, Octavians oberstem militärischen Strategen. In der Nähe von Alexandria wurde Antonius von Octavians Truppen eingekeilt. In einem letzten verzweifelten Versuch, das Ruder herumzurei-ßen, forderte Antonius Octavian zu einem Zweikampf heraus. Plutarch gibt Octavians knappe Antwort wieder: »Es gibt viele Arten, wie Antonius sterben kann.« Antonius und Kleopatra begingen Selbstmord, auf dramatische Art und Weise, wenn man Plutarch Glauben schenkt (*Antonius* 75–78).

Nach Antonius' Tod organisierte Octavian den Osten des Reiches neu, bevor er 29 v. Chr. nach Italien zurückkehrte. Auf dem Weg traf er Vergil, und zurück in Rom feierte Octavian bald seinen dreifachen Triumph über Illyricum, Actium und Ägypten; eine Beschreibung dieser Feierlichkeiten findet sich in der Ekphrasis (d. h. der ausführlichen Beschreibung) des Schildes in der *Aeneis*:

> Aber Caesar, der mit dreifachem Triumphzug in Rom einfuhr, weihte den italischen Göttern mit heiligem Schwur dreihundert Tempel, in der ganzen Stadt. Freude und Spiele und Applaus waren in den Straßen zu hören; in allen Tempeln Chöre von Frauen und Altäre, und vor jedem der Altäre bedeckten geschlachtete Rinder den Boden. Er selbst jedoch sitzt ganz oben auf der schneeweißen Schwelle des strahlenden Phoebus, besieht die Geschenke der verschiedenen Völker und hängt sie an den hohen Türpfosten auf; in einem langen Zug ziehen die besiegten Völker vorbei, mit verschiedenen Sprachen, Trachten und Waffen. (*Aeneis*, 8.714–23)

Nach dieser Feier, mit der er seinen Anspruch auf die Macht deutlich sichtbar unterstrich, begann Octavian damit, eine kohärente Philosophie zu entwickeln, die seine Rolle als Roms oberster Regent stützen sollte. Dazu versammelte er um sich eine Entourage kluger und einsichtiger Berater – darunter Statilius Taurus, sein Neffe Claudius Marcellus, Marcus Agrippa und Gaius Maecenas, sein Verbindungsmann zum Zirkel der Literaten. Maecenas sind offiziell die *Georgica* gewidmet, die 29 v. Chr. erschienen, im Jahr, in dem Octavian zum siebten Mal das Amt des Konsuls bekleidete.

In den *Res gestae divi Augusti*, einer autobiographischen Inschrift, die Octavians/Augustus' Erfolge verherrlicht, ist zu lesen, dass Octavian im Laufe seines sechsten und siebten Konsulats die Republik aus seiner Machtbefugnis »dem Ermessen des Senates und Volkes von Rom überantwortet« (*Res gestae* 34). Auch wenn Octavians Vorschlag aufrichtig war, so ist das Ergebnis doch deutlich: Der Senat überantwortete ihm mehr Macht und gestattete ihm 27 v. Chr. für zehn Jahre den Oberbefehl über die römische Armee. Im selben Jahr erhielt Octavian das *cognomen* (Beiname) Augustus. Als weitere Ehrung wurde beschlossen, den Monat Sextilis in »Augustus«

umzubenennen. Wie Richard Heinze vor vielen Jahren angemerkt und Karl Galinsky kürzlich weiter ausgeführt hat, leitet sich das Adjektiv *augustus* (»erhaben«, »einflussreich«) vom lateinischen Verb *augere* (»wachsen lassen«) ab; dessen Nominalform *auctoritas* (»Autorität«) weist auf das Ausmaß von Augustus' Macht hin. Die *pax Augusta* (»augusteischer Frieden«) begann im Jahre 30 v. Chr., als Octavian nach der Schlacht bei Actium die Türen des Janus-Tempels schloss; dieser Moment erlaubte eine Blüte der Kunst, ähnlich der in Athen unter Perikles.[3]

In den letzten Jahren der Entstehung der *Aeneis* wurden die Fundamente einer neuen Regierungsform geschaffen. Augustus legte den 23 v. Chr. begonnenen Konsulat nieder, um stattdessen das geringere Amt eines Kurators für Getreideversorgung einzunehmen, während er die ihm 36 v. Chr. verliehene tribunizische Amtsgewalt beibehielt. Doch während Augustus immer mehr von seiner Macht abzulegen schien, konnte es nicht vielen Römern verborgen bleiben, dass das Zentrum der Macht sich im Austausch gegen politische Stabilität Schritt für Schritt von Senat und Volk weg und hin zum Kaiser verlagerte. Was auch immer Vergil von diesen Entwicklungen gehalten haben mag, seine dichterischen Darstellungen des Kaisers oder Anspielungen auf ihn sind alles andere als negativ, vielleicht weil er erkannte, dass Rom unter Augustus immerhin eine Umgebung bot, in der die Künste florieren konnten. Etabliert und aufrecht erhalten wurde diese Umgebung, zumindest teilweise, durch das Mäzenatentum.

Patrone und Mäzene: Pollio, Maecenas und Augustus

Wir wissen sehr wenig über den Vergil, der Mitte der 40er Jahre in Rom eintraf. Die *Vita Suetonii Donati* erzählt, er habe als junger Anwalt versucht, ein Plädoyer zu halten, habe jedoch Schwierigkeiten gehabt, flüssig zu sprechen. Wie echt oder unecht diese Geschichte in der *Vita Suetonii* auch sein mag, es scheint klar, dass Vergil, als er nach Rom kam, vor einer juristischen Karriere, dem typischen Ziel junger Römer, zurückschreckte.

Wir wissen nicht genau, wann Vergil zu dichten begann. Die Forschergemeinde ist gespalten hinsichtlich der Echtheit der sogenannten *Appendix Vergiliana*, die hin und wieder dem jungen Vergil zugesprochen wird. Unter den dort enthaltenen Gedichten zeigen der *Culex*, die *Ciris* und die *Aetna* die größte Kunstfertigkeit. Falls sie (oder eines von ihnen) von Vergil stammen, kann es sich nur um experimentelle Frühwerke handeln. Da unter den Gelehrten so wenig Einigkeit bezüglich ihrer Authentizität und Datierung herrscht, sollen sie in dieser Studie außer Acht gelassen werden.

Immerhin wissen wir, dass Vergil in den späten 40er Jahren fleißig mit dem Verfassen der *Eklogen* beschäftigt war. Die ganze Sanmmlung ist niemandem speziell gewidmet, auch wenn drei Figuren herausstechen. *Ekloge* 6 ist Alfenus Varus gewidmet, einem Juristen, der 39 v. Chr. Suffektkonsul war (ein Magistrat, der die Amtsgeschäfte eines gewählten Konsuls übernahm). Varus war mitverantwortlich für die Konfiszierung von Ländereien während des zweiten Triumvirats. Ein weiterer Widmungsträger ist Pollio, Konsul im Jahre 40, der Vergils Patron gewesen sein könnte, als dieser nach Rom kam. Pollio wird in der dritten und vierten *Ekloge* namentlich genannt. Einige Forscher folgen der *Vita Suetonii Donati* darin, dass Pollio Vergil gebeten habe, bukolische Gedichte zu verfassen (19.25), und postulieren eine originäre »Pollio-Gruppe« innerhalb der *Eklogen*. *Ekloge* 8 könnte ihm auch gewidmet sein, was möglicherweise eine Anspielung auf das Verfassen einer Tragödie in jenem Gedicht anzeigt. Der andere Kandidat für die Widmung dieses Gedichts ist Octavian, auch wenn kein Widmungsträger genannt wird.[4]

Wie bereits angemerkt, war Maecenas Octavians Verbindungsmann zu den Literaten. Horaz beschreibt in einer Satire (*Sermones* 1.5) eine Reise nach Brundisium, die er mit Vergil, Maecenas und anderen unternahm. In diesem Gedicht schließen sich Vergil und Maecenas Horaz' Clique an und verstehen sich auf der Fahrt sehr gut. Auch wenn man nicht versuchen sollte, aus einem Gedicht wie diesem präzise historische Details zu erschließen, kann man daraus doch immerhin das Bestehen einer Kameradschaft ableiten, die emblematisch ist für den gelehrten Kreis, dem Vergil und Maecenas angehörten.

Peter White hat gezeigt, dass Dichter durch eine Institution Zugang zur römischen Prominenz erhielten, die er die »Gemeinschaft des großen Hauses« nennt. Während Figuren wie Asinius Pollio und Messalla Corvinus, der später der Mäzen von Tibull und Ovid war, eine leicht auszumachende Nische innerhalb einer solchen Gemeinschaft besetzten, ist das Auftauchen des Maecenas um einiges mysteriöser. Der Begriff eines »Kreises« von Dichtern, der sich um die Figur des Maecenas versammelte, ist eine Metapher, die in die Irre führt, denn es gibt keinerlei Anzeichen dafür, dass Maecenas die literarische Produktion seiner Dichterfreunde in bestimmte Richtungen lenkte. Bedenkt man die große Anzahl verschiedener Stile, in denen Maecenas gewidmete Gedichte verfasst sind, ist es unwahrscheinlich, dass er seine Freunde unter Druck gesetzt hat, bestimmte Genres, Motive oder Tonlagen zu verfolgen. Stattdessen wurde diese Gemeinschaft, wie man Horaz entnehmen kann (*Sermones* 1.5), von einem Band der Freundschaft zusammengehalten, durch gegenseitiges dichterisches Interesse und Respekt.[5]

Es ist leider nicht zu ermitteln, wie insbesondere Vergil mit Maecenas oder Octavian in Verbindung trat. Aus den *Eklogen* gezogene Rückschlüsse lassen spekulieren, dass sich Vergils persönliche Erfahrungen im Rombesuch des Hirten Tityrus widerspiegeln, der einen jungen Mann (Octavian) trifft, der sein konfisziertes Grundeigentum wiederhergestellt hat; doch kann man dies nicht beweisen. Eine weitere Möglichkeit eröffnet ein einziges Detail aus der *Vita Suetonii Donati*. Dort ist zu lesen, dass Vergil ein Haus besaß, das in der Nähe der Gärten des Maecenas auf dem Esquilin lag:

> Aufgrund der Großzügigkeit seiner Freunde besaß [Vergil] fast 10 Millionen Sesterzen und ein Haus in Rom auf dem Esquilin neben den Gärten des Maecenas, auch wenn er seine Freizeit zum großen Teil in Kampanien und auf Sizilien verbrachte. (2.13)

Auch wenn hier keine Chronologie genannt wird und es, wie gezeigt, unklug wäre, allzu viel auf Details aus der *Vita Suetonii Donati* zu geben, verdient die Möglichkeit, dass Vergil in der Nähe eines Grundstücks des Maecenas wohnte, näher untersucht zu werden. Zumindest ist das Detail bezüglich des Hauses Vergils in der modernen Forschung nicht allzu umstritten. Wie auch immer Vergil in Besitz dieses Hauses gekommen sein mag, die räumliche Nähe zu Maecenas passt sehr schön in das Konzept einer »Gemeinschaft«, die auf *amicitia*, Freundschaft, beruht.

Auf jeden Fall sind die *Georgica* allein Maecenas gewidmet, auch wenn Octavian darin als Figur auftaucht und mitunter auch direkt angesprochen wird.[6] Eine solche Anrufung scheint nicht auf Gegenseitigkeit zu beruhen, und aus Vergils und Horaz' Dichtung kann man schließen, dass an Whites »Gemeinschaft« etwas dran sein könnte. Demnach könnte die Beziehung zwischen Maecenas und Vergil irgendwann im Laufe der 30er Jahre begonnen haben. In seinem ersten Buch Satiren *(Sermones)*, beinahe zwei Jahrzehnte später erschienen, erinnert sich Horaz dem Kaiser gegenüber daran, wie er selbst in die Gruppe aufgenommen wurde:

> Denn mich hat nicht nur der Zufall zu dir gebracht: Einst haben der brillante Vergil und danach Varius dir gesagt, was ich bin. (*Sermones* 1.6.54–5)

Dass es zur *amicitia* zwischen Dichtern und ihren Gönnern kam, bedurfte einer Einführung und Vorstellung. Während wir nicht genau wissen, wer Vergil Maecenas vorstellte, bietet Whites Beschreibung der inneren Abläufe in der Gruppe kultivierter *literati* ein greifbares Modell.

Dennoch könnte es sein, dass im Laufe der Zeit innerhalb dieser Gruppe Spannungen erwuchsen. Nach dem vierten Buch der *Georgica* wird Maecenas in Vergils Dichtung nicht mehr erwähnt. Spekulationen über Maecenas' sinkenden Einfluss drehen sich um einen Zwischenfall, in den Maecenas' Schwager Terentius Varro Murena sowie Fannius Caepio verwickelt waren. Nachdem er drei Jahre zuvor einen schwierigen Sieg über die in den Alpen lebenden Salasser errungen hatte, bekleidete Murena gemeinsam mit Octavian 23 v.Chr. das Konsulat. Cassius Dio (54.4) und Sueton (*Augustus* 19) sprechen davon, dass Murena ein Komplott gegen den Kaiser anzettelte und dass in der Folge ein Gerichtsverfahren stattfand, bei dem die Verschwörer erfolgreich durch den späteren Kaiser Tiberius angeklagt wurden.

Zugegebenermaßen sind die Details ein wenig durcheinandergeraten, denn die Daten bei Cassius Dio sind gegenüber den Angaben in den konsularischen Akten *(fasti)* um ein Jahr verschoben, zudem wird für Murena jeweils ein anderer Vorname *(praenomen)* angegeben. Darüber hinaus verweist Sueton nur am Rande auf Augustus' Unzufriedenheit mit Maecenas, der seine Frau Terentia, Murenas Schwester, mit Informationen versorgt haben soll:[7]

> Manchmal vermisste [Augustus] nämlich (um nicht zu viele Beispiele zu nennen) bei Marcus Agrippa die Geduld und bei Maecenas die Verschwiegenheit: Der Erstere ließ alle seine Geschäfte im Stich und zog sich nach Mytilene zurück, weil er einen Anflug von Kälte sich gegenüber zu spüren glaubte und meinte, Marcellus würde ihm vorgezogen; Maecenas indes verriet seiner Frau Terentia das Geheimnis der Verschwörung des Murena, sobald diese aufgedeckt war. (*Divus Augustus* 66.3)

Dieses Argument für Maecenas' politische Abseitsstellung, ausgeführt von Ronald Syme in *The Roman Revolution* (1939), herrschte eine Saison lang vor. Syme untermauerte seine ausführliche Darstellung mit der Annahme, dass es einen ernsten Machtkampf innerhalb des augusteischen Kabinetts zwischen Agrippa und Maecenas gegeben habe.

Gordon Williams spielt die Verschwörung herunter; er verlegt den Zeitpunkt, an dem Maecenas den »inner circle« verlassen musste, auf 20 v.Chr. und schlägt einen schleichenden Rückgang von Maecenas' Einfluss vor. Gegenargumente sind von White vorgebracht worden, der die akkurate Darstellung und die Bedeutung der Murena-Verschwörung in Frage stellt. Doch selbst wenn Maecenas nicht ganz fallen gelassen wurde – und tatsächlich weist eine Stelle bei Seneca d.Ä. auf Maecenas' bleibenden Einfluss hin

(*Suasoriae* 1.12, 3.5): Man kann nicht völlig ausschließen, dass eine Verschwörung stattgefunden hat, mit der Maecenas zumindest am Rande in Berührung kam.

Ein wichtigeres Ereignis in den 20er Jahren war der Tod von Vergils Freund und Dichterkollegen Cornelius Gallus. Nach Cassius Dio war es Mangel an Diskretion seitens Gallus', der ihn bei Augustus in Ungnade fallen ließ. Eine etwas prahlerisch anmutende Stele könnte darauf hinweisen, dass Octavian aus gutem Grund an Gallus' Loyalität zweifelte:[8]

> Gaius Cornelius ... Gallus, ... erster Präfekt von Alexandria und Ägypten, ... besiegte den Feind zwei Mal in der Schlacht und nahm fünf Städte ein: Boresis, Koptos, Keramike, Diospolis Megale und Ophieon, wobei er die Anführer des Aufstandes festnahm, nachdem er sein Heer über den Nil-Katarakt geführt hatte, in eine Gegend hinein, in die noch nie zuvor Waffen gebracht worden waren, weder vom römischen Volk, noch von den ägyptischen Königen. (ILS 8995)

Cassius Dio fügt hinzu, dass Gallus in Ägypten zahlreiche Statuen seiner selbst aufgestellt hatte und seine Verdienste an die Pyramiden hatte schreiben lassen, was Bruce Gibson ganz richtig mit Horaz' Sphragis (dem »Siegel« seiner Gedichtsammlung, *carmen* 3.30) in Verbindung bringt. Die Senatoren in Rom waren dermaßen konsterniert, dass Gallus 26 v. Chr. *in absentia* angeklagt und verurteilt wurde – wegen offensichtlicher *hybris*, spezifischer waren die Vorwürfe nicht; als Reaktion auf diesen Schuldspruch beging Cornelius Gallus Selbstmord.[9]

Im Laufe des ersten Jahres nachdem Octavian den Namen Augustus angenommen hatte, fiel also einer der besten Dichter Roms der *damnatio memoriae* (»Verdammung des Andenkens«) anheim – das bedeutet, sein Name wurde offiziell von öffentlichen Monumenten entfernt, seine Schriften wurden komplett vernichtet. Cornelius Gallus hatte nicht nur (wie wir bei der Untersuchung der Vorbilder Vergils im vorangegangenen Kapitel gesehen haben) großen Einfluss auf Vergils Stil, sondern er war auch ein enger Freund. Servius (*ad Georgica* 4.1) spricht von der Tiefe dieser Freundschaft und merkt an, *Georgica* 4 habe ursprünglich ein »Lob des Gallus« anstatt der Geschichte von Orpheus enthalten. Auch wenn die abstruse Vorstellung, Vergil hätte eine Episode der *Georgica* umgeschrieben (aber nicht *Ekloge* 10, die ebenfalls Gallus' Leistungen als Dichter erwähnt) unwahrscheinlich erscheint: Gallus' Tod wird mit Sicherheit eine tiefgreifende Wirkung auf Virgil gehabt haben.

Gallus' Tod im Jahre 26 v. Chr. muss die Freude gedämpft haben, die mit der neuen politischen Ordnung verbunden war, und eine Verschwörung drei Jahre später, an der ein Freund wie Maecenas Anteil hatte, konnte nicht unbemerkt an Vergil vorbeigehen, der zwischen 23 und 19 kurz vor Abschluss der Arbeiten an der *Aeneis* stand. Als er starb, hatte Vergil das Epos zum größten Teil fertiggestellt – ein Gedicht, welches das Positive und Negative menschlicher Erfahrung reflektiert und ausbalanciert. Die *Aeneis* vermittelt Weisheit, die sich aus der Zielrichtung des Werkes ergibt, während es den Preis menschlichen Leidens dagegen abwägt.

Am 21. September 19 v. Chr. ereilte Vergil der vorzeitige Tod, in Brundisium, einer Zwischenstation auf dem Heimweg aus Griechenland. Der *Aeneis* fehlte noch immer eine letzte Überarbeitung, wovon viele Halbverse zeugen. Die oft wiederholte, der *Vita Suetonii Donati* (39 f.) entlehnte Geschichte über seinen Wunsch auf dem Sterbebett, dass die *Aeneis* verbrannt werde, ist wohl zur Gänze erfunden. Das Gedicht wurde nach Vergils Tod von den Dichtern Plotius und Tucca leicht überarbeitet.

Vergils und Horaz' Kontakt zu Maecenas war, streng genommen, unpolitisch; er »zeigt weniger den Einfluss politischer Imperative als den lange etablierter Tendenzen, die die literarische Tätigkeit im aristokratischen Sozialleben verankerten«, und er zeigte »kein Anzeichen einer umfassenden Strategie« für das Mäzenatentum seitens Maecenas' oder Augustus'.[10] Und doch hatte Vergil offenbar eine eigene poetische Strategie. In den folgenden Kapiteln werden wir sehen, dass Vergil sich ausführlich mit seinen Hauptmotiven beschäftigte – der Mission, welche die *Aeneis* dominiert; der Weisheit, die hauptsächlich die *Georgica* charakterisiert; und dem Dialog, der in den *Eklogen* prominent ist. Wenden wir uns nun Letzteren zu, um die ausführlichere Untersuchung des Vergil, wie wir ihn in seinen Texten finden, zu beginnen.

3. Kapitel

Eklogen-*Dialoge*

> Die natürliche Summe der Zahlen [1 + 2 + 3 + 4] ist zehn.
> Pythagoras (Diels/Kranz 58 B 15)

Oben auf der ersten Seite der ältesten erhaltenen Vergil-Handschrift steht der Titel *liber bucolicon*. Dies ist eine Mischung aus Griechisch und Latein; das lateinische Wort *liber* bedeutet »Buch«, während die lateinische Transkription des griechischen Wortes *boukolikón* »Lieder von Kuhhirten« bedeutet. Angesichts der Tatsache, dass Theokrits Sammlung, die etwas mehr als zwei Jahrhunderte zuvor entstand, irgendwann diesen Namen erhalten hatte (wenn auch nicht unbedingt durch Theokrit selbst), ist es höchst signifikant, dass Vergil diesen Titel verwendet.[1] Seine spätere Anspielung auf diese Sammlung in den *Georgica* (»ich sang die Lieder der Hirten«, 4.565) könnte darauf hindeuten, dass dieser Titel die gesamte Sammlung bezeichnete. Der alternative Titel *Eklogen*, der von anglophonen Gelehrten traditionell bevorzugt wird, tauchte zuerst in der *Vita Suetonii Donati* auf; das griechische Wort *eklogé* (»ausgewähltes Stück«) entspricht dem kallimacheischen Prinzip des »kleinen Tropfens aus einer heiligen Quelle« (*Hymne* 2.112), der die Individualität jedes einzelnen Gedichts betont. Charles Martindale stellt fest, dass »der Titel ›ausgewählte Stücke‹ (d.h. *Eklogen*), der ihr aller Wahrscheinlichkeit nach von späteren Redaktoren gegeben wurde, suggerieren soll, dass die Sammlung so verfasst wurde, als wären die Gedichte kleine Teile eines größeren Ganzen«.[2] Doch bleibt die Frage, ob es sich um eine Auswahl einzelner Stücke aus einem bereits bestehenden »Ganzen« handelt oder ob diese Stücke erst versammelt wurden, um ein solches »Ganzes« zu bilden.

Tatsächlich mag es so scheinen, als seien sie zusammengestellt und später editiert worden, um diese Sammlung zu bilden. Kürzlich hat Brian Breed die These vertreten, dass diese Gedichte wohl zugleich literarisch waren und zur öffentlichen Aufführung vorgesehen. Die *Vita Suetonii Donati* erwähnt, Vergil habe mit eigenen Rezitationen verschiedener *Eklogen*

Erfolg gehabt, während ein kurzes Stück Papyrus zu *Ekloge* 8 auch auf andere, individuelle »pastorale« Aufführungen hinweist.[3] Doch wie genau diese Aufführungen oder überhaupt das »Pastorale« aussahen, bleibt unklar.

Die Forschung hat Zeit darauf verwendet, dieses Problem zu lösen, und sicherlich betrifft ein Aspekt den Inhalt, denn in dieser Art Gedichte finden sich Charaktere und Motive, die einer ländlichen Atmosphäre entspringen. Dennoch muss man bedenken, dass Virgil seine bukolischen Gedichte allesamt in daktylischem Hexameter verfasste, dem »epischen« Versmaß, das auf Homer zurückgeht. Der sizilische Dichter Theokrit hat diesen Zweig der epischen Dichtung in einem solchen Maß verfeinert, dass er eine Unterkategorie dieses Genres geschaffen hat.

Der daktylische Hexameter besteht aus einer Reihe von sechs »Versfüßen« mit zwei Zählern in jedem Versfuß. Jeder Zähler kann ein langer Vokal sein, und der zweite kann in zwei kurze Vokale aufgelöst werden (so wie in der Musik zwei Viertel einer halben Note entsprechen). Der erste Zähler im Versfuß ist immer lang. Wenn der erste mit einem zweiten langen Vokal kombiniert wird, nennt man das Resultat »Spondeus«; ein langer Vokal, auf den zwei kurze folgen, bildet einen Daktylus. Vor Vergil war dieses Metrum von Ennius in seinen *Annalen* verwendet worden und von Lukrez in *De rerum natura*, das gerade einmal ein Jahrzehnt vor den *Eklogen* entstand. Es ist das einzige Metrum, das Vergil verwendet hat.

Theokrit verwendete meistens den daktylischen Hexameter für seine bukolischen Gedichte. Theokrit schrieb zu Beginn der hellenistischen Epoche (3. Jh. v. Chr.), und er vermengte verschiedene Genres auf kunstfertige Art und Weise, um seine bukolischen Gedichte zu schaffen, darunter auch das »niedere« Genre des Mimus, das kurze komische Szenen kennzeichnete.

Mit diesem Genre war Theokrit durch die Werke des Mimographen Sophron von Syrakus bekannt, der im 5. Jahrhundert v. Chr. schrieb. Er hat aber auch verschiedene Aspekte höher angesehener Genres, wie des homerischen Epos und des hesiodischen Lehrgedichts, adaptiert. Es ist daher nicht verwunderlich, dass der direkte Vorgänger von Vergils *Eklogen* das Werk Theokrits ist. Die Bezüge sind um einiges vielfältiger, als dass Vergil lediglich die Namen bestimmter Figuren von Theokrit verwendet oder die sizilischen Musen anruft.

In seiner einzigartigen Adaption des Genres greift Vergil regelmäßig Themen auf, die eine Verbindung zu Rom herstellen. *Ekloge* 1 beginnt mit einem Dialog zwischen den Hirten Tityrus und Meliboeus, die sich über die Frage der Umverteilung des Landes unter Octavian unterhalten; *Ekloge* 10 beschließt die Sammlung mit einem Gedicht, das Vergils Zeitgenossen, den Dichter Cornelius Gallus, feiert und beschreibt, wie dessen Geliebte Lycoris einem anderen Liebhaber hinterherreist, der seinen Militärdienst leistet. Hier werden Dichtung und Politik als anspruchsvolle Themen miteinander verbunden.

In der Antike wie in der Moderne haben Leser diese Gedichte traditionell in der Reihenfolge rezipiert, in der sie überliefert sind. Unter anderem hat James Zetzel starke Argumente dafür vorgebracht, sie auf diese Weise zu lesen, wie Vergil sie auch sehr wahrscheinlich selbst angeordnet hat. Große Mühe wurde darauf verwendet, eine Chronologie zu erstellen und die Gestaltung der *Eklogen* zu determinieren, wofür John Van Sickles gründliche Studie immer noch von grundlegender Bedeutung ist.[4] Er weist auf die sorgfältigen strukturellen Muster innerhalb der Gedichte hin und misst zugleich den mystischen Aspekten der Numerologie weniger Bedeutung bei, wie sie Gelehrte wie P. Maury betont haben, die insbesondere Vergils Verwendung von Zahlen aus pythagoreischen Konzepten abgeleitet haben. Andere, wie Richard Heinze, der einen stoischen Einfluss ausmachen will, betonen unterschiedliche philosophische Impulse für die Sammlung. Vergils Werk lässt auch Anzeichen eines epikureischen Einflusses erkennen, denn er stand den Epikureern um Philodemos in Herculaneum nahe. Kurz gesagt, man kann Spuren diverser philosophischer Systeme im Vergil'schen Corpus ausmachen.

Vor rund 100 Jahren schlug Warde Fowler vor, Vergils Quelle pythagoreischer Ideen könnte Nigidius Figulus gewesen sein, ein Philosoph des 1. Jahrhunderts v. Chr. Die wichtigste pythagoreische Zahl war zweifellos die Zehn, das Resultat eines Prinzips, das als Tetraktys bekannt wurde: die Summe aus 1 + 2 + 3 + 4. Innerhalb dieser Sequenz stechen die Zahlen eins und vier hervor – mit eins beginnt die Abfolge, und die vier ist der Baustein, mittels dem die Formel bei zehn anlangt.[5] Die Tetraktys könnte also hinter Vergils Entscheidung stehen, seine Sammlung in zehn Gedichten zu präsentieren, und zudem könnte dadurch den *Eklogen* 1, 4 und 10 eine besondere Bedeutung zukommen. *Ekloge* 4 nimmt eine entscheidende Position innerhalb der Sammlung ein und ist von entscheidender Bedeutung für das Verständnis des Motivs des Dialogs – zwischen Zukunft und Vergangenheit, Stadt und Land, Politik und Leben –, das dieses Gedicht und die gesamte Sammlung umfasst.

Ekloge 4 beinhaltet zudem die Aussicht auf eine neue politische Ordnung, mit dem Fokus auf einer Figur, die Frieden bringen wird. *Ekloge* 10 ist mehr als nur ein meisterhafter Abschluss der Sammlung; sie ist der Kulminationspunkt der bukolischen Tradition, der nicht nur ihren herausragenden Platz innerhalb der literarischen Tradition rechtfertigt, sondern auch den Gedanken erkennen lässt, dass Gallus ebenso ein Platz darin hätte zukommen können. Vergils zehnte *Ekloge* stellt Gallus in eine Reihe mit Orpheus und Hesiod.

Von größerer Bedeutung für die *Eklogen* als diese Zahlenspiele ist der ausgeprägte Dualismus, mittels dessen Vergil häufig seine Ideen präsentiert – ein Konzept, das den Pythagoreern keinesfalls fremd war, sondern vielmehr in ihrer Gemeinschaft eine große Bedeutung hatte. Vor allem die *Eklogen* zeigen diese dualistische Denkweise, denn sie sind in reziproken Paaren angeordnet und drücken oft zwei kontrastierende Standpunkte aus.

Wenn man Vergils Technik mit der Theokrits vergleicht, dann wird deutlich, dass Theokrit, auch wenn er dialogische Gespräche darstellt, darin nicht Erfahrungen politischer Realitäten kontrastiert, wie Vergil es tut. Vergils Tityrus und Meliboeus (*Ekloge* 1) greifen solche Themen auf, wie auch Moeris und Lycidas (*Ekloge* 9), denn diese Figuren vergleichen ihre individuelle Sicht auf die Welt miteinander. Ganz klar kennzeichnet diese Sammlung der aus Dualismen abgeleitete Dialog.

Solche Dualismen fallen nicht nur beim Lesen der einzelnen Gedichte auf, sondern sind auch darin zu erkennen, dass die Gedichte jeweils paarweise betrachtet werden können. Auch viele Titel oder Untertitel von Aufsätzen, die sich mit diesen Gedichten befassen, zeigen inhärente Dualismen und Dichotomien: »Freedom and Ownership«, »Nature and Art«, »Dueling Contests«, »Thrust and Counter-Thrust«, »Easterners and Westerners«, »Science and Myth«, »Divine and Earthly Competition«, »Goat Myth and Goat Song« und »Remembering and Forgetting«. Letzterer soll kurz als Beispiel dienen: Obwohl der Autor dem Anschein nach Vergils Aussage über den Niedergang des Pastoralen erörtern will, richtet er seinen Fokus tatsächlich auf dualistische Tendenzen Vergils und zählt nicht weniger als fünf Beispiele dafür auf.

Obgleich der eventuelle pythagoreische Einfluss keineswegs essenziell für die strukturellen oder motivischen Elemente der Sammlung ist, könnte der pythagoreische Dualismus immerhin erklären helfen, warum diese Gedichte paarweise zu funktionieren scheinen, und auch, warum Vergils Sammlung aus zehn Gedichten besteht und warum Vergil das Hin und Her des dialogischen Gesprächs von Theokrit übernommen hat. Vergil geht weiter als sein Vorgänger und erschafft eine Welt, die zugleich arkadisch und italisch ist, ländlich und städtisch, unbeschwert und doch realpolitisch befrachtet. Während alle *Eklogen* in vielfältiger Weise miteinander verknüpft sind, scheint doch jede einzelne ein ganz bestimmtes Komplementär-Gedicht zu haben.

Das erste Paar, das ich untersuchen werde, *Eklogen* 1 und 9, wird von allen Forschern als solches anerkannt. Das zweite Paar, *Eklogen* 2 und 8, bilden zwei Gedichte, die Liebhaber zusammenführen sollen: In *Ekloge* 2 winkt die Liebe, während sich *Ekloge* 8 mit Liedern befasst, die diejenigen zurückbringen sollen, welche die Hirten verloren haben. Im dritten Paar (3 und 7) finden sich Wettstreite, wie sie für das bukolische Genre typisch sind. Und ich werde herausstellen, dass die rätselhafte und in die Zukunft weisende *Ekloge* 4 demjenigen Gedicht, mit dem sie kontrastiert wird, *Ekloge* 5, gegenüberzustellen ist. Letzteres gilt seit Servius' Zeit als Metapher für den Tod und die Apotheose Iulius Caesars, und die Kommentatoren sind sich einig, dass es gute Gründe dafür gibt, dass hier Daphnis für Caesar steht. Diese Lesart könnte ein wenig Licht auf die Identität des Kindes in *Ekloge* 4 werfen, aber dies wird später näher besprochen werden. *Ekloge* 6, mit einem Gedicht aus dem Mund eines Dichters (eines Silens) innerhalb des Gedichts, entspricht *Ekloge* 10, bei dem auch ein Dichter innerhalb des Gedichts spricht. Diese beiden Gedichte bilden den Rahmen für die zweite Hälfte der Sammlung.

Vergils Dualismus beinhaltet auch die Übertragung des bukolischen Genres der Griechen in die Welt der römischen Dichtung. Sein Arkadien, eine tatsächlich existierende Landschaft im Norden der Peloponnes, die bei ihm in eine neue bukolische Welt transformiert wird, ist nicht einfach eine Projektionsfläche für einen ländlichen Eskapismus. Sein neuer Zugang zum Genre zeigt, dass er es verändert hat; er hat die arkadische Landschaft genommen und mit festem Griff in Italien platziert.

L'arte allusiva: Vergils imitativer Stil

In der dritten *Ekloge* unterhalten sich zwei Hirten, Damoetas und Menalcas, über mögliche Preise für den Sieger des von ihnen initiierten Wettstreits. Damoetas lehnt den von Menalcas vorgeschlagenen Preis, ein Schaf aus der Herde, ab und schlägt stattdessen Pokale aus Buchenholz vor, die von Alcimedon gefertigt worden sind:

> ... sie umgibt die langsam wachsende Rebe, mit leichtem Meißelschlag gestaltet, um die ausladenden Trauben schlingt sich blasser Efeu. In der Mitte befinden sich zwei Bilder: Das eine zeigt Conon – wie heißt noch gleich der andere, der den Menschen mit dem Zirkel den Erdkreis aufgezeichnet hat und beschrieb, zu welchen Zeiten geerntet wird und wann der gebeugte Pflüger tätig wird? (3.38–42)

Diese in einer Ekphrasis beschriebenen Pokale sind als Preis sogar noch wertvoller als Tiere. Doch Vergils Figuren sind nicht nur Schafhirten; sie sind Dichter, deren Genre, die Bukolik, nicht durch eine tatsächliche Aue oder einen Hügel Inspiration findet, sondern durch die literarische Tradition selbst. Kunst ist ein besserer Preis für gelehrte Dichter, die die astrologischen Zeichen auf den Pokalen verstehen.

Indem er Konon namentlich erwähnt, demonstriert Damoetas sein Wissen über Mathematiker und ihren Beitrag zur Wissenschaft. Sein Wissen ist so groß, dass er noch einen unbenannten »anderen« erwähnt, vielleicht meint er Archimedes, den Mathematiker/Astronom des 3. Jahrhunderts v. Chr., der mehrere Werke über Sphären verfasst und eventuell sogar ein Planetarium konstruiert hat.[6] Weitere mögliche Kandidaten wären Eratosthenes und Archytas' Schüler Eudoxos, der einer der Ersten war, die sich der Mathematik bedienten, um die Bahnen der Planeten zu berechnen. Während der Veronenser Scholiast noch vier weitere nennt, passen lediglich die Namen Archimedes und Eratosthenes nicht ins metrische Schema des daktylischen Hexameters. Wer auch immer gemeint ist, Vergil spielt hier auf wissenschaftliche Studien an, zu denen ein normaler Hirte niemals Zugang gefunden hätte. Dennoch kennen sich Vergils Schafe hütende Dichter damit »gut aus«.

Die genaue Identität des zweiten Astronomen ist weniger wichtig als die Tatsache, dass seine Erwähnung eine intertextuelle Referenz in Anspielung auf Catull darstellt. In einem Gedicht seiner Sammlung, das etwa 15 Jahre vor den *Eklogen* verfasst wurde, hat Catull Kallimachos' »Haar der Berenike« adaptiert, ein Gedicht, in welchem beschrieben wird, wie der Astronom Konon das Sternbild entdeckt, das er nach dem Haar der Königin Berenike benennt. Berenike hatte eine Locke ihres Haars gestiftet, um die sichere Rückkehr ihres Gatten, Ptolemaios III., aus dem Feldzug gegen die Syrer zu erbitten (*carmen* 66.1–7). Vergils Erwähnung von Konon verbindet dessen Porträt auf dem Pokal mit Catulls Darstellung, wie aus Berenikes Haar das Sternbild wurde (was man als »Katasterismos« bezeichnet). Dieser Pokal ist also in zweifacher Hinsicht alexandrinisch: Er evoziert die alexandrinische Tradition der Förderung mathematischen und naturwissenschaftlichen Wissens und zeigt zugleich politische Einsicht, vermittelt über die Dichtung. Zudem stellt Kallimachos dar, wie die Königin ihr Haar zu den Sternen stellt, was wiederum das Bild des zu den Göttern aufgestiegenen Daphnis in *Ekloge* 5 vorwegnimmt.

Diese Pokale sind also alles andere als einfach nur Preise bei einem Wettstreit unter Hirten, vielmehr evozieren sie auf breiter Front die bukolische Tradition. Theokrit zum Beispiel erwähnt einen Siegerpokal, auf dem eine Frau dargestellt ist:

> Neben ihr befinden sich zwei Männer mit schönen Locken im Wettstreit und bekämpfen einander mit abwechselnden Worten. Aber ihr Herz berühren sie damit nicht: Jetzt wendet sie sich dem einen Manne zu und lächelt ihn an, bald aber denkt sie schon wieder an den anderen. Sie mühen sich vergebens, auch wenn ihre Augen schon geschwollen sind vor Liebe. Neben diesen ist ein alter Fischer eingeritzt ... (45) Nur ein wenig über dem vom Meer lebenden Greis erhebt sich ein Weinberg mit dunklen Trauben, und diesen bewacht ein Knabe, der auf einer Mauer sitzt. (*Idyll* 1.33-47)

Zwar ist Vergil ganz klar von Theokrit beeinflusst, dennoch ist seine Darstellung eine ganz andere. Als »referenzielle Variation« (Jeffrey Wills) hat Vergil den Preis für den Sieger verdoppelt und zwei Pokale daraus gemacht – dies könnte auf eine *aemulatio* (»Rivalität«) zwischen ihm und seinem Vorgänger hindeuten.[7] Theokrits Pokal lässt Homers Beschreibung des Schildes von Achilleus anklingen, auf dem der Betrachter zwei Städte erkennt:

> Darauf schuf er zwei schöne Städte mit viel redenden Menschen. In der einen gibt es Hochzeiten und Festessen, bei denen junge Bräute aus ihren Zimmern geführt und im Licht von Fackeln durch die Stadt geleitet werden. Ein lautes Hochzeitslied erklingt, junge Männer drehten sich im Tanz zum Klange der Flöten und Phormingen. Die Frauen aber stehen voller Bewunderung vor der Türschwelle der Häuser. Das Volk drängt sich auf dem Marktplatz, denn zwei Männer prügeln sich – es geht um die Sühne für einen Getöteten. Der eine versichert öffentlich, er habe ihm alles bezahlt, der andere streitet ab, etwas erhalten zu haben. (*Ilias* 18.490-500)

Homer beschreibt hier Anblicke, Geräusche und Szenen aus dem Leben in einer der zwei dargestellten Städte. Während sich bei Homer zwei Männer über das makabre Thema der Kompensation für den Tod eines Angehörigen streiten, hat sich bei Theokrit dieser Disput gewandelt: Zwei Männer streiten sich nun über ihre Liebe zu ein und derselben Frau. Theokrit hat also den »Topos der angehaltenen Bewegung«[8] aufgegriffen und modifiziert, so dass er in den neuen Kontext passt. Aus der Darstellung zweier Städte und dem Streit in einer von ihnen auf dem Schild ist jetzt eine persönlichere

Szene geworden, bei der das Individuum im Mittelpunkt steht und nicht der Staat; außerdem findet sich diese Szene nicht mehr auf einem Schild, einem Kriegsgerät, sondern auf einem Kelch, einem Symbol des Friedens.

Mit der Anspielung auf Homer evoziert Theokrit die Epos-Tradition und überführt sie in seinen neuen bukolischen Kontext. Vergil indes evoziert Theokrit, den Vater der bukolischen Tradition, und bezieht sich in seiner Adaption zugleich auf Catull, den »neuen Dichter« (oder Neoteriker), der seinerseits innerhalb der alexandrinischen Tradition ein Erbe des Kallimachos ist. Vergil schafft sich also seinen eigenen Platz innerhalb dieser Tradition, während er eine dreiseitige Kommunikation zwischen Leser, Text und ursprünglichem Kontext erschafft. Im Falle von Vergils Pokal gibt es sogar noch mehr intertextuelle Referenzen – einen Dialog, der wiederum auf Homer zurückgeht, sowie eine Anspielung auf zeitgenössische Kunstwerke mit ähnlichem Design.

Wir wollen aber zur fraglichen Passage zurückkehren. Damoetas antwortet Menalcas, indem er seinerseits zwei Pokale einsetzt, die er von Alcimedon erhalten hat und auf denen die Geschichte von Orpheus dargestellt ist, dem die Bäume folgen:

> Eben jener Alcimedon hat für mich ebenfalls zwei Becher angefertigt und die Henkel mit weichem Akanthus umgeben; in der Mitte hat er Orpheus platziert und die Wälder, die ihm folgen; ihn hat er noch nicht mit den Lippen berührt, sondern er bewahrt ihn sicher auf. Wenn du das Kalb siehst, gibt es nichts, das du an den Bechern noch loben würdest.
> M: Heute wirst du mir nicht entkommen; ich gehe überall dorthin, wohin du mich rufst. (*Ekloge* 3.44–49)

Während der erste dieser Verse eine weitere intertextuelle Referenz zur Herstellung von Bechern bei Theokrit (*Idyll* 1.55) beinhaltet, wo ebenfalls Akanthus vorkommt, ist die letzte Referenz weniger direkt. Auf Damoetas' Gegenvorschlag mit dessen eigenen Pokalen antwortet Menalcas, Damoetas werde ihm nicht entkommen. Wendell Clausen merkt an (ad 49), dass diese spezielle Anordnung der Wörter auf einen Vers aus dem *Trojanischen Pferd* zurückgreift, einem Theaterstück des Naevius (3. Jh. v. Chr.). Naevius' Vers »Niemals wirst du heute entkommen, sondern du wirst sterben durch meine rechte Hand« wird von Vergil in seiner Version dieser Geschichte im zweiten Buch der *Aeneis* (2.670) imitiert. Doch was mag eine Anspielung auf Naevius in der dritten *Ekloge* bedeuten?

Clausen bemerkt dazu, der Ton dieses Verses sei zu Vergils Zeit kolloquial gewesen, etwas, das absolut in den Zusammenhang eines zwanglosen

Gesprächs zwischen Schafhirten passen würde. Außerdem ist eine solche Androhung von Menalcas' Seite aus natürlich eine Hyperbel. Bei Naevius geht es um den Einsatz im Krieg und um Leben und Tod, bei Menalcas um einen Gesangswettstreit. Diese intertextuelle Referenz kontrastiert also den Kontext bei Naevius mit dem neuen Kontext und zeigt, dass Menalcas den Wert der Pokale hervorheben will und die Wichtigkeit des Dialogs und der dichterischen Rivalität zwischen den beiden Freunden. Dieser Dialog läuft parallel zu Vergils eigenem Dialog mit Naevius und weiteren Vorbildern.

Alle diese Beispiele für intertextuelle Anspielungen beziehen sich auf nur ein paar wenige Verse der dritten *Ekloge* (38–49) und zeigen auf engstem Raum die Tiefe und Bandbreite der referenziellen Technik Vergils. Vergil bezieht sich in den *Eklogen* auf eine ganze Reihe Vorbilder, vor allem auf Theokrit. Aber man kann durchaus weiter gehen. Auch Homer, Kallimachos und Catull sind wichtige Teile im komplizierten Puzzle der intertextuellen Referenzen.

Diese kurze Analyse soll zweierlei aufzeigen: Sie enthüllt den mannigfaltigen Nachhall der literarischen Tradition in Vergils Dichtung und darüber hinaus, und sie demonstriert, wie wichtig es ist, die Funktionsweise solcher intertextuellen Referenzen zu verstehen, um Vergils literarische Kunstfertigkeit wirklich wertschätzen zu können.

Poetische Paare

Eine intertextuelle Referenz beziehungsweise Anspielung zeigt die Verbindung zu einer Tradition an, auf die sich Vergil nicht beruft, um zu zeigen, wie clever er ist, sondern sie fungiert als Rahmen, innerhalb dessen er allgemein-menschliche Themen anspricht. Daher überrascht es kaum, dass Vergil sich auf weit mehr als nur auf die Dichtung beruft. In den *Eklogen* werden diese allgemeinen Themen durch ein System von Dualismen charakterisiert, und diese spiegeln sich in der thematisch-paarweisen Anordnung der Gedichte wider. Vielfach ist angemerkt worden, dass man so die Gedichte 1 und 9, 3 und 7 oder 2 und 8 miteinander verbinden kann. Dualismen lassen sich jedoch nicht nur in der Struktur wiederfinden. Bei der folgenden paarweisen Untersuchung der *Eklogen* zeigt sich, dass sie auch für den Inhalt wichtig sind.

Eklogen 1 und 9
Ekloge 1 ist ein Gedicht der Paradoxe. Das sieht man am Kontrast der beiden Hauptfiguren: Meliboeus ist ein ehemaliger Landbesitzer, dessen Land ohne

Entschädigung konfisziert worden ist und der sich jetzt darauf vorbereitet, seinen Hof, der ihm viel bedeutet, zu verlassen. Er redet als Erster und spricht Tityrus an, einen alternden Sklaven, der paradoxerweise *nicht* sein Land verloren hat. Der Sklave hat die Freiheit *(libertas)* erlangt, durch das Eingreifen eines »Gottes«. Ronald Syme hat vor längerer Zeit darauf hingewiesen, dass *libertas* eine politisch aufgeladene Parole war, die Octavian verwendete, um nach Caesars Tod Antonius den Rang abzulaufen. Doch ist *libertas* ironischerweise der Zustand, von dem der Sklave Tityrus behauptet, dass er ihn jetzt genießt.

Das zentrale Element dieses Gedichts ist eine Spannung zwischen dem Wunsch nach ländlicher Freiheit und der Auseinandersetzung der Figuren mit den politischen Realitäten, die das Stadtleben mit sich bringt. Michael Putnam unterstreicht diese Dichotomie und merkt an, dass Vergil sogar durch die Art und Weise, wie er in der ersten *Ekloge* die Bäume beschreibt, »eine angespannte Atmosphäre erzeugt: Was passiert, wenn Rom und das Dorf miteinander in Verbindung treten?« Auch Paul Alpers spricht diesen Gedichten einen dichotomen Charakter zu, mit einer Spannung zwischen »öffentlich und privat, hoch und niedrig, episch und lyrisch«.[9] Man könnte hinzufügen, dass Vergils Theokrit-Referenzen oft Elemente von Paaren aus theokritischen Gedichten kombinieren (z. B. kombiniert er in *Ekloge* 3 wichtige Motive aus den *Idyllen* 1 und 5).

Solche Paradoxien durchziehen das gesamte *Eklogen*-Buch und tauchen schon in den ersten Versen auf:

Tityrus, du liegst unter dem Dach einer Buche, die ihre Zweige ausbreitet, und denkst an die Muse des Waldes im zarten Schilf; ich verlasse das Gebiet und die lieblichen Äcker meiner Heimat. Ich fliehe aus meiner Heimat – du, Tityrus, liegst im Schatten und lehrst die Wälder das Echo der Worte: »liebliche Amaryllis«. (1.1–5)

Bereits Meliboeus' erste Worte machen deutlich, wie unterschiedlich die Schicksale sind: Während er auf die unvermeidliche Ausweisung wartet, genießt Tityrus die Freiheit und macht Musik. Tityrus antwortet und erklärt Meliboeus, warum er bleiben darf:

Oh Meliboeus, ein Gott hat uns Muße gewährt. Denn für mich wird er immer ein Gott sein, seinen Altar wird oft ein zartes Lamm aus meinem Stall benetzen. Er lässt meine Kühe umherwandern, wie du siehst, und er hat mir erlaubt, auf dem ländlichen Schilfrohr zu spielen, was ich will. (1.6–10)

Der junge Mann, den Tityrus als »Gott« bezeichnet, hat ihm nicht nur sein Hab und Gut zurückgegeben, sondern auch die Dichtung, denn Muße *(otia)* bedeutet nicht nur Faulenzen und Nichtstun, sondern für den Leser, der sich mit der Bedeutung dieses Wortes in der römischen Literatur auskennt, bedeutet Muße auch Zeit zum Verfassen von Dichtung. Tityrus stellt also die politische Restitution auf eine Stufe mit dem künstlerischen Ausdruck, inspiriert und gestattet durch den jungen Octavian, den der Leser mit diesem namenlosen Gott identifiziert.

Im Kontrast dazu konzentriert sich Meliboeus zuerst auf seine Enteignung und fragt erst später nach der Identität des Gottes:

Ich neide es dir nicht, vielmehr staune ich: Überall, auf allen Feldern, herrscht Unruhe. ... Oft hätte mich an dieses Unglück, wäre mein Geist nicht so langsam gewesen, ein Blitzschlag erinnert, der in die Eichen fuhr. Aber dennoch sag mir, Tityrus, wer ist dieser Gott? (1.11–12, 16–18)

Obgleich Meliboeus Tityrus' Glück vor allem mit dem Besitz von Land und Vieh in Verbindung bringt, geht es Tityrus selbst vor allem um die Freiheit, die konzeptuell mit musikalischem (und dichterischem) Schaffen verbunden ist. Nach nur ein paar Versen sind wir bereits einem grundlegenden Element von Vergils *Eklogen* und praktisch seiner gesamten Dichtung begegnet. Vergil führt das dialogische Element mit dem Gespräch zwischen Meliboeus und Tityrus ein, in welchem zwei verschiedene Standpunkte und die unterschiedlichen Lebenserfahrungen von zwei Individuen dargestellt werden, deren Worte die dualistischen Konzepte von Mensch und Gott, Dichtung und Freiheit, Heimatlosigkeit und Verzweiflung umfassen. Dieser Dualismus wird in anderer Form in der *Aeneis* wieder auftauchen, wo Adam Parry ihn »zwei Stimmen« nennt.

Nach Tityrus' Beschreibung seiner Reise in die Stadt merkt Meliboeus an, wie viel Glück sein Freund gehabt habe: »Oh glücklicher Greis! Hier zwischen bekannten Flüssen und heiligen Quellen genießt du die Kühle des Schattens« (51 f.). Diese Worte implizieren, dass Meliboeus die Quellen und den Schatten nicht für sich beansprucht, und ein paar Verse weiter sagt er dies auch explizit:

Doch wir gehen fort – die einen von uns zu den durstigen Afrern, die anderen nach Skythien oder zum reißenden, schlammigen Oaxes oder bis ganz nach Britannien, das gar nicht mehr zum Erdkreis gehört. Werde ich jemals, nach langer Zeit, meine Heimat und das Dach meiner ärmlichen Hütte, mit Gras bedeckt, mein Reich, und meine trockenen Ähren voller Bewunderung wiedersehen? (1.64–69)

Meliboeus' Vision davon, wie er seinen Hof aufgeben und ins Exil gehen muss, wird in Kontrast gesetzt zu Tityrus' Vision der Hoffnung, die der Gott/Mensch für ihn in die Tat umsetzt. Diese zwei Standpunkte verkörpern zwei geradezu anrührend unterschiedliche Lebenserfahrungen.

Ekloge 9 nimmt dieses Motiv wieder auf. Lycidas, der von seinem Grund und Boden vertrieben wurde, beginnt einen Dialog mit Moeris. Vergil kontrastiert hier nicht, wie sich die Figuren hinsichtlich ihres Schicksals unterscheiden, vielmehr zeigt er auf, welchen Effekt die Störungen, die beide erlitten haben, auf die Kunst in ihrem Leben haben, insbesondere wie jeder von ihnen des Gesangs beraubt worden ist. Beide haben Erinnerungen verloren und beide sehnen sich nach der Kunst, die sie verloren haben. Robert Coleman fasst es in seiner Einführung in dieses Gedicht in prägnante Worte: »Die Musik ist wie die Landwirtschaft dem Krieg zum Opfer gefallen.«

Zu Beginn des Gedichts fragt Lycidas Moeris, wohin er unterwegs sei: »Gehst du, wohin die Straße führt, in die Stadt?« Diese Frage suggeriert eine neue Richtung des Bukolischen, die urbane Motive beinhaltet. Moeris beschreibt kurz die schlimme Situation mit den Enteignungen, worauf Lycidas in unpassender Weise antwortet, er habe gehört, dass Menalcas' Dichtung die örtlichen Landbesitzer vor solcherlei Unglück bewahrt habe. Doch Lycidas' ungeschickte Erwiderung auf Moeris' ursprüngliche Beschreibung (»befällt jeden solches Unheil?«, 17) zwingt Moeris dazu, einige Details seiner misslichen Lage zu wiederholen, und er fügt noch hinzu, dass die Lieder seines Freundes wenigstens sein Leben und dasjenige des Menalcas gerettet hätten, dessen Präsenz man im Gedicht wahrnimmt, auch wenn er nicht selbst auftritt.

Lycidas erklärt, dass er zuvor mitangehört hat, wie Menalcas der Geliebten des Lycidas, Amaryllis, ein Lied vorgesungen habe. Das Lied, das er zitiert, ist jedoch beileibe kein Liebeslied an eine Frau, sondern es sind Instruktionen an Tityrus für die Pflege einer Schafherde. Die Verse sind dermaßen unpassend, dass Moeris sich gezwungen fühlt, Lycidas zu korrigieren; er sagt: »Vielmehr sang er [Menalcas] diese Verse für Varus, Verse eines Liedes, das noch nicht vollendet ist« (26). Erstaunlicherweise passen die Verse, die Moeris nun zitiert, genauso wenig zu einem Lied an eine junge Frau wie die anderen. Stattdessen bilden die Worte einen Teil eines politisch aufgeladenen Appells an Varus, Mantua zu verschonen. Sowohl Moeris als auch Lycidas beziehen sich auf das Werk des Menalcas, können sich aber nicht wirklich daran erinnern.

Lycidas' Antwort ist zeitlich ein wenig schlecht abgestimmt, denn in übertrieben bescheidener Art und Weise fordert er Moeris zu einem Wettsingen heraus. Nachdem er sich selbst zu seinem eigenen Nachteil mit den neoterischen Sängern Cinna und Varius aus der Stadt verglichen hat (35 f.), greift Moeris Lycidas' allzu groben Versuch wieder auf:

> Das tue ich, oh Lycidas, und ich denke schweigend darüber nach, ob ich mich an das Lied erinnern kann; denn es ja nicht ganz unbekannt. Komm hierher, oh Galatea; was ist denn das für ein Spiel in den Wellen? Hier ist der purpurne Frühling, hier verstreut die Erde um den Fluss herum bunte Blüten; hier ragt die glänzende Pappel über der Höhle empor, und die biegsamen Reben bilden ein schattiges Dach: Komm herüber; lass die brausenden Wellen gegen den Strand schlagen. (9.37–43)

Auch wenn Moeris sich selbst als Teil dieser »Stadt-Gruppe« sehen möchte, kann er sich dennoch paradoxerweise nicht an die Worte des städtischen Liedes erinnern. Der Austausch zeigt die Schwierigkeit dieser beiden Figuren auf, sich selbst und ihre dichterische Agenda der urbanen Dichtung anzupassen, auch wenn eine solche Anpassung letztendlich möglich ist, denn Lycidas' Worte sind diejenigen, die er in Amaryllis' Beisein hätte rezitieren sollen, als er sich an Menalcas' Lied irrtümlicherweise als Instruktionen für Tityrus erinnerte, wie er seine Schafe füttern solle.

Vergils Verwendung des Adjektivs *tacitus* (»still«) – ein Wort, das er vor der *Aeneis* nur hier und einmal in den *Georgica* verwendet (2.254) – hilft, Moeris' Situation zu erklären. Die Verse, an die Moeris sich »still« erinnert hat, waren in Menalcas' ursprünglichem Kontext Teil einer Einladung an seine Geliebte, sich ihm zu nähern (»komm herüber«) und »brausende Wellen gegen den Strand schlagen« zu lassen, was zumindest an das Fahrenlassen von Sorgen denken lässt.[10] Dies sind die Verse, die Lycidas »schweigend« hätte mitanhören sollen, als Menalcas sie Amaryllis gegenüber aussprach.

Obwohl das Gedicht mit einer düsteren Reflexion über die Unzuverlässigkeit des Gedächtnisses endet, beinhaltet der Schluss doch zugleich auch die Hoffnung auf ein weiteres Lied. Dieses Lied gehört Menalcas, dem Sänger, der während dieses ganzen Stückes verborgen bleibt, dem Dichter, der sich erinnert und dessen Verse über Galatea unvergesslich sind, denn Moeris hatte sich an sie erinnert. Solche Verse bilden die Grundlage für die Gedichte, die beim Übergang des Bukolischen vom Land in die Stadt triumphieren:

> Hier haben wir jetzt die Hälfte des Weges hinter uns; denn dort taucht Bianors Grab auf. Hier, wo der Landwirt dichte Zweige schneidet, hier, Moeris, lass uns singen; hier leg die jungen Ziegenböcke ab, denn wir wollen in die Stadt gehen. Wenn wir befürchten, dass die Nacht früher Regen aufziehen lässt, lass uns singend gehen: Ich nehme dir deine Last ab, und wir wollen singend gehen. (9.59–65)

Obwohl Lycidas' Hinweis auf Bianors Grab Gedanken an den Tod evoziert, ist dies doch nur die Hälfte des Weges in die Stadt, und was auch immer für negative Bilder eine Grabstätte heraufbeschwören könnte, sie werden nicht beachtet. Ein wichtigerer Grund für den Verweis auf die »Halbzeit« und das Grab ist Vergils Anspielung auf Theokrits siebtes Idyll, das einen ähnlichen Hinweis aufweist. Theokrits Charakter Simichidas spricht von Chalkons Abstammung:

> Chalkon schuf die Quelle Burina mit dem Fuß, indem er sein Knie fest auf den Stein presste. Daneben bilden Pappeln und Ulmen ein Wäldchen, ihre Zweige zu einem Dach mit breitem Schatten verwoben. Wir hatten noch nicht die Hälfte des Weges hinter uns gelassen, und das Grab des Brasilas war noch nicht aufgetaucht, als wir dank der uns wohlgesonnenen Musen einen Kydonier mit Namen Lykidas trafen; er war ein Ziegenhirte, und jeder, der ihn sah, erkannte ihn sofort als solchen, denn genauso sah er aus. (*Idyll* 7.6–14)

Noch bevor Theokrit Lycidas einführt (auch eine Figur in *Ekloge* 9), erklärt Theokrit zunächst, dass Chalkon unter ihren Füßen eine Quelle hatte entspringen lassen. Mit ihrer üppigen Vegetation und Abgeschiedenheit könnte diese Quelle mit Namen Bourina (deren Name wiederum die Bukolik evoziert, da er das griechische Wort für »Rind«, *bous*, enthält) einen programmatischen Unterton haben, denn Quellen sind oft der Sitz dichterischer Inspiration. Theokrits »Rinder«-Quelle Bourina lässt an die berühmte »Pferde«-Quelle Hippokrene bei Hesiod denken; entsprechend leitet Theokrits Gedicht über in ein neues Gebiet der Dichtung, das eher koisch als (traditionell) böotisch ist. Bourinas Nymphen entsprechen den Musen, und die bäuerliche Figur Lycidas nimmt die Rolle des Dichters ein. Mithin zeigt das siebte *Idyll* einen Übergang zu einem neuen dichterischen Blick, der dem neuen Genre der Bukolik angemessen ist.

Eine Betrachtung von *Idyll* 7 hilft zum Verständnis der Kontextualisierung des theokritischen Materials in der neunten *Ekloge* Vergils. Während Theokrit mit dem Vorbeigehen am Grab auf der Hälfte des Weges beginnt, schließt Vergil damit. Theokrits Figuren verlassen die Stadt und gehen in Richtung Landschaft (z. B. zum Fluss Haleis, *Idyll* 7.1–2), Vergils bewegen sich auf die Stadt zu (*Ekloge* 9.1 und 62). Wenn Theokrits Grab-Referenz sich darauf bezieht, dass er sich durch hesiodisches Material hindurchbewegt, während er Neuland betritt, dann könnte Vergils Imitation andeuten, wie er sich selbst durch das bukolische Genre bewegt (und sogar aus ihm heraus), während er auf dem Wege ist zur »urbanen« Dichtung (»urban« im Sinne von »kultiviert«, d. h. die sich durch einen eleganten Stil auszeichnet, der als *urbanitas* bekannt ist). Dementsprechend nimmt der Inhalt von *Ekloge* 10 dieses Thema auf, wo Gallus die urbane Poesie verkörpert, zu der Lycidas und Moeris unterwegs sind.

In *Ekloge* 9 zitiert Lycidas Menalcas und sagt: »Daphnis, pfropfe die Birnen; die Enkel werden deine Früchte ernten« (50). Als dichterischer Enkel Theokrits ehrt Vergil sein Vorbild, indem er die Früchte seines Vorgängers erntet; und im Gegensatz zu Lycidas' und Moeris' Unvermögen, sich an Menalcas zu erinnern, erinnert Vergil sich korrekt an Theokrits Dichtung, verwandelt sie in eine Form, die in der Stadt akzeptiert wird, die ihrerseits bereit ist, sie aufzunehmen. Vergil hat Theokrits Birnen durch Anspielungen auf Theokrits Dichtung gepfropft und den Leser so auf das letzte Gedicht der Sammlung vorbereitet; darin wird Gallus, der die urbane Dichtung symbolisiert, in der pastoralen Umgebung willkommen geheißen.

Ekloge 1 verortet das bukolische Genre im römischen Kontext: Vergils *Eklogen* werden sich von Theokrits *Bukolika* unterscheiden, denn sie sind keine Flucht vor, sondern ein Dialog zwischen den politischen Realitäten der *urbs* und der Freiheit Arkadiens. Das Komplementärgedicht, *Ekloge* 9, definiert das Genre neu, in einer Weise, dass es über seine Grenzen hinaus- und auf die urbane Dichtung vorausblickt, die sich paradoxerweise in der idealisierten ländlichen Landschaft in *Ekloge* 10 manifestieren wird und, außerhalb dieser Sammlung, in der ländlichen *urbanitas* der *Georgica*. Mithin suggeriert Vergils Bewegung vom Land zur Stadt (oder besser gesagt, von der selbsternannten bäuerlichen Muse in *Ekloge* 1 zum Ausblick auf die *urbanitas* in *Ekloge* 9) das Ende dessen, was Van Sickle als »tityrischen Modus« bezeichnet hat. Lycidas, der bei Theokrit unverkennbar ein Ziegenhirt war, ist jetzt auf dem Weg in Vergils Stadt und lädt Moeris ein, ihn zu begleiten. Dieser Umzug in die Stadt ist nur vordergründig politisch, in Wirklichkeit ist er ein Wandel der dichterischen Form.

Eklogen 2 und 8

Eklogen 2 und 8, innerhalb des äußeren Rahmens von *Eklogen* 1 und 9 gelegen, bilden ein weiteres Paar und einen kleinen Rahmen, der hilft, dieses

Gedichtbuch zu strukturieren. *Ekloge* 2 stellt den Ziegenhirten Corydon und dessen homoerotische Liebesklage an Alexis dar. Wie Robert Coleman und andere Kommentatoren angemerkt haben, ist *Ekloge* 2 an Theokrits elftes *Idyll* angelehnt, aus welchem Vergil nicht nur den Schauplatz Sizilien borgt, sondern auch Details des egozentrischen Polyphem für die Darstellung des Corydon. Corydon verwendet Polyphems Worte und zeigt gleichzeitig eine Bandbreite, die auch zu anderen literarischen Figuren passen würde.

Eine solche Figur ist Orpheus, dessen Verhalten Corydon imitiert, wenn er in den Wald geht, um zu klagen. Dort »komponiert« Corydon ein Gedicht an Alexis, aber eigentlich bekommen es nur die Bäume zu hören, genau wie Orpheus' Klage um Eurydike. Also erwartet Corydon auch keine Antwort, wenn er feststellt, dass Alexis schließlich seinen eigenen Stolz beklagen wird: »Weißer Liguster fällt, schwarze Hyazinthen werden aufgesammelt« (18). In diesem Vers steckt mehr als ein bloßer Hinweis auf die Herstellung von Girlanden; die Farben stehen für die Rollen, die die Liebhaber spielen: Weiß ist die weibliche Farbe, Schwarz die männliche. Mithin suggeriert Corydon hier seine Bereitschaft, sich mit Frauen einzulassen, um Alexis eifersüchtig zu machen. All dies ist natürlich nur Einbildung, denn Alexis hört niemals Corydons Worte.

Corydon entscheidet sich bald für eine andere Strategie und preist in übertriebener Weise seinen großen Reichtum an. Doch wenn er ein Sklave ist, wie Coleman vermutet, kann er nicht die »tausend Lämmer«, deren er sich rühmt (21), besessen haben. Seine Prahlerei und leeren Versprechungen gehen weiter, als er herausposaunt, er biete ihm Rehkitze (41) und Körbe mit Blumen, die ihm die Nymphen gebracht haben, als Geschenk an. Corydon hat eine fantastische Welt betreten, in der er Alexis in einen begabten Musiker (31) verwandeln kann und sich selbst in eine Art Orpheus.

Corydon ist bereit, jede Rolle zu übernehmen, Verfolger oder Verfolgter, um seinen Alexis anzulocken, dessen Name passenderweise »der, der abwehrt« bedeutet. Wenn Corydon eine aggressive Rolle einnimmt, bedroht er Alexis paradoxerweise damit, dass Corydon selbst Menalcas gegenüber genauso einfach die passive Rolle einnehmen kann wie die des Aggressors gegenüber Thestylis (43). Corydon versucht auch, Alexis mit seiner ehemaligen Freundin Amaryllis eifersüchtig zu machen (14, 52). Darüber hinaus verkündet Corydon, es wäre besser für Alexis, Corydons Fantasielandschaft in der Rolle des Sängers zu betreten, so dass sie beide Musik und Gespräch genießen können – ähnlich wie Damon und Alphesiboeus in *Ekloge* 8.

In *Ekloge* 8 informiert der Erzähler den Leser darüber, dass die zwei oben genannten Hirten so gut singen, dass sie den Lauf von Flüssen verändern können:

Ich will erzählen von der Muse der Hirten Alphesiboeus und Damon, die gegeneinander im Wettkampf antraten, so dass sogar die junge Kuh sie staunend betrachtete und das Gras um sich herum vergaß; deren Lied die Luchse verblüffte und die Flüsse, die sich in neuem Flussbett ausruhten. (8.1–5)

In Anspielung auf andere Dichter, die solcherlei vermochten, wie Daphnis, Linus und Orpheus, zeigt Vergil Damons und Alphesiboeus' Können. In *Ekloge* 2 hatte sich Corydon mit seiner quasi-elegischen Klage über sein Unvermögen, seinen Geliebten zu bezirzen, in die Tradition des Orpheus gestellt; dennoch stand Corydon auf der »Verliererseite« jener Tradition – auch wenn sein Gedicht hervorragend war, denn intertextuelle Referenzen in Anspielung auf Theokrits Polyphem zeigen, dass Corydon als Dichter von Theokrits Kaliber anzusehen ist.

Die Dichter von *Ekloge* 8 jedoch teilen sich ein und dieselbe Muse, denn sie singen ein elegisches bukolisches Liebeslied. Damon möchte eine neue Geliebte betören, während Alphesiboeus einen alten Liebhaber zurückgewinnen will. Letzterer verwendet *carmina* in der Bedeutung »Zaubersprüche«, um Daphnis zurückzuholen, während Damon eine andere Nuance dieses Wortes verwendet, nämlich »Lieder«, um bei Nysa Eifersucht zu wecken – wie Corydon in *Ekloge* 2. Genau wie diese zwei Hirten zwei verschiedene Aspekte von *carmina* verwenden, stehen sie für zwei Aspekte von Corydons Figur aus *Ekloge* 2.

Wie Corydon, der in *Ekloge* 2 dem Wald gegenüber sein Leid geklagt hatte, beginnt Damon damit, dass er sich beschwert (19) und in einer Hyperbel seine drohende »letzte Stunde« ins Spiel bringt (20). Seine Flöte soll das Lied des Berges Mainalos spielen, der bewaldeten Umgebung, die den Ruf der Liebenden erhört. Schnell stellt Damon die Situation dar: Nysa, Damons Geliebte, hat einen Neuen, Mopsus – eine Entwicklung, die Damon ein wenig unnatürlich erscheint. Was folgt, sieht Breed als Parodie eines Hochzeitsliedes an: Damon verspottet Mopsus und nennt Nysa seine »Braut« (29). Indem er Wörter aus Theokrits *Idyllen* 3 und 11 verwendet, evoziert Damon Corydons Vergleich von sich mit Theokrits Polyphem. Diese Gedichte bilden einen Dialog durch die gemeinsame Quelle bei Theokrit. Eventuell wird hier auch auf Dionysos angespielt, durch den Namen von Damons Geliebter, Nysa, denn so hieß auch der Berg, wo der junge Dionysos von einer Nymphe desselben Namens aufgezogen wurde. Dionysos war berühmt als der »neue Liebhaber« der von Theseus verlassenen Ariadne.

Das Gedicht nimmt auf einmal eine introspektive Wendung. In einer Abkehr vom Selbstmitleid erinnert sich Damon in zärtlicher Manier daran, wie er Nysa das erste Mal sah, als sie mit ihrer Mutter Äpfel pflückte; er war damals zwölf Jahre alt (38–40). Obwohl sie schon in der Kindheit befreundet waren, weiß er erst jetzt, wie hartherzig Amor, das unmenschliche Kind der grausamen Venus, sein kann (43–49). Dies führt zu einer dritten Mutter-Kind-Kombination, nämlich der von Medea und ihren Kindern, die diese tötet (Nysa und ihre Mutter waren die erste Kombination). Vergil erlaubt ein solches Nebeneinander durch eine Apostrophe (direkte Ansprache), die einen adäquaten Übergang zwischen Venus und Medea bietet:

> Der grausame Amor lehrte die Mutter [Medea], sich die Hände mit dem Blut der Söhne zu beflecken; auch du, Mutter [Venus], bist grausam: Ist die Mutter [Venus] schlimmer oder der Knabe? Der Knabe ist ruchlos; doch auch du, Mutter, bist grausam. (8.47–50)

Diese Mütter stehen alle miteinander in Beziehung, denn eine verkörpert die Leidenschaft (Venus), die zweite gebärt die Zielscheibe von Damons Leidenschaft (Nysa), die dritte (Medea) zeigt, wohin Leidenschaft die Liebenden treiben kann.

Damon verwendet nun eine Serie unmöglicher Ereignisse *(adynata)*, wie Eichen, die Äpfel tragen, oder die Rivalität zwischen verschiedenen Arten von Singvögeln, um die widernatürliche Verbindung von Nysa und Mopsus zu beschreiben. Der Übergang vom Singvogel zum Sänger fällt nicht allzu schwer und führt geradewegs zu einer Substitution von Tityrus durch Orpheus: »Lass Tityrus Orpheus sein«, singt Damon, »lass Orpheus im Wald sein, lass Arion unter den Delphinen sein« (55f.). Man erinnert sich daran, dass Orpheus, den (wie auch Dionysos) Nysas Name evoziert, sowohl die Fauna als auch die Flora zähmte. Indem Orpheus in den Wald versetzt wird, wo er nach Eurydikes Tod so schön sang, dass er die Natur zähmte, evoziert Damon wieder Corydons Klage über Alexis' Fortgehen. Damons Anspielung auf Arion ist in anderer Hinsicht signifikant. Während Orpheus nicht um seines Gesangs, sondern um seiner Homosexualität willen starb, war Arions Schwanengesang alles andere als ein Finale, denn nach Herodot (1.24.6) wurde er von Delphinen gerettet und zurück nach Korinth gebracht. Dementsprechend führt Damon, wenn er davon spricht, sich ins Meer zu stürzen, das Motiv der Erlösung ein – durch Anspielungen auf Orpheus, der beinahe Eurydike durch seinen Gesang rettete, und auf Arion, den Sänger, der auf wundersame Weise gerettet wurde.

Auch wenn durch solch referenzielle Sprache die Hoffnung auf Erlösung vermittelt wird, sind Damons Worte doch wenig hoffnungsfroh:

> Lass all das hier zur Mitte des Meeres werden. Lebt wohl, Wälder: Kopfüber will ich mich stürzen, vom luftigen Aussichtspunkt eines Berges hinab in die Wellen; nimm dies Geschenk an, die letzte Gabe eines Sterbenden. Beende nun deine maenalischen Verse, Flöte! (8.58–61)

Als weitere Dichterin wird hier auf Sappho angespielt, die aus Liebe zu Phaon von leukadischen Felsen gesprungen ist. Passenderweise wendet sich Alphesiboeus' Lied aus der Perspektive einer Frau an deren Liebhaber Daphnis, den »göttlichen« und vergöttlichten Dichter aus *Ekloge* 5.

Nach einer Anrufung der Musen gibt Alphesiboeus sein Lied zum Besten – oder eher seinen »Zauberspruch« (die andere Bedeutung von *carmen*). Alphesiboeus nimmt die weibliche Rolle von Amaryllis ein, einer hexenartigen Figur, um sein magisches Ritual zu zelebrieren:

> Bring Wasser und umkränze den Altar mit einer weichen Binde, verbrenne die saftigen Ruten und den männlichen Weihrauch, auf dass ich versuche, mit Magie den gesunden Verstand des Liebsten zu verwirren; denn hier fehlt nichts mehr außer Zaubersprüchen. Bringt mir von der Stadt her nach Haus den Daphnis, Zaubersprüche! Zaubersprüche können sogar den Mond vom Himmel herunterlocken; mit Zaubersprüchen verwandelte Kirke die Gefährten des Odysseus; durch Verzauberung entledigt man sich auf dem Feld der kalten Schlange. (8.64–71)

Um die Verbindung von Lied und Zauberspruch herzustellen, beschwört Alphesiboeus gezielt Kirke, die bei Homer mit ihren Zauberkräften Odysseus' Gefährten verwandelt. Amaryllis wird so zu einer Kirke-ähnlichen Figur und wendet magische Kräfte an, wie sie zu solch einer Figur gehören.

Der Grund, warum Alphesiboeus' weibliche Rolle ihren Geliebten bannen will, liegt darin, dass wahrhaft Liebende nicht rational sein können; doch könnte, wie Brian Breed anmerkt, der Geschlechtertausch auch darauf hindeuten, dass die Beziehung zu Daphnis einem »normalen« Eheverhältnis gleichkommen oder es ersetzen soll.[11] Daphnis ist der legendäre »klassische« Dichter (*Ekloge* 5), künstlerisch auf einer Stufe mit Orpheus, politisch auf einer Stufe mit Caesar. Da dies der Fall ist, kann man annehmen, dass ihn nur eine ganz besondere Macht aus der Stadt holen kann.

Um die magischen Aspekte seines Liedes zu betonen, verwendet Alphesiboeus ein magisches Ritual, das mit Fäden und Zahlen zu tun hat: »Drei Fäden mit drei Farben winde ich um dich, zum ersten Mal ... Ungerade Zahlen erfreuen den Gott ... Verbinde die drei Farben mit drei Knoten ... und sprich: ›Ich schlinge die Bande der Venus‹« (73–5, 77–8). Diese rituelle

Sprache imitiert Theokrits zweites *Idyll*, worin Thestylis instruiert wird, Gerste ins Feuer zu streuen und sie dabei als »Gebeine des Delphis« zu bezeichnen (2.21). Doch Alphesiboeus' »Bande der Venus« könnten auch auf die Mutter-Sohn-Beziehung zwischen Amor und Venus in Damons Lied hindeuten, genau wie die drei Fäden sich auf die drei dort erwähnten Mütter beziehen könnten.

In den folgenden Versen geht das Ritual weiter, mit einer interessanten Anspielung auf das Verbrennen von Lorbeer als Teil des Rituals – interessant deshalb, weil das griechische Wort für Lorbeer *daphne* ist, eine clevere Paronomasie auf den Namen Daphnis. Dieser Baum, dessen grammatikalisches Geschlecht weiblich ist, der aber für einen männlichen Namensvetter geopfert wird, spiegelt den Geschlechtertausch von Alphesiboeus wider:

> Ich liebte Daphnis so sehr wie eine junge Kuh, die dem Stier durch die Haine und den dunklen Wald nachgestellt ist und nun müde neben dem Fluss sich im grünen Schilf niederlegt, verloren, und auch in der späten Nacht nicht daran denkt, heimzukehren – genauso sehr soll ihn die Liebe erfassen, und ich will kein Mittel, ihn zu heilen. (8.85–89)

Für wen steht die Kuh? Während die Liebe zuerst die von Alphesiboeus' weiblicher Rolle zu sein scheint, suggeriert der letzte der oben genannten Verse (89) den emotionalen Wendepunkt auf Seiten Daphnis'. Die Kuh steht also entweder für Daphnis oder für Alphesiboeus/Amaryllis, obwohl sie dem Geschlecht nach eigentlich zu keinem von beiden passt.

Nach der nächsten Wiederholung des Refrains »Bringt ihn mir heim aus der Stadt, meine Zaubersprüche, bringt mir den Daphnis« (der neunmal wiederholt wird), vergleicht Amaryllis Daphnis mit Theseus, der bei Catull das klassische Beispiel des Liebhabers ist, der seine Geliebte verlässt. Die Wortwahl lässt sicherlich an das Vorbild bei Catull (64.132 f.) denken, wenn Amaryllis sagt: »Der Verräter ließ mir einst diese Gewänder zurück, teure Pfänder von ihm.« Daphnis selbst wird zum Prototyp für Aeneas, der genau dasselbe tut, als er Dido verlässt (*Aeneis* 4.305), und die wiederum vollführt ähnliche magische Riten mit Dingen, die Aeneas zurücklässt. Putnam bezeichnete diese Gewänder einmal als »Unterpfand« für Daphnis' Rückkehr.

Trotz all ihrer Mühen muss Amaryllis einräumen, dass Daphnis sich nicht um Zaubersprüche schert. Als sie die Asche trägt, entzündet sich diese erneut. Sie ist nicht sicher, wie sie dieses Omen interpretieren soll, und betet, dass es ein gutes Vorzeichen ist:

Es möge zum Guten gereichen! Irgendetwas bedeutet es, und Hylax (der Hund) bellt auf der Türschwelle. Können wir es glauben? Oder schafft der, der liebt, sich selbst seine Träume? Schweigt nun, ihr Lieder, schweigt, er kommt aus der Stadt: Daphnis! (8.106–109)

Tatsächlich erweist es sich als gutes Omen, denn Daphnis kehrt schließlich doch heim aus der Stadt. Diesem Ende muss man das Ende der neunten *Ekloge* gegenüberstellen, wo sich Lycidas und Moeris auf den Weg »in die Stadt« machen (9.62).

Die Gemeinsamkeiten der achten mit der zweiten *Ekloge* sind recht deutlich: In beiden geht es in spielerischer Art und Weise um einen Liebenden auf der Suche nach einem verloren gegangenen Partner. Die enge Beziehung zwischen den *Eklogen* 2 und 8 wirft auch ein neues Licht auf das Lied des Alphesiboeus und den Geschlechtertausch: In *Ekloge* 2 ist Corydons Klage homoerotisch, während Damons Lied in der ersten Hälfte von *Ekloge* 8 heteroerotischer Natur ist. Alphesiboeus' Antwort jedoch ist weder das eine noch das andere und doch beides zugleich: Sie beschließt diese Folge von Liedern, indem sie das Ganze durcheinanderbringt – wobei ein Mann eine Frau spielt, die wiederum einen Mann, nämlich Daphnis, bittet, heimzukommen.

Wir wollen eine weitere narrative Ebene der *Ekloge* 8 untersuchen, die über die Charakterisierung hinausgeht. Ein paar Verse in das Gedicht hinein spricht das lyrische Ich eine namenlose Person an, der das Gedicht gewidmet sein soll:

Ob du die Felsen des mächtigen Timavus umfuhrst oder den Strand des illyrischen Meers wählst – wird jemals der Tag kommen, an dem ich deine Taten besingen darf? Werde ich jemals deine Gedichte, allein des sophokleischen Stiles wert, durch die ganze Welt tragen dürfen? Lass mich mit dir beginnen und mit dir enden. – Nimm diese Lieder von mir, die mit deinen begannen, und lass mich dir diesen Efeu um die Schläfen legen, wo sich bereits der Siegeslorbeer befindet. (8.6–13)

Die meisten Forscher sind wie Robert Coleman der Meinung, das Gedicht sei »mit ziemlicher Sicherheit Pollio gewidmet«. Dass Vergil an Octavian gedacht haben könnte, passt jedoch besser zu den geographischen Bezugspunkten, denn 35 bis 33 v. Chr. befand sich Octavian auf einem Feldzug in Illyrien. Die Formulierung »deine Gedichte, allein des sophokleischen Stiles wert« deutet darauf hin, dass der Widmungsträger Tragödiendichter war. John Van Sickel und Wendell Clausen sehen daher Octavian als besseren

Kandidaten, da wir aus Suetons Augustus-Biographie (85.7) wissen, dass Octavian mindestens eine Tragödie verfasst hat. Der Satz »Lass mich mit dir beginnen und mit dir enden« würde ebenfalls auf Octavian passen, der Rom neuen Frieden gebracht hat und zweifellos der junge Mann und Retter in *Ekloge* 1 ist. Doch warum bleibt er namenlos? Dies könnte mit dem Konzept des Mäzenatentums zu tun haben. Wie wir im vorigen Kapitel gesehen haben, widmet Vergil dem höchsten Mann im römischen Staat kein einziges Gedicht direkt, wohl aber durch einen anderen, der Teil von dessen gelehrtem Freundeskreis war. Dies erkennt man in der Widmung der *Georgica* an Maecenas.

Zum Schluss wollen wir betrachten, welche Vorausdeutungen Vergil in *Ekloge* 8 einbaut. Vergil schließt die Sammlung mit der Forderung nach einer neuen Art der Dichtung (»lass uns aufstehen. Der Schatten ist für Sänger oft belastend«), was weitere Fragen aufwirft. Weisen diese Worte, wie Van Sickle meint, in Richtung eines zukünftigen Werks, das die quasi-*recusatio* einer Widmung von *Ekloge* 8 wieder aufheben wird? Das Bukolische bewegt sich in Richtung Stadt, wohin es in *Ekloge* 1, zumindest kurzzeitig, bereits unterwegs war, als Tityrus den jungen Herrscher/Gott besucht. Ohne die Assoziationen des Genres zu sehr bemühen zu wollen, sieht man doch, dass sich Vergils Dichtung im Übergang befindet – wie es auch in *Ekloge* 9 deutlich wird, wo die Bewegung vom Land in die Stadt einen weiteren Schritt in Richtung Stilwandel darstellt. Die Bitte an Daphnis, aus der Stadt zurückzukehren, suggeriert eine Art ironischen »Widerstand« der Bukolik gegen diesen Wandel.

Eklogen 3 und 7

An zentraler Stelle innerhalb der zwei Hälften der *Eklogen* gelegen, bilden Gedicht 3 und 7 jeweils eine Art Mittelpunkt der Sammlung. Die Namen der Charaktere sind Theokrit entnommen, und wie in Theokrits fünftem *Idyll* steht bei Vergil ein Gesangswettstreit im Mittelpunkt beider Gedichte. Bei Theokrit taucht ein Pokal in *Idyll* 1 auf, wo der Ziegenhirte ihn als Zahlungsmittel anbietet. Dieser Pokal ist das Vorbild für die zwei Pokale im Wettstreit in *Ekloge* 3, auch wenn sie bei Vergil zum Watteinsatz werden; wie bereits oben erwähnt, ist die Ekphrasis dieser zwei Pokale ebenfalls wichtig für dieses Gedicht.

Zu Beginn von *Ekloge* 3 fragt Menalcas Damoetas über die Herde vor ihnen: »Wessen Vieh ist das? Kann es das von Meliboeus sein?« Damoetas antwortet, es gehöre Aegon. Menalcas erzählt daraufhin eine Anekdote über sich und Aegon als Rivalen um die Liebe der Neaera. Der Dialog ist eng an einen aus Theokrits *Idyll* 4 angelehnt, was ihn in einen theokritschen

Kontext stellt, so dass Vergil seinem Leser sofort klar macht, dass dieses Gedicht eben dieser Tradition entstammt. Dann behauptet Damoetas, Menalcas habe einen Schrein entweiht, indem er dort Geschlechtsverkehr gehabt habe, während die Ziegen und die Nymphen ihm zusahen. Nach ein wenig spielerischem Hin und Her, das wieder an *Idyll* 4 gemahnt, einigen sich Damoetas und Menalcas auf Pokale als Siegerprämie (einen Preis, der jedoch nicht überreicht werden wird). Dann bittet Dameotas Palaemon, beim nun folgenden Dialog der Kampfrichter zu sein:

> D: Fangt bei Jupiter an, oh Musen, der alles erfüllt; er bestellt das Land, und er kümmert sich um meinen Gesang.
> M: Und mich liebt Phoebus; die Geschenke für Phoebus trage ich stets bei mir, Lorbeer und lieblich rote Hyazinthen.
> D: Mit einem Apfel sucht mich Galatea, das fröhliche Mädchen, und sie flieht zur Weide und möchte vorher gesehen werden.
> M: Aber meine Flamme, Amyntas, bietet sich ganz von selbst mir dar, so dass meine Hunde ihn schon besser kennen als Delia. (3.60–67)

Von Anfang an werden die Unterschiede in den zwei Liedern deutlich – die Angebeteten haben verschiedene Geschlechter, unterschiedliche Sänger rufen unterschiedliche Gottheiten an. Beide Geliebten erhalten Geschenke (68–71), doch die Beziehungen kühlen sich ab. Menalcas deutet an, dass mit Amyntas nicht alles in Ordnung ist, wenn er dessen Hingabe bezweifelt, weil er selbst »die Netze hüten« soll (75).

Die Aufmerksamkeit des Hirten-Dichters wird nun abgelenkt durch das Interesse an jemand anderem – Phyllis, der Geliebten des Ioallas, die, wie Coleman anmerkt, diese zwei Hirten offenbar dominiert. Damoetas möchte, dass sie zu seinem Geburtstag kommt, während Menalcas von seinen früheren Gefühlen für sie spricht. Das spielerische Hin und Her geht weiter, und schließlich kommen die zwei Sänger wieder auf das Thema Amaryllis und Amyntas zurück. Bald jedoch bewegt sich das Gespräch weg vom ländlichen Arkadien und hin zu den Realitäten Roms:

> D: Pollio liebt meine Muse, auch wenn sie ländlich ist: Pieriden, weidet eurem Leser ein Kalb!
> M: Pollio macht sogar selbst neue Lieder: Weidet den Stier, einen, der schon mit dem Horn zustößt und mit den Hufen den Sand um sich schleudert. (3.84–87)

Hier wird der Kontrast zwischen ländlichem Setting und urbaner Realität explizit dargestellt, denn es heißt, Pollio liebe die Muse trotz ihrer ländlichen Art. Menalcas antwortet Damoetas mit einer Anspielung auf Pollios Dichtung und stellt dem »pastoralen« Kalb, das Damoetas erwähnt hat, einen Bullen gegenüber – ein gewichtigeres Tier für ein gewichtigeres Genre, nämlich Pollios Tragödien.[12] Das Thema Liebe kehrt wieder, durch eine Assoziation mit einem mageren Stier: »Die Liebe zerstört das Vieh wie auch den Halter des Viehs« (101). Die Unterhaltung der Hirten endet mit zwei Rätseln:

D: Sag mir, in welchen Ländern – und du sollst ein großer Apollo für mich sein – der Himmel sich nicht weiter erstreckt als drei Ellen.
M: Sage mir, in welchen Ländern die Blumen sprießen, die die Namen von Königen tragen – und du allein sollst Phyllis besitzen. (3.104–107)

Für die Tradition der Hirtendichtung waren Rätsel eher untypisch, doch kommen sie in der römischen Komödie häufig vor, wie Eduard Fraenkel in seiner klassischen Plautus-Studie gezeigt hat. Während Wissenschaftler viel Zeit darauf verwendet haben, herauszufinden, worauf der Begriff »Raum des Himmels« hindeuten könnte, haben nur wenige die Frage (»sag mir, in welchen Ländern«) beachtet, die die Urheber der Rätsel stellen.[13] Menalcas' Rätsel dreht sich eindeutig um die Hyazinthe; Damoetas' Rätsel ist ein wenig schwieriger. Wendell Clausen fasst es sehr schön zusammen: Beide sind mehrdeutig, aber die Antwort auf das erste Rätsel scheint etwas mit dem Konzept von Sphären wie denen des Archimedes oder Poseidonios zu tun zu haben. Die Antwort auf die Frage nach der Region ist daher in Richtung Ost/West zu sehen: im Westen Rom, im Osten Rhodos. Die Unterscheidung des zweiten Rätsels zwischen Troja (dem Mythos zufolge mit Hyakinthos verbunden) beziehungsweise Sparta folgt einer ähnlichen geographischen Trennung. Solch eine Differenzierung nach Ost/West, Rom/Troja zeigt nicht nur den Dualismus auf, der dem Gedicht zugrunde liegt, sondern erhöht auch die Dichotomie zwischen Stadt und Land, gelehrt und bäuerlich, die diese Gedichte kennzeichnet (wie wir oben gesehen haben, im Fall von Stier und Kalb).

In einer letzten Wendung der Ereignisse, die eventuell ein weiteres Rätsel ist, beschließt Palaemon Vieh anstelle der Pokale als Gewinn auszusetzen. Nachdem er verkündet hat, dass er einen »so großen« Wettbewerb nicht entscheiden kann – obwohl es ja, allgemein gesprochen, ein eher »delikater« Wettbewerb ist –, kündigt er an, dass jeder der beiden ein Kalb erhalten soll – das kleinere Tier, das für die »leichtere« Dichtung steht, also für das Genre der Bukolik. Zumindest für einen Moment genießt die Bukolik hier einen der vorderen Ränge unter den literarischen Genres.

Auch *Ekloge* 7 beginnt mit kleinen Tieren, deren Größe zum bukolischen Genre passt. In diesem Gedicht erzählt Meliboeus die Geschichte von Thyrsis und Corydon:

> Corydon und Thyrsis hatten ihre Herden zu einer zusammengetrieben, Thyrsis seine Schafe und Corydon seine Ziegen, die Euter voll Milch, beide in der Blüte ihrer Jahre, beide Arkadier, beide gleich gut im Gesang und bereit, zu antworten. (7.2–5)

Das dialogische Format spiegelt sich wider in Meliboeus' Betonung des Wortes »beide« (*ambo*, Vers 4). Meliboeus wiederholt das Wort, um die Teilnehmer des Wettbewerbs zu beschreiben: »Beide begannen also, mit wechselseitigen Versen den Wettstreit … Diese gab Corydon wieder, jene darauf Thyrsis« (18–20). Der dialogische Dualismus, der das Genre kennzeichnet, schafft zwischen beiden ein rhetorisches Geben und Nehmen.

Dass diese Dichter Arkadier sind, ist charakteristisch für Vergils Adaption des Genres. Auch wenn bei Herodot (1.66) Arkadier als primitive Menschen bezeichnet werden, haben manche modernen Forscher das »zärtliche Gefühl« herausgestellt, das Vergils Arkadien kennzeichnet.[14]

Doch war es mehr als nur ein Gefühl, das Vergil veranlasst hat, diese Region zu verwenden und zu transformieren: Vergil sah, dass Arethusa, die Quelle eines unterirdischen Flusses, den man mit dichterischer Inspiration in Verbindung brachte, ein Symbol sein könnte für die Übertragung des griechischen Arkadien in Richtung Westen. Insbesondere stellt Vergil es sich so vor, dass der bei der Arethusaquelle entspringende Fluss unter der Erde von Arkadien nach Syrakus fließt.[15] Durch diese Verbindung finden sich Vergils griechische Arkadier also plötzlich auf Sizilien wieder. Wenn Meliboeus und Daphnis Blicke austauschen, verlegt Daphnis die Landschaft sogar noch weiter nach Norden: Indem er die Parameter des Wettbewerbs festlegt, platziert er das übertragene Arkadien bis ganz nach Mantua und bezieht sich auf den Fluss Mincius als Teil dieses neuen Settings.

Meliboeus gibt ihre Lieder, wie John Van Sickle gezeigt hat, in wohlgeordneter Weise wieder, denn beide bestehen aus 48 Versen in schön ausbalancierten Vierzeilern, die komplementäre Paare bilden – ein Mikrokosmos der gesamten Sammlung.[16] Corydon, so heißt es, habe die Libethriden angerufen, Nymphen aus der Gegend von Pieria nahe dem Grab des Orpheus; auf dem Helikon gibt es ebenfalls einen Gipfel, der Libethrion genannt wird, wo man Nymphen verehrte, die Libethriai hießen. Corydon präsentiert seine Gaben, einen Wildschweinkopf und ein Hirschgeweih, Artemis; bei Kallimachos ist Arkadien einer ihrer Lieblingsorte (*Hymne an Artemis* 3.86–8). Thyrsis reagiert, indem er Priapus beschwört, den fruchtbaren Gott, der in Theokrit 18 Daphnis auf dessen Sterbebett tröstet. Corydon beschreibt die Unfruchtbarkeit, die auftritt, wenn ein Liebhaber das Land verlässt, und Thyrsis legt nach, indem er darauf hinweist, dass dann sogar der Gott des Weines »den Hügeln den Schatten seiner Weinstöcke« (58) nicht mehr gönnt.

Das Gedicht endet abrupt, als Meliboeus seine Zuneigung und Verbundenheit dem Sieger gegenüber verkündet:

> Daran erinnere ich mich und daran, wie der unterlegene Thyrsis vergeblich kämpfte. Seit dieser Zeit ist Corydon, Corydon mein. (7.69 f.)

Aussagen über das Erinnern lassen an die Verwendung literarischer Vorbilder denken, und dieser hier folgt, ganz passend, eine intertextuelle Anspielung auf *Idyll* 8.92: »Von diesem Zeitpunkt an war Daphnis der Erste unter den Hirten.« Die Wiederholung von Corydons Namen bezieht sich auf Corydons Worte an sich selbst über den Wahnsinn der Liebe in *Ekloge* 2. Durch die Wiederholung des Namens gibt Meliboeus zu erkennen, dass für die aktuelle Situation die Klage in *Ekloge* 2 relevant ist, und auch, dass Corydon als Dichter in die Fußstapfen Daphnis', des bukolischen Dichters par excellence, tritt, der bei Theokrit in *Idyll* 8 angesprochen wird.

Das bukolische Genre, für das diese Gedichte besonders typisch sind, wird somit in ein positives Licht gestellt, durch die Assoziation eines der besten Hirten-Dichter, Corydon, mit Daphnis, dem größten bukolischen Dichter in der Fantasie-Landschaft dieses Genres. Jetzt, da das Genre etabliert ist, wird Vergil es jedoch in eine neue Richtung lenken, eine stilistisch ausgefeiltere und motivisch gewichtigere Richtung.

Eklogen 4 und 5

Bereits in den ersten Worten von *Ekloge* 4 führt Vergil ein solches gewichtigeres Motiv ein, das auf seine eigene Zukunft vorausdeutet, mit einem Kontrast zwischen dem niedrigen bukolischen Genre und »größeren Dingen«:

> Sizilische Musen, lasst uns jetzt etwas Höheres besingen! Nicht jeder erfreut sich an Sträuchern und niedrig wachsende Tamarisken; wenn wir schon Wälder besingen, dann sollen diese Wälder eines Konsuls würdig sein. (4.1–3)

Obgleich der Dichter mit einer Anrufung der sizilischen (d.h. theokritischen) Musen und anderen Elementen beginnt, die zum Bukolischen passen, bringt er doch schnell den römischen Konsul ins Spiel, das höchste Amt des Staates. Die meisten Kommentatoren sehen in diesem Konsul Pollio, der in Vers 12 auch namentlich genannt wird, was zudem eine Datierung des Gedichts auf 41/40 v. Chr. suggeriert.

»Einer Kosmogonie wert« würde jedoch die teleologische Wiederkehr der Zeitalter, die nun folgt, besser beschreiben. Mit einer Anspielung (wahrscheinlich) auf den berühmten Kometen, bekannt als *sidus Iulium*, der nach Caesars Tod zu sehen war und dessen Beobachtung dazu führte, dass man die Sibyllinischen Bücher konsultierte, stellt Vergil fest, dass das letzte Zeitalter des Liedes der Sibylle gekommen ist und eine neue Zeitrechnung beginnt:

> Jetzt wird ein neuer Spross vom hohen Himmel herabgesandt. Sei dem neugeborenen Knaben wohlgesonnen, keusche Lucina, denn durch ihn wird das Eiserne Geschlecht vergehen und das Goldene Zeitalter für die ganze Welt sich erheben: Schon regiert dein Apollo. (4.7–10)

Robert Coleman merkt an, dass diese Verse sich auf einen Orakelspruch aus den Sibyllinischen Büchern (3.286) beziehen, der voraussagt, der Himmel werde einen König senden, was zur Zeit der Herrschaft Apollos geschehen werde. Diese Zeit war für Rom mit Octavian gekommen, denn bereits in den 40er Jahren v. Chr. begann dieser, sich mit Apollo zu identifizieren.

Ein weiteres wichtiges Motiv in *Ekloge* 4 ist die Erneuerung des Alten (»es wird neue Kriege geben, und wieder wird ein großer Achilleus nach Troja geschickt werden«, 35 f.). Servius zitiert den neupythagoreischen Philosophen Nigidius Figulus, der erörterte, wie man die Götter und die Zeitalter einander zuordnen könne. Eine solche Kosmogonie fügt sich ein in Vergils apokalyptische Vision, die ihrerseits unterstützt wird durch das damalige Gerede in Rom über die Bedeutung des *sidus Iulium*. Was auch immer die ursprüngliche Quelle für diese Ideen gewesen sein mag, im Mittelpunkt des Gedichts steht eindeutig die Person, die ein neues Zeitalter einläuten wird. Hierbei ist besonders die Beziehung zwischen Vater und Sohn wichtig:

> Göttliches Leben wird ihm zuteilwerden, und er wird zusehen, wie sich Heroen mit Göttern mischen und wird selbst einer von ihnen sein, und er wird die Welt regieren, wenn sie durch die Tugenden seines Vaters befriedet ist. Aber dir, Knabe, wird die Erde ohne jedes Zutun kleine Ge-

schenke spenden – Efeu, Baldrian und indische Wasserrosen, gemischt mit lächelndem Akanthus. (4.15–20)

Die Tugenden des Vaters erwirken den Frieden, den der Sohn dann verwaltet, während die Erde den Menschen sich selbst kultivierende Pflanzen schenkt, darunter Efeu und Akanthus. Wie Gordon Williams anmerkt, findet sich eine solche Vorstellung von der Fruchtbarkeit der Äcker als Geschenk des Kindes zum ersten Mal hier bei Vergil.[17]

Im Folgenden wird die Vater-Sohn-Verbindung im Zusammenhang mit der Vegetation noch weiter ausgeführt, mit den Worten: »Sobald du einmal vom Ruhm der Helden lesen wirst und von den Taten des Vaters und das Wesen der Tugend begreifen, wird das Feld allmählich von sanften Ähren sich gelb färben« (26–28). Beschreibungen wie diese werden später in die Kunst Einzug halten, unter anderem im Akanthus und Efeu, die den unteren Fries der Ara Pacis zieren.

Doch die Kraft dieses Gedichts liegt nicht nur in den Bildern der Fruchtbarkeit, sondern, wie Norden vor beinahe einem Jahrhundert angemerkt hat, auch in einem alles durchdringenden Gefühl der Bestimmung und des Schicksals, zukünftiger Herausforderungen und der Aussicht auf Wohlstand. Vergil fährt fort mit einer weiteren Prophezeiung:

Auch die Schlange wird untergehen und auch das tückische Giftkraut; überall wird assyrisches Amomum sprießen. Aber sobald du einmal vom Ruhm der Helden lesen wirst und von den Taten des Vaters und das Wesen der Tugend begreifen, wird das Feld allmählich von sanften Ähren sich gelb färben und die rötliche Traube am wilden Dorngestrüpp hängen und Honig wie Tau von der harten Eiche tropfen. Doch werden ein paar wenige Anzeichen alter Tücke darunter verborgen bleiben. (4.24–31)

Es kann kaum überraschen, dass manche frühen Christen das Kind als Jesus Christus interpretierten, denn sein Kommen verändert die Natur und tötet »die Schlange« – in der christlichen Theologie ein wichtiges Symbol für das Böse, über das der Messias triumphiert. Diverse Kirchenväter stritten sich darüber, inwieweit man dies akzeptieren sollte. Eusebius erzählt in seiner Biographie Konstantins, des ersten christlichen Herrschers (4.32), dass der Kaiser bei einem Kirchenkonzil eine griechische Übersetzung dieses Gedichts präsentierte und den Standpunkt vertrat, dass man es als Ankündigung der Geburt Jesu sehen sollte. Doch bereits vor dem Christentum erkannte man die Kraft dieses Gedichts, das Hoffnung ausstrahlt, die vom Erscheinen eines einzelnen Individuums abhängt.

In diesem positiven Sinn blickt das Gedicht zurück auf die Verse von *Ekloge* 1, in denen Tityrus seine Begegnung mit dem jungen Mann beschreibt, den er bereits zuvor als »göttlich« bezeichnet (*Ekloge* 1.6–7). Dort gab es eine doppelte Vision von Octavian – als gleichzeitig politische wie (für Tityrus) göttliche Figur. Doch trotz all der vermittelten Hoffnung ist die Beschreibung des goldenen Zeitalters in *Ekloge* 4 mit Bedingungen verbunden: »Der durch das *sidus Iulium* generierte Optimismus war durch die nachfolgenden Ereignisse enttäuscht worden. Zunächst musste man erneut eine Zeit der Konflikte und des Krieges erdulden« (Robert Coleman, ad 4.36). Coleman scheint der Meinung zu sein, dass Vergils Worte die Spannungen prophezeiten, die in den 30er Jahren zwischen Octavian und Antonius entstanden und die ihren Höhepunkt in der Schlacht bei Actium fanden. Erst nach einem solchen Konflikt, so deutet *Ekloge* 4 an, wird Frieden kommen.

Ein Ergebnis des avisierten Friedens sind Lämmer, deren Wolle sich selbst färbt (»auch wird die Wolle nicht mehr lernen, verschiedene Farben vorzutäuschen, sondern der Widder auf der Wiese wird von selbst die Farbe wechseln, bald in ein schönes Rot, bald in ein Gelb wie von Safran; Scharlach wird die weidenden Lämmer kleiden«, 4.42–5). Auch wenn das Färben der Wolle als Vorausdeutung des Niedergangs angesehen werden kann, wie einige Forscher vorgeschlagen haben, ist bei Vergil der Ton doch ganz klar positiv. In der Mitte dieser hochtrabenden Prophezeiung bieten die bunten Schafe einen beinahe humoristischen Moment.

Nach der Vignette mit den sich selbst färbenden Schafen schließt das Gedicht mit einem kraftvollen Bild, bei dem der Dichter selbst das Kind anruft:

> Kleiner Knabe, fang an, deine Mutter mit einem Lächeln zu erkennen: Zehn Monate der Mühsal haben der Mutter viel Kummer gebracht. Kleiner Knabe, fang an: Wen seine Eltern nicht angelächelt haben, den hält weder ein Gott für seines Tisches noch eine Göttin für ihres Bettes würdig. (4.60–63)

Der Erzähler beschwört den Schicksalsknaben, schnell zu kommen (48–52), und schließlich sagt er, er solle seine Mutter anlächeln, um sich der Gemeinschaft mit den Göttern würdig zu erweisen. Das Adjektiv »würdig« bildet somit eine Klammer für das Gedicht. Dieses Gedicht wäre nicht nur Pollios würdig, sondern auch des jungen Octavian, der 43 v.Chr. Suffektkonsul gewesen war und nun den Status »Sohn eines Gottes« (*filius divi*) genoss. Somit hätte man ihn durchaus als des »Tisches eines Gottes« oder des »Bettes einer Göttin« würdig ansehen können, vorausgesetzt, dass er um die Taten seines Vaters wüsste und ihnen nacheiferte (27) und man ihm nun Verantwortung übertrug (60). In jedem Fall bildet der Begriff des »würdigen« Konsuls beziehungsweise Kindes einen Rahmen für den Optimismus und die Kraft dieses Gedichts über eine hoffnungsvolle Zukunft.[18]

Wenn *Ekloge* 4 die Hoffnung verkörpert, so erinnert ihr Komplementärgedicht, *Ekloge* 5, an den Tod, namentlich (durch die Klage der Figur Daphnis) an den Tod Iulius Caesars, wie Thomas Hubbard, Paul Alpers und andere angemerkt haben. Die meisten Forscher seit dem Altertum haben diese Identifikation von Daphnis mit Caesar, die bereits bei Servius auftaucht, übernommen. Eleanor W. Leach schreibt, der Fall sei ganz klar:

> Die Anspielungen auf den Tod Iulius Caesars ... sind ziemlich explizit: Die Trauer der Mutter des Daphnis ist diejenige der göttlichen Mutter Caesars, Venus. Das Stöhnen der karthagischen Löwen erinnert an den besonderen Schutz, den Caesar dieser Stadt zukommen ließ, die er wiederaufgebaut und unter ihrem alten Namen neu kolonisiert hatte. Die landwirtschaftlichen Motive könnten auf Caesars Verhältnis zu Italien hinweisen, das ihn gegenüber dem senatorischen Rom unterstützte. Daphnis' Tumulus im Wald lässt an Caesars Denkmal auf dem Forum denken, das kurz nach seinem Tod von seinen Anhängern errichtet wurde. (*Virgil's Eclogues*, 188)

Wenn wir Leachs Analyse akzeptieren, wirft dies eine weitere Frage auf: Warum folgt *Ekloge* 5 auf die prophetische vierte *Ekloge*? Schließlich müsste Caesars Tod ja Octavians Regierung vorausgehen. Doch muss man hierzu bedenken, dass *Ekloge* 4 eine Prophezeiung darstellt und insofern nicht an zeitliche Grenzen gebunden ist.

Außerdem steht das vierte Gedicht, wenn man ein Ordnungssystem zugrundelegt, das auch nur vage den pythagoreischen Prinzipien folgt, an exponierter Position, denn die Zahl vier steht für die Erfüllung der Tetraktys, deren Summe die mächtige Zahl zehn ist. Seine ersten zehn Zeilen, die ihren Höhepunkt in einer Proklamation des apollinischen Zeitalters finden, könnten darin sogar wiederum eine kleine Tetraktys darstellen.[19]

Auch der Inhalt von *Ekloge* 5 unterstützt eine Verbindung zu *Ekloge* 4. In *Ekloge* 5 beschließen Menalcas und Mopsus, sich hinzusetzen und in einem informellen Gesangswettstreit Lieder auszutauschen. Auf Menalcas' Drängen verkündet Mopsus, dass er den Inhalt eines Liedes wiedergeben wird, das er in die Rinde eines Baums geritzt hat (13). Die Verse, an die er sich erinnert, zählen auf, was Daphnis seiner Umwelt Gutes getan hat (20–32), gefolgt von der Tatsache, dass Daphnis gestorben ist:

> Seit das Schicksal dich fortriss, haben Pales und Apollo selbst die Äcker verlassen. Auf den Feldern, auf denen wir oft große Haferkörner aussäten, wachsen nur der unheilvolle Lolch und steriler wilder Hafer. (5.34–37)

Wendell Clausen merkt an, dass die Wiederholung des hervorhebenden Pronomens »(er/sie) selbst« die niedere römische Gottheit auf eine Stufe mit einem Gott des griechischen Pantheon stellt. Eleanor Leach meint, eine Anspielung auf Daphnis' Grabstätte und -inschrift unterstütze die Verbindung Daphnis-Caesar noch. Zwar kennen wir den Wortlaut der Grabinschrift Caesars nicht, doch Mopsus gibt der des Daphnis' wieder, als er eine Grabstätte für ihn fordert:

> Ich, Daphnis, bin hier im Wald, von hier bis zu den Sternen bekannt, der Hüter schön anzuschauenden Viehs, und ich selbst war noch schöner anzuschauen. (5. 43 f.)

Menalcas antwortet, Mopsus' Gedicht sei ein willkommener Trost, und greift seinerseits das Thema Daphnis auf, beschreibt den toten Meister, der vergöttlicht worden ist (56 f.), und begrüßt die Vorboten eines neuen Goldenen Zeitalters als Ergebnis dieser Vergöttlichung (60–64).

Robert Coleman schreibt, es sei »nicht anzunehmen, dass jemand Ende der 40er Jahre ein bukolisches Gedicht zu diesem Thema hätte lesen können, ohne dabei an Caesar zu denken«. Er hätte noch hinzufügen können: »und an Octavian«, denn die Anspielung auf einen Knaben, der »nach jenem der Zweite« sei (49) und würdig, durch Gesang gepriesen zu werden, impliziert einen Nachfolger (54). Jetzt wird Daphnis, parallel zu Pales (34 f.), auf eine Stufe mit Apollo gestellt, denn jedem von beiden werden zwei Altäre geweiht (65 f.), und es werden Riten für sie zelebriert, ähnlich denen, die für Gottheiten existierten, die die Grundbedürfnisse des Lebens repräsentierten – Ceres (Brot) und Bacchus (Wein). Das Gedicht schließt mit einem gegenseitigen Lob, dem Austausch von Gaben und einem Verweis seitens Menalcas' auf dessen »andere Gedichte« (*Eklogen* 2 und 3). Menalcas schenkt Mopsus »fragiles Schilf«, das dessen dichterische Leistung symbolisiert, im Gegenzug überreicht Mopsus Menalcas einen Hirtenstab.

Zusammenfassend kann man sagen, dass der Tod des Daphnis in *Ekloge* 5, der für Caesars Tod steht, in einem interessanten strukturellen und thematischen Zusammenhang mit *Ekloge* 4 steht. Zusammen verkörpern die *Eklogen* 4 und 5 eine dualistische Beziehung von Leben und Tod. In *Ekloge* 4 lastet die Verantwortung für das neue Leben und die Hoffnung auf den Schultern des Kindes, das, wenn nicht Octavian selbst gemeint ist (eine so eng gefasste Assoziation wird zugegebenermaßen nur von einer Minderheit vertreten), zumindest für den Optimismus steht, den man mit der baldigen Herrschaft Octavians verband.

Eklogen 6 und 10
Am Anfang von *Ekloge* 6 findet sich das beste Beispiel für *recusatio* (die Weigerung, ein Epos zu verfassen) bei Vergil:

> Als ich Könige und Schlachten besang, da zog mich Cynthius (Apollo) am Ohr und ermahnte mich: Tityrus, ein Hirte soll fette Schafe weiden, aber ein feines Gedicht von sich geben. (6.3–5)

In diesen Versen geht es um Genre-Assoziationen: Ein feines, delikates Gedicht stünde in der Tradition der alexandrinischen Dichtung, während Könige und Schlachten dem traditionellen Kriegsepos zuzurechnen sind. Vergil wird somit von einem zukünftigen Projekt fortgerufen, zu einem aktuellen hin, dem Verfassen von *Eklogen* in alexandrinischer Manier.

Vergil folgt diesem amüsanten Bild, um sich an seine dichterische Agenda zu halten, mit einer eher nüchternen Anrede derjenigen Person, die wahrscheinlich verantwortlich für die Enteignungen war, mit Hilfe derer Octavians Truppen ausbezahlt wurden. Diese Person war Alfenus Varus, ein römischer Jurist, *consul suffectus* (»Ersatz-Konsul«) des Jahres 39 v. Chr. Aus der idyllischen Welt Griechenlands kommt Apollo zu seinem Barden und neckt ihn, inmitten der rauen Welt der politischen Landschaft Italiens.

Kurz nach der an Varus gerichteten *recusatio* (3–12) verwendet Vergil in einer Apostrophe zum vierten Mal innerhalb von 13 Versen das Verb »sehen« *(videre)*. In diesem Kontext erschafft er eine einladende mythische Landschaft:

> Da sähest du Faune und wilde Tiere im Takt miteinander herumtollen, dann die starren Eicheln sich am Wipfel bewegen; so sehr freuen sich weder die Schluchten des Parnassus über Phoebus noch Rhodope und Ismarus über Orpheus. (6.27–30)

Herumtollende Faune, die vertraute Gegend von Parnass und Rhodope und ein betrunkener Satyr – das sind alles Aspekte der bukolischen Landschaft in *Ekloge* 6, und mittendrin ein Silen, der mit Girlanden gefesselt ist (19) und der genötigt wird, zu singen (»lasst mich los, Jungs; es ist doch genug, dass ihr gezeigt habt, dass ihr es konntet. Hört denn die Lieder, die ihr euch wünscht!«, 24 f.). Nach dieser leichten Nötigung singt der Silen, in ritueller Weise mit schwarzen Maulbeeren eingeschmiert wie ein Fruchtbarkeitsgott, ein Lied, in einem vertrauten Stil:

> Denn [der Silen] sang darüber, wie einstmals die Samen von Erde und Luft und Meer sich in der Leere zusammenzogen und zugleich die des flüssigen Feuers; wie in diesen ersten Dingen alle Anfänge zusammenkamen und wie dadurch die weiche Sphäre der Erde fest wurde. Dann, wie der Erdboden hart wurde und Nereus ins Meer verbannte und die Dinge allmählich ihre Formen annahmen; und schon staunte der Boden über die Sonne, die hoch oben schien, und über den fallenden Regen, die Wälder erhoben sich zum ersten Mal und vereinzelt durchstreiften Tiere die noch unbekannten Berge. (6.31–40)

Dies ist nicht nur ein schönes Lied, sondern ein kosmologisches Gedicht in der langen Tradition griechischer Naturdichtung *(peri physeos)*. Der jüngste Vertreter dieser Tradition war, 15 Jahre vor Vergil, Lukrez mit seinem Werk *De rerum natura*, einer kosmologischen und philosophischen Abhandlung in epischer Länger, präsentiert im süßen, »am Rand mit Honig benetzten Kelch« der Dichtung (1.936–42). Auch wenn das Gedicht des Silens zuerst (32–40) vorgibt, so ein Gedicht zu sein, stellt sich bald heraus, dass es eher denen von Lukrez' neoterischen Zeitgenossen Catull oder Cinna ähnelt. Deren Arbeit ging weit über die Kosmogonie hinaus und öffnete sich der Welt der alten mythologischen Geschichten. Ovids *Metamorphosen* (veröffentlicht 8 n. Chr.) bietet das vielleicht beste Beispiel dafür – bereits vor Vergil gab es Catulls Gedicht 64, über die Hochzeit von Peleus und Thetis (ca. 54 v. Chr.). Vergil wird auch Cinnas *Zmyrna* gekannt haben, von der lediglich ein paar Fragmente erhalten sind. Es waren auch noch andere solche Gedichte im Umlauf.

Diese Art zu dichten war in höchstem Maße urban, und genau so ein Gedicht verfasst hier der Silen:

> Er erzählte davon, wie Pyrrha mit Steinen warf, erzählte vom Reich des Saturn und den kaukasischen Vögeln und vom Diebstahl des Prometheus. Er fügte hinzu, an welcher Quelle die Schiffer den Hylas zurückließen und dann nach ihm riefen, so dass das Gestade »Hylas, Hylas!« als Echo zurückwarf; und er tröstete Pasiphaë, die den weißen Stier liebte –

sie wäre glücklich gewesen, hätte es niemals Herden gegeben. Ach, unglückliches Mädchen, welcher Wahnsinn hielt dich gefangen! (6.41–47)

Die Geschichten des Silens haben sich vom kosmologisch-didaktischen Epos fortbewegt, hin zum Level der urbanen Neoteriker, mit Geschichten über Pyrrha, Prometheus und Hylas. Sein Lied lässt also die bukolische Welt hinter sich und bewegt sich zu auf den neuesten Trend in der Stadt in Sachen Dichtung. So ist es auch wenig überraschend, dass der Silen einen eben dieser neoterischen Dichter in der traditionellen Landschaft auftreten lässt:

Dann sang er davon, wie Gallus damals am Fluss Permessus entlangging und eine seiner Schwestern zu den aonischen Bergen begleitete und dass der ganze Chor des Phoebus sich für den Mann erhob; und wie dann der Hirte Linus unter göttlichem Gesang ihm die Haare mit Blumen und bitterem Eppich schmückte und sprach: Die Musen geben dir dieses Schilfrohr – nimm es –, das sie einst dem alten Askräer gaben und mit dem er die unerschütterlichen Bergeschen von den Bergen herunterbrachte. (6.64–71)

Cornelius Gallus repräsentiert den Höhepunkt der neoterischen Tradition Roms, und hier erhält er die Früchte der didaktischen Tradition Griechenlands, angedeutet durch hesiodisches Schilfrohr, in einem Ambiente, das an Hesiods Begegnung mit den Musen in der *Theogonie* erinnert. Dieses Schilfrohr (und mit ihm die Tradition) ist aus der Inspiration des Hains von Grynium erwachsen und hat seinen Ursprung bei Phoibos selbst. Linus hat es vom alten Hesiod erhalten, der aus Askra in der Nähe des Helikon stammte. Durch Theokrit hat es in Vergils Versen Einzug gehalten, und jetzt wird es an Gallus weitergegeben, der im Rahmen dieses Gedichts wie ein neuer Orpheus behandelt wird – ein Neoteriker, der als Teil der bukolischen Tradition begrüßt wird.[20]

Doch Gallus ist nicht Teil der bukolischen Tradition. Dass er Gallus hier auftreten lässt, ist ein Aspekt einer Strategie der Umkehrung *(oppositio in imitando)*, mit der sich Vergil als Anhänger der neoterischen Prinzipien zu erkennen gibt, wie Gordon Williams gezeigt hat, und mitnichten ein Aufruf an Gallus, ein bukolischer Dichter zu werden. Insofern erklärt Vergil Gallus hier weniger zum Teil der bukolischen Welt; vielmehr definiert er seinen eigenen Platz als neoterischer Dichter innerhalb der bukolischen Tradition. Gallus' Rolle hier ähnelt also seiner Rolle in der zehnten *Ekloge*, zu der Robert Coleman ganz richtig anmerkt, dass man Vergils Aufforderung an Gallus, Hirtendichtung zu schreiben, nicht allzu wörtlich nehmen darf.

Wenn der Silen in *Ekloge* 6 zum Ende kommt, wird der urbane Neoteriker Gallus in einem ländlichen Setting willkommen geheißen, dem eine große Bedeutung zukommt: Es ist der Sitz aller dichterischen Inspiration. Wenn sich dann die Erzählperspektive ändert und der Rest des Liedes in indirekter Rede wiedergegeben wird, überrascht es nicht wirklich, dass die Motive nunmehr genau die Art der Dichtung wiederspiegeln, für die Gallus steht:

> Was soll ich erzählen von Skylla, der Tochter des Nisus, von der man sagt, dass sie, ihren weißen Leib mit bellenden Monstern gegürtet, die dulichischen Schiffe anfiel und im tiefen Strudel mit den Meereshunden die verängstigten Schiffer zerriss? ... Alle Dinge, die der glückliche Phoebus sich einst ausdachte und den Lorbeern des Eurotas zu lernen befahl, besingt jetzt der Silen – das bewegte Tal lässt es zu den Sternen hinauftönen –, bis der Abend befiehlt, die Schafe in die Ställe zu treiben und zu zählen, auch wenn der Olymp es nicht gewollt hat. (6.74–77, 82–86)

Erst hier, ganz am Ende des Gedichts, kehren wir in das ländliche Setting zurück, wo der Silen der Sänger ist. Das Gedicht im Gedicht ist die Geschichte eines Dichters innerhalb des Liedes eines anderen Dichters, genau wie die Landschaft von Permessos und Helikon ihr Gegenstück findet im Tal und in den Lorbeeren des Eurotas. Zwar ist der Silen der ländliche Dichter im ländlichen Setting, doch zeigt sein Lied eine starke Verbindung zur neoterischen Dichtung aus Gallus' Zeit, sehr wahrscheinlich zu Gallus selbst.

Ekloge 10 ist das natürliche Gegenstück zu diesem Gedicht, nicht nur, weil beide die zweite Hälfte der Sammlung einrahmen, sondern weil sie sich beide mit Gallus beschäftigen und mit der Frage nach dichterischen Verbindungen und generischen Veränderungen. Im bukolischen Kontext von *Ekloge* 6 haben wir gesehen, wie Vergil in das Lied des Silens didaktische und neoterische Elemente einbaut, wobei er Gallus in die »Hall of Fame« der Dichter einführt.

In *Ekloge* 10 ist Gallus' Rolle eine ganz andere: Hier wandert er in der bukolischen Welt umher und ist auf einmal von Schafen umzingelt (16). Während stupsnasige Ziegen zu grasen fortfahren (7), beschreibt Vergil Gallus' verloren gegangene Liebschaften, um die sogar der Lorbeer und die Tamarisken weinen (13). Gallus wird von einer Reihe mythologischer Figuren begrüßt, die zum Genre passen (Menalcas, Apollo, Silvanus, Pan).

Im Epigramm-Stil bittet Gallus die Arkadier, von seinen Liebschaften zu singen, und sagt, er wünschte, er könne an ihrem Genre teilhaben, so dass er vielleicht eine andere Geliebte gefunden hätte (38–41).

Stattdessen hat er seine Liebe an den Krieg verloren. Sein Verlust gleicht der Situation seiner Geliebten, Lycoris, die ebenfalls weit weg ist von Rom und einem Soldaten hinterherreist, der so ganz anders ist als Gallus (46–49). Deshalb, so Gallus, werde er sich der bukolischen Dichtung zuwenden, voller Sehnsucht im Wald sitzen und seine amourösen Abenteuer in Bäume ritzen, wo seine Liebe, ganz wörtlich genommen, wachsen wird. Da Gallus' Gedichtband *Amores* hieß, scheint diese intertextuelle Referenz, wie Conte anmerkt, zu suggerieren, dass Vergils Gallus sein eigenes Werk dem bukolischen Genre zuschreibt.

Nach dieser kurzen Anspielung verabschiedet sich Gallus jedoch vom Wald und gibt zu bedenken, dass die Liebe immer siegen würde, egal, wie weit er das Genre ausreizen würde:

Jetzt gefallen mir weder die Waldnymphen noch ihre Lieder; Wälder, gebt mich wieder frei. Ihn können unsere Mühen nicht beschwichtigen – weder wenn wir mitten im Frost das Wasser des Hebrus trinken und im nassen Winter sithonischen Schnee erdulden, noch wenn wir, wird die absterbende Rinde an der hohen Ulme trocken, die Schafe der Äthioper weiden unter dem Gestirn des Krebses. Amor besiegt alles: Und auch wir wollen der Liebe weichen. (10.62–69)

Vergils Paronomasie *moriens liber* (»sterbende Baumrinde« oder »sterbendes Buch«, 67) ist eine ergreifende Metapher für das Ende des bukolischen Genres – das Ende zumindest insofern, als es um Vergils Beteiligung daran geht. Darüber hinaus suggeriert der Hinweis auf das Hüten von Schafen im archetypisch fernen Äthiopien (68), dass die bukolische Dichtung die Grenzen des Genres erreicht hat. Die bukolische Landschaft zu betreten und dilettantisch mit bukolischen Themen herumzuspielen bietet keinen Schutz vor der allgegenwärtigen Liebe (69), der letzten Endes Gallus' Loyalität gehört, denn er ist ein verliebter Neoteriker in der Tradition von Catull, Properz und Tibull.

Dass wir das Ende des Genres erreicht haben, wird durch die Verse, die unmittelbar folgen, noch deutlicher, da sich nun der Fokus innerhalb des Genres von Gallus fortbewegt und zu Vergil hin, dessen lyrisches Ich – das hier an die Figuren aus Theokrits *Idyll* 1 erinnert, an den Hüter des Weinbergs etwa, der einen Becher dekoriert, oder an den alten Fischer, der seine Netze flickt – in suggestiver Manier einen Korb flicht:

Euer Dichter, Musen, soll nun genug gesungen haben, während er hier sitzt und einen Korb flicht aus schlankem Hibiskus. Pieriden, ihr werdet dies dem Gallus am besten vergelten, Gallus, dessen Liebe zu mir stündlich wächst, so sehr, wie im jungen Frühling die grüne Erle emporsprießt. (10.70–77)

Indem er diesen letzten Abschnitt mit dem Ausdruck »es sei genug« beginnt, scheint Virgil anzudeuten, dass sowohl das Genre als auch diese Sammlung zum Ende kommen. Darüber hinaus deuten die folgenden Verse Vergils anstehenden Genrewechsel an, wenn Vergil seinem eigenen lyrischen Ich befiehlt: »Lass uns aufstehen« *(surgamus)*. Stephen Hinds hat an anderer Stelle demonstriert, dass dieses Verb ein generisches Codewort für das Genre des Epos sein kann, wie es in Ovids *Metamorphosen* der Fall ist.[21] »Schatten« *(umbra)* ist ein ambivalenter Begriff, der sich auf die Dunkelheit der Unterwelt beziehen kann, aber auch auf die dichterische Produktion. Hier scheint es Letzteres zu betonen, während die erstere Bedeutung für den letzten Vers der *Aeneis* zutrifft; Vergil schließt auch die *Georgica* mit einem Hinweis auf Schatten. Bevor er es dort verwenden wird, betont er das Wort hier, indem er es dreimal wiederholt. Dass es sich auf das Epos bezieht, suggeriert auch seine enge Verbindung mit *gravis* (»schwer«, »belastend«), das er zweimal verwendet – ein Adjektiv, das in einem Kontext wie diesem, wo eine selbstbewusste poetologische Diskussion unternommen wird, klar auf die epische Dichtung verweist.

Kurz gesagt: Vergils Aufforderung an sich selbst, »aufzustehen«, weil der Schatten für Sänger oft belastend ist und den Früchten abträglich, lässt anklingen, dass Vergil, so wie Gallus seine Liebesdichtung nicht für die Welt der Bukolik verlassen kann, den Impuls ein Epos zu verfassen, den er spürt, nicht zu ignorieren vermag. Dieser Impuls ist schwer und voll Schatten, und er wird ultimativ zum Tod eines epischen Kriegers führen. Doch im Moment sind die Ziegen satt, und es wird langsam Abend. Für Vergil und seine Ziegen ist es an der Zeit, heimzugehen; seine Ziegen in ihren Stall, er zu seinem nächsten Projekt – einem epischen Lehrgedicht.

4. Kapitel

Georgica: *Festmahl der Weisheit*

> Das Gedicht zieht das Mysterium der einfachen Lösung vor;
> die Komplexität ... der Sicherheit.
> (Christine Perkell, *The Poet's Truth*, 191)

> Dass der Erzähler der *Georgica* als Lehrmeister auftritt, zeigt die Notwendigkeit, scheinbar traditionelles Wissen zu rekontextualisieren und es über verschiedenste Kommunikationskanäle zu verbreiten.
> (Allessandro Schiesaro, *The Roman Cultural Revolution*, 89)

Vergils etwa zwischen 36 und 29 v. Chr. verfasste *Georgica* bestehen aus vier Büchern über die Landwirtschaft, die nicht nur didaktische Anweisungen, sondern auch prägnante Sprüche und Beobachtungen enthalten sowie Lektionen über die Agrikultur und über das Leben an sich. Vordergründig behandeln diese Gedichte das Landleben, doch eigentlich zeigen sie dem Leser, was er aus dem Kampf des Bauern mit der Natur über sein eigenes Leben lernen kann. Die Sammlung ist symphonisch arrangiert, mit einem Hin und Her, wie es für Vergils Gesamtwerk charakteristisch ist. Die oben aufgeführten Zitate deuten bereits Stil und Substanz der *Georgica* an: Jedes ihrer Bücher behandelt politische Realitäten, umfasst die Motive Leben und Tod und wechselt zwischen düsteren und optimistischen Momenten. Diese an Vorschriften so reiche Sammlung bereitet dem Leser ein wahres Festmahl der Weisheit.

Zu Beginn dieser Reise in Richtung Weisheit stellt Vergil eine Reihe indirekter Fragen. Der Adressat ist Maecenas, Vergils Gönner und Freund:

> Was das Saatgut erfreut, unter welchem Gestirn man am besten die Erde pflügt, oh Maecenas, und den Ulmen Weinreben ansetzt, welche Pflege Ochsen brauchen, wie man sich um das Vieh kümmern soll, wie viel Erfahrung man für die sparsamen Bienen benötigt, davon will ich nun anfangen, zu singen. (1.1–5)

Der erste Vers des Buchs endet auf das Wort »Erde« *(terram)*, ein Wort, das zum Thema passt und zu den Fragen, die Vergil stellt. In diesem ganzen Gedicht, von dem Christine Perkell schreibt, es bevorzuge »das Mysterium«, wird Vergil indirekte Fragen stellen und indirekte Antworten geben. Jedes Buch der Sammlung behandelt Leben, das aus der Erde geboren wird, und bietet dem Leser Weisheit über das Leben in der Natur und oft auch über das Zusammenleben mit anderen Menschen – wenn auch mitunter auf Umwegen.

Die *Georgica* sind mit Bedacht strukturiert: Das erste Buch behandelt Getreide und Wetterzeichen, das zweite Wein und Bäume, das dritte Rinder und Viehherden und das vierte Bienen und ein Lied. Wir haben im letzten Kapitel gesehen, wie die letzte *Ekloge* enthüllt, dass ein Lied Cornelius Gallus Zutritt zum Helikon gewährt; das letzte Buch der *Georgica* geht noch weiter, indem es darstellt, wie ein Lied den Tod zu besiegen vermag, indem es Weisheit vermittelt. Dieses letzte Element, die Vermittlung von Weisheit durch ein Lied, durchzieht die gesamten *Georgica*. Auch wenn Vergil mit einem kurzen Hinweis auf ein Lied beginnt (1.5), behandelt er dieses Thema erst am Ende von Buch 4 ausführlich.

Dichtung über die Landwirtschaft war keine ganz neue Idee. Hesiods Lehrgedicht *Werke und Tage* (der abgekürzte griechische Titel ist *Erga*) behandelte schon im 8. Jahrhundert v. Chr. landwirtschaftliche Themen. Hesiod war, auch noch für Vergil, der archetypische Landwirtschaftsdichter. Auch Nikander war eine Quelle der Inspiration – er hatte ein Gedicht geschrieben, dessen Titel *Georgika* bereits zeigt, wie wichtig es für Vergil war. Vergils poetische Agenda unterscheidet sich jedoch von der Hesiods, dessen *Erga* harte Arbeit und moralisches Verhalten in den Vordergrund stellen; dass sie sich ebenso von der des Nikander unterscheidet, ist wahrscheinlich, auch wenn dessen Gedicht leider verloren ist.

Um ihre Weisheit zu übermitteln, bewegen sich die *Georgica* hin und her zwischen positiven und negativen Bildern. Auch wenn der Hauptfokus der *Georgica* die Vermittlung von Weisheit durch Landarbeit ist, bleibt doch auch der Dualismus ein wichtiges Element und manifestiert sich in den Sprüngen zwischen den entmutigenden und den lebensbejahenden Momenten in den *Georgica*.

Georgica 1: Brot und Spiele

Nachdem er die dichterische Agenda seines Werkes präsentiert hat, ruft Vergil diverse Gottheiten an, darunter Ceres und Liber, die für Brot und Wein stehen und metonymisch mit *Georgica* 1 beziehungsweise 2 in Verbindung gebracht werden. Dann wendet sich Vergil seinem ersten großen Ziel zu:

> Und auch du, Caesar, den bald eines der Konzile der Götter aufnehmen wird, ob es dir gefällt, Städte zu besuchen oder dich um Ländereien zu kümmern; und der riesige Erdkreis soll dich akzeptieren als Urheber der Früchte und Herrn der Stürme und deine Schläfen mit der Myrte der Mutter bekränzen; oder du sollst als Gott des weiten Meeres kommen und Seeleute sollen nur deine Göttlichkeit preisen. … Gib mir guten Kurs und nicke meinem kühnen Vorhaben zu, schreite voran, habe mit mir zusammen Erbarmen mit ländlichen Menschen, die den Weg verloren haben, und gewöhne dich daran, dass man dich im Gebet anruft.
> (1.24–30, 40–42)

Octavian (Caesar) wird so viel Schmeichelei zuteil wie allen anderen Gottheiten zusammengenommen. Lukrez hatte *De rerum natura* mit einer ähnlichen Anrufung begonnen, dort an Venus gerichtet, die für die regenerativen Kräfte des Lebens steht. Jetzt liegt der Fokus auf dem letzten Nachfahren der Göttin durch die julische Familie *(gens Iulia)*, die Familie, die Rom politisch stützt. Octavian hat größere Macht als Liber (Bacchus) und bietet Ende der 30er Jahre die politische Stabilität, die erforderlich ist, um für Rom die Versorgung mit Getreide (Ceres) zu sichern.

Auf diese pathosgeladene Anrufung lässt Vergil eine sinnliche Beschreibung der Landwirtschaft folgen: Die Erde bebt, wenn die Berge kalte Sturzbäche fließen lassen, und »der Pflug glänzt, wenn er in der Furche reibt« (46). Getreide und Wein wachsen in Fülle, ein Bild mit thematischem Bezug zu Ceres und Bacchus. Der Boden ist reich an Erdschollen (64 f.) und bereit für die Kultivierung durch den Menschen.

Über 400 Jahre vor Vergil verwendete Pindar die Erdscholle als Symbol für Fruchtbarkeit.[1] Vergils Erdscholle symbolisiert den Ertrag, den die Erde verheißt, auch wenn die Ausbeute nicht immer groß ist. Vergil erweitert das Bild auf die Bewirtschaftung der Felder, einschließlich Fruchtfolge und Abbrennen. Dann kehrt er zur Scholle selbst zurück:

> Auch der, der die harten Erdschollen mit Hacken zerpflügt und ein Flechtwerk aus Weidenruten darüberzieht, hilft der Flur, und die blonde Ceres betrachtet ihn vom hohen Olymp aus nicht vergebens; und auch der, der das aufgepflügte Brachland furcht, indem er den Pflug quer darüberzieht, häufig die Erde aufwühlt und Herr über die Äcker ist.
> (1.94–99)

Vergil stellt sich selbst außerhalb der Erzählung, mit einem unparteiischen, militärisch wirkenden Ton, er löst sich vom Text, indem er über die Bauern in der dritten Person spricht, während er zur gleichen Zeit geschickt in alexandrinischer Manier Material von zwei seiner literarischen Vorläufer einfließen lässt. Da ist einmal Hesiod, der einst seine Leser aufgefordert hatte, »die Arbeit zu verrichten, die Demeter gefällt« (*Erga* 299–301); Vergil spielt aber auch auf Kallimachos an, der in seiner *Hekale* wiederum auf Hesiod anspielt[2] und seinen Text mit traditionellen Materialien anreichert, die dem neuen Kontext eine religiöse Aura verleihen, eine Aura, die durch traditionelle Sprache unterstützt wird. So stellt Vergil seine Adaption in den Kontext seiner literarischen Vorgänger.

Ein Aspekt des mit intertextuellen Referenzen gespickten Textes Vergils ist die Bewässerung, bei der er ein Gleichnis aufgreift, das bei Homer Achilleus' Zorn gegenüber dem Skamandros beschreibt: »wie wenn ein Mann Wasser aus einer dunklen Quelle schöpft und zu seinen Pflanzen und Hainen umleitet« (*Ilias* 21.257 f.). Vergil gibt diesem Gleichnis seinen landwirtschaftlichen Kontext zurück, und aus dem Kampf der homerischen Krieger wird nun der Kampf der Landwirte. Im Gegensatz zur blutigen Szene Homers am Skamandros beschreibt *Georgica* 1, wie das Wasser in einem hübschen Wasserfall in eine kleine Grotte plätschert:

> Das fallende Wasser lässt ein Gemurmel erklingen, als es über glatte Steine fließt, und mit seinem Sprudeln lindert es die Not der trockenen Felder. (1.109 f.)

Hier finden wir eine Vignette, die die Aufmerksamkeit des Lesers nach unten zur Erde lenkt: Aus den Furchen, die zum Teil das Ergebnis des Kampfes der Bauern gegen die Natur sind, werden in diesem Mikrokosmos Flüsse, die das lebenswichtige Wasser auf die Felder transportieren.[3] Diese nicht gerade perfekte Welt verlangt dem Landwirt einiges an Einfallsreichtum ab und erfordert harte Arbeit, die auf Jupiter zurückgeht, der als Erster veranlasste, dass Felder bestellt wurden (121). Diese tonale Verschiebung spiegelt den fließenden Übergang zwischen positiv und negativ wider, der die *Georgica* charakterisiert.

Vergil hebt die Gaben der Natur hervor: Honig lief einst an den Bäumen herab, während Flüsse aus Wein flossen (136–46) – eine Passage, die auf das Goldene Zeitalter bei Hesiod zurückgreift. Doch während die Geschichte der Menschheit weiter fortschreitet, entwickelt sich ein Gleichgewicht zwischen den natürlichen Ressourcen und dem Einfallsreichtum der Menschen, so dass die Menschen letztendlich immer weniger menschlich werden und sich stetig an die harte Arbeit anpassen, bis die »mühselige Arbeit alles besiegt hat« (*labor omnia vicit/improbus* 145 f.). Dies ist weit entfernt von einer positiven Sicht der Würde eines arbeitsreichen Tages, und es überrascht nicht, dass der Ton der Passage immer düsterer wird.

Auf dem Weg zu diesem Gefühl düsterer Vorahnung erfährt der Leser, dass *ceres* (»Getreide«) ebenfalls mühsam kultiviert werden muss. Hier gibt es keinen Tribut an die Göttin Ceres wie bei Hesiod, der seine Leser angewiesen hatte, sie zu bitten, »Demeters reifes und heiliges Getreide schwer« zu machen (*Erga* 466). Vergil hingegen lässt seinen Text jetzt negativer klingen, was an ähnliche Veränderungen im Ton in den *Eklogen* denken lässt. Der negative Trend setzt sich fort mit Vergils Darstellung der »landwirtschaftlichen Waffen« der Bauern, was die Arbeit auf eine Stufe mit dem Krieg stellt. Obwohl der Bauer sich mittels Arbeit behaupten kann, ist dies bei Vergil dennoch die mühselige *(improbus)* Art der Arbeit. Die Betonung des schieren Aufwands begünstigt den zunehmend schweren Ton: »So hat sich alles durch das Schicksal verschlechtert« (199f.).

Die Aufmerksamkeit des Lesers wird nun jedoch auf astronomische Zeichen gelenkt, gemäß denen man die Saat aussäen soll, in der Art der landwirtschaftlichen Abhandlungen von Cato und Varro. Vergil beschreibt die Zonen der Erde von den Polen bis zum Äquator (233–39). Auch wenn diese umfassende geographische Beschreibung der Welt, die sich an Werke wie den *Hermes* des Eratosthenes anlehnt, rein technisch gesehen nichts mit dem Thema des Pflügens zu tun hat, ist sie dennoch wichtig: Der kluge Mensch muss sich nicht nur mit der Landwirtschaft auskennen, sondern auch mit den Gesetzen der Natur, die für die Landwirtschaft den Rahmen bildet.

In einem nunmehr etwas freundlicheren Ton beschreibt Vergil den Haushalt des Landwirts in der winterlichen Jahreszeit:

> Indessen verkürzt sich seine Frau die lange Arbeit mit Gesang; sie fährt mit dem klingenden Kamm durch den Stoff oder kocht die Flüssigkeit aus dem süßen Most heraus mit dem Feuer Vulcans. … Im Winter ruht der Bauer sich aus. In der Zeit des Frostes genießen die Landwirte ihre Ernte und arrangieren Festmähler, um fröhlich miteinander zu teilen. Der festliche Winter lädt ein und lässt die Sorgen verschwinden, wie wenn schwer beladene Schiffe in den Hafen einlaufen und die fröhlichen Seeleute ihr Schiff schmücken. (1.293–95, 299–304)

Im ersten Kapitel dieses Buches haben wir die Beschreibung des alten korykischen Gärtners aus *Georgica* 4 untersucht, eine Szene, die in puncto häuslicher Einfachheit ganz ähnlich ist. Diese Passage stellt ein zufriedenes Leben dar und deutet voraus auf die Beschreibung des sich ausruhenden

Landwirts, mit der das zweite Buch schließt. Der Bauer und seine Frau finden Zufriedenheit in ihren alltäglichen Beschäftigungen: Sie singt, während sie webt und kocht, er organisiert ein Fest. Zwar gibt es immer viel zu tun, aber die häusliche Gemächlichkeit gibt dem Leben des Bauern einen Rhythmus, der ein Gegengewicht zum *labor improbus* bieten kann.

Wie ein Komponist, dessen Symphonie sich durch plötzliche Veränderungen in Stimmung und Tempo auszeichnet, lässt Vergil nun die Beschreibung eines kalten, tosenden Sturms und der saisonalen Veränderungen folgen (311–27), die zur unkomplizierten Verehrung der Ceres führen. Nach dem Sturm signalisiert Vogelgezwitscher das Anbrechen eines neuen Tages. Doch der Ton des ersten Buches verschiebt sich schon wieder zum Negativen hin, wenn Vergil vor durch die Sonne bedingten Veränderungen warnt, die auf Aratos zurückgehen. Der Erzähler richtet sich an den Landwirt/Leser: »Du wirst umso mehr davon profitieren, dich an diese [atmosphärischen Veränderungen] zu erinnern, wenn sie [die Sonne] nun vom hohen Olymp aus untergeht« (450f.). Dieses Verb der Erinnerung *(meminisse)* ist für den Leser genauso wichtig wie für den Landwirt, denn das schlechte Wetter wird mit politischen Unruhen in Verbindung gebracht:

> Die Sonne wird dir Zeichen geben. Wer würde es wagen, die Sonne anzuzweifeln? Sie hat uns oft vor drohenden Aufständen gewarnt und vor im Verborgenen schwelenden Kriegen; sie blickte auch voller Erbarmen auf Rom nieder, als Caesar starb und sie sein strahlendes Antlitz mit Schwärze bedeckte und gottlose Generationen die ewige Nacht fürchten ließ; selbst wenn damals auch die Erde und das Meer Zeichen gaben wie unheilvolle Hunde und ungünstige Vögel. (1.463–71)

Das Motiv der Erinnerung wird noch ausgeweitet, als der Erinnerung des Landwirts diejenige des römischen Bürgers zur Seite gestellt wird, bei dem Vogelflug- und Sonnenvorzeichen das Attentat auf Iulius Caesar ankündigen. Diverse göttliche Omina, von schwitzenden Statuen über sprechendes Vieh bis hin zu Blut führenden Flüssen, bekräftigen den Verlust (477–85).

Auf der politischen Bühne hat Roms gewalttätiger Gegner Germanien Roms geschwächte Konstitution bemerkt (474, 499). Dadurch, dass die Sonne ihr Antlitz verbirgt, bestätigt sie die Widernatürlichkeit des Todes Caesars. Die Hoffnung für die Zukunft lastet auf Caesars Nachfolger, den der Dichter als »jungen Mann« bezeichnet (Vers 500), genau wie in *Ekloge* 1. Doch hier, am Ende von *Georgica* 1, geht Vergil noch weiter und spricht Octavian als »Caesar« an und somit als Herrscher über Rom:

Längst schon missgönnt dich uns das Reich des Himmels, oh Caesar, und dass du dich noch um die Triumphe der Menschen scherst, bei denen sich freilich Recht und Unrecht ins Gegenteil verkehren: So viele Kriege gibt es auf der ganzen Welt, so viele Gesichter hat das Verbrechen, der Landwirt wird nicht mehr geehrt; gäbe es keine Bauern, so würden die Äcker verkommen und aus der geschwungenen Sichel ein Schwert gemacht. Hier erklärt uns der Euphrat, dort Germanien den Krieg; Nachbarstädte haben den Pakt untereinander aufgekündigt und tragen Waffen; auf der ganzen Welt wütet der ruchlose Mars. (1.503–11)

Indem er Roms Notlage betont, bewegt sich Vergil weg von den Warnungen an den Landwirt und hin zur Ermahnung des Bürgers. Mit der kraftvollen Formulierung »so viele Gesichter hat das Verbrechen« weist Vergil darauf hin, wie die Moral pervertiert worden ist.

Roms Lage spiegelt diejenige des Bauern wider – »weit ab« von seinem angestammten Gebiet hat er aus seiner Sichel eine Waffe gemacht. Das Wüten des Mars setzt diesem düsteren Bild die Krone auf und leitet das Bild der Gespanne im Circus ein, die »aus den Starttoren hervorgestürzt sind und Raum geben; vergebens die Zügel festhaltend, wird der Wagenlenker von den Pferden gezogen, und der Wagen gehorcht den Zügeln nicht« (512–14). Der Ton im ersten Buch hat sich verschoben, von der Ordnung hin zur Unordnung: Vom Getreide (bzw. Brot) aus, das Nahrung bietet, haben wir jetzt den wilden Circus erreicht, wo die Rennfahrer die Kontrolle verloren haben.

Vergil gibt diesem pessimistischen Bild einen alexandrinischen Touch, indem er, wie im ersten Kapitel ausgeführt, das Buch mit einer Nennung des Euphrat schließt. Dies ist, auf einer Ebene, eine Anspielung auf Ventidius' Feldzug gegen die Parther 39 v. Chr. Andererseits hat Vergils Nennung dieses Flusses hier, wie Ruth Scodel und Richard Thomas angemerkt haben (siehe Kapitel 1), strategische Bedeutung, denn sie evoziert ganz klar Kallimachos (*Hymne* 2.108).[4] Somit dient die Erwähnung des Euphrat Vergil als subtiler Hinweis auf seine Verwendung alexandrinischer Prinzipien, vielleicht sogar als *recusatio* des Epischen. Selbst wenn Vergil sich schließlich mit der *Aeneis* ganz dem Epos widmet, so tut er dies mit alexandrinischer Kunstfertigkeit.

Georgica 2: in vino civitas

Georgica 2 beginnt mit einer Anrufung des Weingottes, um dessen Metier es in diesem Buch geht. Er wird als »Bacchus« (2) angesprochen, aber auch als »Vater Lenaeus« (4) – ein Name, der auf denjenigen Aspekt der Gottheit abzielt, der mit dem Anbau von Wein zu tun hat. Dazu kommt eine Assoziation mit Dionysos durch Requisiten aus der Tragödie: »Komm, oh Vater Lenaeus, und tauche mit mir deine nackten Beine, die Kothurne abgelegt, in den frischen Most« (7–8). Diese Aufforderung an Bacchus, sich statt der Welt der Tragödie (auf die die Kothurne, die Schnürstiefel der Schauspieler, hinweisen) der Weinpresse zuzuwenden, spiegelt Vergils poetologisches Programm wider: Der Gott der Bühne wird einem epischen Subgenre überantwortet (so R. Thomas, ad 7–8). Wie R. A. B. Mynors anmerkt (ad loc.), geben die Formulierung »mit mir« und die Anrufung des Gottes des Weinbaus dem Ganzen eine persönliche Note. Dies nimmt auf stimmungsvolle Weise die Traubenlese vorweg, die den optimistischen, wenn auch nicht ganz befriedigenden Schluss des Buches bildet – in Kontrast zum unruhigen Ende von *Georgica* 1.

Der Dichter beginnt mit einer kurzen Aufzählung unkultivierter Bäume, und bald wird gezeigt, wie hier der Landwirt eingreift, durch das Pfropfen. Nach einer Ansprache an Maecenas (40 f.) entwickelt Vergil das Bild weiter: »Fruchtbare Setzlinge werden hineingesetzt: Nach kurzer Zeit wächst ein mächtiger Baum zum Himmel empor mit fröhlichen Zweigen, und er bewundert sein neues Laub und Früchte, die nicht seine eigenen sind« (79–82). Auch wenn dies technisch unmöglich ist und somit nur dem Effekt dient und nicht der tatsächlichen Instruktion, könnte das Pfropfen als Metapher für die alexandrinische Gestaltungsweise der folgenden Verse dienen. Nachdem er ein paar Namen von Bäumen nennt, die eigene Früchte tragen, kommt Vergil auf die Weinrebe zu sprechen, die verschiedene Sorten von Trauben hervorbringt:

> Aber der Arten gibt es so viele und sie sind so zahlreich, dass es nicht lohnt, sie alle zu zählen. Wer die genaue Zahl wissen wollte, könnte ebenso gut wissen wollen, wie viele Sandkörner es am Strand Libyens gibt, die der Zephyrus aufwühlt, oder wissen wollen, wie viele ionische Wellen an die Strände schlagen, wenn der wilde Eurus die Schiffe befällt.
> (2.103–108)

Mehrere Kommentatoren haben angemerkt, dass Vergil hier in seinen Text einen »Setzling« aus Catulls Gedicht 7 »einpfropft«. Dort fragt die Geliebte Catull, wie viele ihrer Küsse ihm genug seien, und er antwortet mit archimedischer Präzision, die Anzahl müsse derjenigen der »Sandkörner in der libyschen Wüste Kyrenes« entsprechen (7.3 f.). Bei Vergil wird aus der Anzahl der Küsse die Anzahl der Traubensorten, und anstelle von Catulls

»durstigem Jupiter« beschreibt Vergil ionische Küsten, an die sturmgepeitschte Wellen schlagen.

Die verschiedenen Weinsorten werden in den folgenden Versen durch exotische Orte und ihre landwirtschaftlichen Erzeugnisse ersetzt; dabei nennt Vergil Völker wie die Skythen (Gelonus) oder die Äthiopier und weist so darauf hin, wie weit entfernt diese Länder sind – so wie es Meliboeus in *Ekloge* 1 tat. Während der Prosa-Autor Theophrast ein wichtiger Ideengeber für Vergil in puncto ungewöhnliche Länder gewesen sein mag,[5] könnte hier auch wiederum eine intertextuelle Anspielung auf Catull vorliegen, der in seinem elften Gedicht ebenfalls weit entfernte Orte beschreibt. Was Catulls lyrisches Ich auf seinen weiten Reisen erlebt, steht in keinem Verhältnis zu dem, was seine Geliebte, die ihren verschiedenen Partnern keine Gefühle zeigt, bei ihren diversen Liebschaften erlebt. Auf Catulls körperliche Entfremdung reagiert sie, indem sie sich distanziert, was schließlich alles kaputtmacht:

> Sie soll nicht wie früher auf meine Liebe schauen, die durch ihr Verschulden starb wie eine Blume am Rand einer Wiese, nachdem der Pflug über sie hinwegfuhr. (*carmen* 11.21–24)

Vergils Verwendung dieser Passage als Vorbild für seine eigene Aufzählung der verschiedenen Traubensorten geht über eine simple Verbindung der Themen Wein und Liebe hinaus, wie wir eben an der intertextuellen Referenz sehen konnten. Stattdessen erstellt er eine Liste nach dem Vorbild Catulls und evoziert dadurch indirekt das landwirtschaftliche Motiv, das Catulls Gedicht abschließt. Vergil beschließt seine Aufzählung von Orten mit der Beschreibung einer Blume:

> Der Baum selbst ist riesig und sieht aus wie Lorbeer, und wenn er nicht einen anderen Duft ringsum abgäbe, wäre es in der Tat Lorbeer: Seine Blätter fallen nicht im Wind, seine Blüte ist besonders fest; die Meder behandeln damit ihren Atem und Mundgeruch und heilen damit die Kurzatmigkeit des Alters. (2.131–35)

Als Kontrast zu Catulls geknickter Blume steht Vergils Blüte aufrecht, und der lorbeerartige Baum bietet ihr Schutz und Heilkraft – was umso besser passt, als der Lorbeer die Pflanze Apollos war, des Gottes der Heilkunst, Dichtung und Musik. Die melancholische Erinnerung an Catulls erfundene Reisen, seine zerknickte Blume und Lesbias exotische Liebhaber wird ersetzt durch exotische Orte, eine widerstandsfähige Blüte und medizinische Heilung. Obwohl dies positiver ist, ist Vergils Passage doch auch weniger leidenschaftlich, sogar quasi-prosaisch. Ein solcher Ton kann durch die Tatsache bedingt sein, dass Vergil auch Theophrast nachahmt, dessen Text eine korrupte Lesart bewahrte, wie Vergils Adaption beweist.[6]

Vergils Paronomasie *Medi … medicantur* (»die Meder heilen«, 2.134–35) erlaubt ihm, diese exotischen Länder mit Italien in den sogenannten *laudes Italiae* (»Lob Italiens«) zu vergleichen. Bei römischen Triumphprozessionen sind die Tiere entweder gut dressiert (z.B. das Streitross, 145) oder sie werden geopfert (z.B. der Stier, 146 f.). In Italien ist »andauernd Frühling und in den anderen Monaten Sommer; zweimal ist das Vieh trächtig, zweimal trägt der Baum Früchte. Aber es gibt hier keine wilden Tiger« (149–51).

Auch wenn man bei anderen Schriftstellern, die über Landwirtschaft schrieben, wie Cato und Varro, ähnliche Lobeshymnen auf Italien findet,[7] definiert Vergil Italien nicht per se, sondern er grenzt es gegenüber Fremdem ab: Italien ist nicht Baktrien oder Indien oder Lydien. Dieses »nicht x, sondern y«-Muster ist ein Aspekt des dualistischen Stils Vergils, der Italien teilweise dadurch definiert, was es *nicht* ist. Eine solche Definition jedoch, die den Wert nur im Vergleich zu anderem auszudrücken vermag, hinterlässt beim Leser das Gefühl, dass Italien für sich genommen gar nicht so wertvoll ist, trotz des Reichtums der Halbinsel an Fisch, der langen Küstenlinie, der Bodenschätze und schließlich der berühmten Familien.

Unter diesen Familien hatten die Namen Decius, Marius, Camillus und Scipio einen ähnlichen Klang für einen Römer, wie ihn der Name Churchill für einen Briten oder Kennedy für einen Amerikaner hat. Vergils Liste schließt mit einer direkten Ansprache Octavians:

> Größter Caesar, der du nun Sieger im hintersten Asien bist, halte den feigen Inder von Roms Burgen fern. Gepriesen seist du, Mutter der Früchte, saturnische Erde, Mutter der Männer! Dir beginne ich, nachdem ich die heiligen Quellen kühn geöffnet habe, uraltes Lob und Kunst darzubringen und singe das askräische Lied durch die römischen Städte. (2.170–76)

Octavians Größe zeigt sich in seiner Fähigkeit, weit entfernte Orte zu unterjochen und Ausländer abzuwehren. Im Gegensatz dazu verwendet Vergil in kühner Weise ein ausländisches Lied in der Art des Askraners Hesiod. Vergils Lied beleuchtet die weit entfernte saturnische Vergangenheit.

Könnte Vergils Lob der allerältesten Zeit, als noch niemand arbeiten musste, den allgemeinen Ton der *Georgica* unterwandern wollen, bei dem

Arbeit ein zentraler, wenn auch nicht eindeutig positiver Aspekt der postsaturnischen *conditio humana* ist? Obwohl der Mensch, wie wir am Ende von Buch 2 sehen werden, in einem quasi-saturnischen Zustand leben kann, der die »Saat« für das Schicksal Roms bereithält, gibt es in den *Georgica* keinen perfekten Garten Eden. Vielmehr findet man hier und da ungleiche Fortschritte. Die Verbindung von Saturn mit der Landwirtschaft durch Ableitung seines Namens vom lateinischen Wort für »gesät« *(satus)* könnte den Gott der schlaraffenlandähnlichen Vergangenheit suggestiv mit der Arbeit des Säens verbinden, aber ein solches Säen bringt, wie der Leser nun weiß, mühselige Arbeit mit sich.

Von den hochtrabenden *laudes Italiae* kehrt Vergil zur Realität zurück und untersucht verschiedene Arten des Erdbodens. Auch Rinder brauchen Land, und Vergil liefert Beispiele, von Tarent im Süden bis zum »verlorenen« Feld Mantuas im Norden (197 f.). Durch die Erwähnung seiner Heimatstadt lässt Vergil schmerzliche Erinnerungen an die Enteignungen Anfang der 30er Jahre v. Chr. aufkommen, ein prominentes Thema in den *Eklogen*.

Nachdem Vergil dieses unangenehme Thema eingeführt hat, folgt eine Beschreibung der dunklen Erde:

> Schwarze und unter dem Druck des Pfluges reiche Erde, bröcklig und locker (denn das ahmen wir durch das Pflügen nach), ist am besten für das Getreide: Aus keiner Ebene siehst du mehr schwer beladene Wagen von langsamen Stieren heimwärts gezogen; oder Land, woher der zornige Pflüger jahrelang Holz fortgebracht hat und wo er die Haine aufgewühlt hat; das alte Zuhause der Vögel hat er mit Stumpf und Stiel entfernt; sie haben ihre leeren Nester verlassen und sind zum Himmel emporgeflogen – aber das Feld glänzt unter dem hineingetriebenen Pflug. (2.203–211)

Die vertriebenen Vögel verkörpern nicht nur metaphorisch die Spannung zwischen Fortschritt und Natur in Buch 2, sondern sie bieten auch, nur zehn Verse nach der pathosbeladenen Reflexion über Mantua, eine ergreifende Parallele zur Vertreibung der Einwohner Mantuas. Das Land ist einem zornigen Pflüger ausgesetzt und wird symbolisch durch den Pflug (211) misshandelt. Richard Thomas weist darauf hin, dass auch den sanfteren Momenten der *Georgica* gewaltsame Töne innewohnen.

Vergil schließt diesen Abschnitt mit der Feststellung, wie sehr die Emissionen des Vesuvs die dortige Erde fruchtbar gemacht haben. In Übereinstimmung mit Varro (*De re rustica* 1.9) werden Böden nach ihrer Eignung für den Anbau von Getreide oder Wein eingeteilt; der Landwirt soll sich daran erinnern, wie man einen Weinberg anlegt:

> Gib den Reihen Platz; zudem soll jede Reihe mit Gängen Quadrate bilden, auf den Fingernagel genau abgemessen, wenn die Linien gesetzt sind; wie wenn eine Kohorte in langer Reihe sich für einen großen Kampf bereitmacht und in Reih und Glied in der offenen Ebene steht und das Schlachtfeld bestimmt ist und die ganze Erde wallt vom Glänzen des Erzes, sie sich aber noch nicht in die furchtbare Schlacht wirft – noch wandert der zweifelnde Mars ziellos durch die Schlachtreihen. (2.277–83)

Hier lässt Vergil ganz leicht Lukrez' Beschreibung einer Armee, die aus großer Entfernung an einem Berghang zu sehen ist, anklingen (*De rerum natura* 2.323–32). Die Panzer von Lukrez' Armee (die bei ihm die Bewegung der Atome verdeutlichen), glänzen in der Ebene in der Sonne, ihre Geräusche wehen zum entfernt stehenden Betrachter herüber. Vergil hingegen beschreibt eine stationäre Armee, die noch nicht zu kämpfen begonnen hat, doch kurz davor steht. Während Vergils unsicher umherschleichender Mars möglicherweise auf die den Lukrez'schen Atomen innewohnende Unordnung verweist, bieten Vergils Soldatenreihen ein ganz anderes Bild: Was bei Lukrez die Unordnung eines ganz natürlichen Prozesses war, ist nun, unter der Aufsicht des Menschen, eine Strategie zur Zähmung der Natur geworden.

Vergil betrachtet einige Einzelheiten, indem er ein scheinbares Gespräch mit dem Leser anstrengt: »Du fragst vielleicht, wie tief die Gräben sein müssen oder ob ich es wagen würde, Weinreben einer seichten Furche anzuvertrauen« (*Georgica* 2.288 f.). Hier adaptiert Vergil ein Gleichnis aus *Ilias* 12, wo Homer zwei Krieger als Eichen beschreibt, deren Wurzeln den Elementen trotzen (132–34). Vergil gibt ein der Landwirtschaft entlehntes Gleichnis der Natur zurück. Durch diese Illustration der Frage danach, was der richtige Ort für welche Pflanze ist, verpflanzt Vergil sozusagen das homerische Original auf spielerische Weise in seinen eigenen Text.

Nach diversen Ratschlägen folgt ein Vers, in dem Vergil von einem »Rivalen« spricht:

> Und lass dich von keinem anderen Autor, wie kenntnisreich er auch sei, dazu bringen, die Erde zu pflügen, wenn der Boreas (Nordwind) weht. Der Winter schließt mit seinem Frost die Böden und hindert den ausgesäten Samen daran, Wurzeln zu schlagen. Am besten pflanzt man Weinreben, wenn im rötlichen Frühling der weiße Vogel kommt, den

die Schlangen hassen; oder in der ersten Kühle des Herbstes, wenn Sol mit seinen Pferden noch nicht den Winter erreicht, aber die Hitze schon vorbei ist. Der Frühling nützt dem grünen Laub und den Wäldern; der Frühling lässt die Erde vor Kraft strotzen und nach fruchtbaren Samen verlangen. (2.315–24)

Wer ist dieser »andere Autor«, der in Vers 315 erwähnt wird? Eventuell ist es Varro, denn Vergil hat in diesem Buch schon einmal auf Varro angespielt, als es um die verschiedenen Böden ging. Der Prosaschriftsteller schreibt über das Anpflanzen von Reben und beschwört die Bauern, die Eigenarten jeder einzelnen Pflanze zu bedenken und den am richtigen Zeitpunkt und Ort auf dem Feld zu wählen, »zu welchem Teil des Himmels welches Gebiet aufschaut, so dass man der Jahreszeit Rechnung trägt, in der jedes Gewächs am leichtesten gedeiht« (*De re rustica* 39.1–3). Obwohl Vergil seinen Zeitgenossen in spielerischer Art und Weise zu korrigieren scheint, adaptiert er doch in Wahrheit Varros Prosa.

Dieser didaktische Tonfall weicht Vergils üppiger Beschreibung des Frühlings, mit einer metaphorischen Beschreibung des Geschlechtsverkehrs zwischen Himmel und Erde:

Jetzt steigt der allmächtige Vater Äther in fruchtbarem Regen hinab in den Schoß seiner freudigen Gattin, und vermählt mit ihrem mächtigen Leib nährt er all ihre Sprösslinge. (2.325–27)

Eine solche Beschreibung sexueller Potenz ist nicht exklusiv bei Vergil zu finden, und genau diese Beschreibung entstammt einer Lukrez-Stelle über die regenerative Kraft des Frühlings (*De rerum natura* 1.250–56). Obwohl die Details eine Verbindung zu Theophrast (*De causis plantarum* 3.4–6) aufweisen, ist Vergils belehrender Ton hier von *De rerum natura* beeinflusst. Davon zeugt auch die Verwendung der typischen Lukrez-Phrase *quod superest* (»was übrig bleibt«, 2.346). Die technischen Aspekte der Landwirtschaft sind bei Vergil stets mit im Spiel, wie hier die richtige Düngung und Entwässerung (2.346–53).

Im folgenden Abschnitt entwickelt Vergil weitere Assoziation zum Weinbau. Jetzt wird die Entwicklung der Reben mit der Entstehung der Zivilisation in Verbindung gesetzt. Vergil stellt diese Verbindung her, indem er seinen Fokus auf den Ursprung des griechischen Dramas verlagert, mit einem Exkurs über Bacchus (2.388–96). Dann geht er auf die Übernahme der Schauspielkunst im primitiven Rom ein:

> Auch die ausonischen Bauern, ein Geschlecht, das aus Troja stammt, feiern mit unsauberen Versen und setzen mit zügellosem Gelächter abscheuliche Masken aus ausgehöhlter Baumrinde auf, und sie rufen dich, Bacchus, an, mit fröhlichen Liedern, und sie hängen für dich kleine, weiche Wachsbilder an der Fichte auf. Deshalb reift jeder Weinberg mit reichen Früchten heran. (2.385–90)

Die Bezeichnung »ausonisch«, die sich hier auf die Troer bezieht, verweist auf Roms älteste Wurzeln und nimmt somit das Ende von *Georgica* 2 vorweg, wo ein Prototyp von Rom entstehen wird. Noch wichtiger ist, dass Bacchus mit dem Aufstieg dieser Zivilisation in Verbindung gebracht wird: Wo Bacchus wandelt, dort gedeihen Künste und Fruchtbarkeit im Übermaß. Aber die Zivilisation hat auch ihre Probleme, und Vergil beschreibt hier eine zivilisierte, aber alles andere als perfekte Welt. Bacchus, wie wir gleich sehen werden, kann auch für Ärger sorgen.

Wie zur Erinnerung daran, dass diese Welt kein Utopia ist, beschreibt Vergil die harte Arbeit des Weinbauern (*Georgica* 2.397–400; 418). Das lateinische Wort *labor* kommt innerhalb von 15 Versen dreimal vor (397, 401, 412), mit Ratschlägen für den, der die harte Arbeit verrichtet: »Sei der Erste, der das Land umgräbt, der Erste, der das Reisig verbrennt, und der Erste, der die Pfähle in den Schuppen bringt« (408f.). Vergil folgt diesen Anweisungen mit deutlich gekennzeichneten Wiederholungen (einer sogenannten Anapher): »Schon werden die Reben gebündelt, schon geben die Ulmen das Winzermesser zurück, schon singt der letzte Winzer von seinen vollendeten Reihen« (416f.). In der Mitte dieses Rahmens, der mit dem Wort *primus* (»der Erste«) beginnt und mit dem Abschluss der Arbeiten schließt, findet man ein Stück praktischer Weisheit: »Preise ein großes Landgut, bewirtschafte ein kleines« (412f.).

Kurz darauf untersucht Vergil die Nützlichkeit verschiedener Bäume für den Bau von Häusern und Schiffen oder die Herstellung von Speeren – all dies Objekte des militärischen oder zivilen Lebens. Die Mühle wird zum Symbol für den Siegeszug der Zivilisation:

> Und auch die leichte Erle schwimmt im reißenden Strom des Po, und Bienen verstecken ihren Schwarm in der hohlen Rinde und im Bauch einer faulenden Steineiche. Was haben die Geschenke des Bacchus gebracht, das ähnlich erinnerungswürdig wäre? Bacchus schuf Gründe, schuldig zu werden; er zähmte die wilden Zentauren durch den Tod – Rhoetus, Pholus und Hylaeus, der die Lapithen mit einem großen Mischkrug für Wein bedrohte. (2.451–57)

Von Bäumen, in denen Bienenvölker leben, und der noch vagen Aussicht auf Bauholz für die Zivilisation leitet Vergil über zu einem ambivalenteren Aspekt der zivilisierten Gesellschaft: dem Wein und seiner berauschenden Wirkung. In dieser Passage, der Servius den berühmten Namen *vituperatio vitium (vini)* (»Schelte der [Wein-]Reben«) gab, wird dem Wein vorgeworfen, so zweifelhaftes Verhalten zu verursachen wie das der Zentauren, an denen sich daraufhin die Lapithen rächten. Solche Passagen mit derart empörenden und letztendlich negativen Ereignissen schwächen die harmonischeren Momente der *Georgica* ab. Keine Stelle in den *Georgica* malt ein makelloses Bild des Lebens: Hier sehen wir, dass auch die Gabe des Weins negative Folgen haben kann.

Dann stehen wieder die Landwirte im Mittelpunkt, die sich »sehr glücklich schätzen müssen, wenn sie um ihr eigenes Glück wissen« (458), denn die Erde liefert ihnen ungefragt ihre Früchte. Doch der Leser weiß es besser, denn die Erde erfordert Arbeit, wie man an den unaufhörlichen Anstrengungen der Bauern ablesen kann. Der Bauer lebt einfach, nicht in einem hoch gelegenen Palast (461–65), und auch wenn er von Zeit zu Zeit eine quasi-lukrezische Ruhe genießen kann (467), lebt er so, weil er dadurch seine Vorfahren ehrt und die Götter mit ihren Riten (473).

Es folgt ein Rückschlag auf dem Weg in Richtung Zivilisation, wenn der Leser erfährt, dass Iustitia die Erde verlassen hat (474) – ein Motiv, das mit grenzüberschreitendem Verhalten zu tun hat und das sich auch bei Catull findet (64.398). Es geht zurück auf Hesiods *Erga* (200–202), die Material enthalten, das Vergil als Vorlage für seine Beschreibung des saturnischen Zeitalters gedient hat – eine Vorbereitung, wie Richard Thomas anmerkt, auf das verhaltene Crescendo, mit dem das Buch endet. Vor dem Finale ruft Vergil die Musen an (475–82) und schlüpft in die Rolle eines weisen Lehrers, indem er ein Bild bäuerlich-philosophischer Zufriedenheit ausmalt: »Glücklich ist, wer die Ursachen der Dinge kennt und wer alle Ängste und das unerbittliche Schicksal mit Füßen tritt, zusammen mit dem Ruf des gierigen Acheron« (490–92).

Während der Begriff »Ursachen der Dinge« an den Titel von Lukrez' *De rerum natura* anspielt, verweist der nun folgende Vers sogar noch mehr auf diesen Dichter, denn Lukrez behauptet, wie R. A. B. Mynors gezeigt hat, die Angst und das Schicksal überwunden zu haben (*De rerum natura* 1.78). Doch für Vergil ist in dieser Passage die philosophische Zufriedenheit allein nicht genug: Er muss weiter gehen als Lukrez und benötigt zugleich eine mystische, prä-saturnische Aura. Mit Lukrez' Autorität im Rücken etabliert Vergil so eine Aura, die durch ländliche Werte gekennzeichnet ist, die einen Gegensatz bilden zur unerträglichen Geschäftigkeit des Forums. Vergil versetzt den Leser zurück in eine prototypische saturnische Umgebung. Der Bauer betritt nicht die Hallen von Fürsten (504), er trinkt nicht aus einem edelsteinernen Becher oder schläft auf purpurnen Decken; stattdessen lebt er zufrieden mit seiner Familie und seinen Freunden:

> Seine süßen Kinder hängen an seinen Küssen, sein keusches Haus bewahrt seine Reinheit, Kühe senken ihre Euter, voll mit Milch, und auf dem fröhlichen Feld gehen die fetten Ziegen mit ihren Hörnern aufeinander los. Er selbst feiert Feste, und wenn Feuer in ihrer Mitte ist und seine Gefährten den Mischkrug bekränzen, legen sie sich ins Gras; ein Trankopfer bringt er dar und ruft dich an, Lenaeus, er befestigt an einer Ulme einen Speer für den Wettkampf der Hirten, und sie entblößen ihre gestärkten Körper für den ländlichen Ringkampf. Dieses Leben führten einst die alten Sabiner und auch Remus und sein Bruder; so wurde Etrurien stark, und natürlich wurde auch Rom so zum schönsten aller Dinge. (2.523–34)

Dieses Bild des fröhlichen Bauern steht in deutlichem Kontrast zu Lukrez' rührseligem Porträt des Mannes, der den Tod fürchtet, weil er dadurch die Freuden des Familienlebens verliert:

> Jetzt wird kein Haus dich mehr aufnehmen, und weder eine wunderbare, fröhliche Ehefrau noch süße Kinder werden dir entgegenrennen und dir Küsse rauben und in stiller Wonne deine Brust berühren. (*De rerum natura* 3.894–96)

Im Gegensatz zur Vorstellung, dass Sentimentalität kein Grund ist, Angst vor dem Tod zu haben, weist Vergil auf die Bedeutung von Familie und gemeinschaftlichem Leben hin. Die Gemeinschaft, in der Vergils Bauer lebt, ist ein Prototyp der *civitas*, die über einer Schale Wein entsteht, die Freunde miteinander teilen. Die Bausteine der römischen Zivilisation präsentieren sich hier in der ganzen Schönheit des Landlebens, ohne durch die gesellschaftlichen Zwänge, die zu Vergils eigener Zeit herrschten, verkompliziert zu werden. Ein solcher Baustein sind die Spiele, die schließlich das zentrale Element des römischen Circus sein werden. Die Darstellung des Wettkampfes hier konkurriert mit dem Bild, mit dem *Georgica* 1 schloss: dem Bild des Wagenlenkers, der die Kontrolle verliert. Die Darstellung blickt zurück auf das Leben der »alten Sabiner«, die viele, viele Jahre vor Vergils Zeit lebten (532), schaut zugleich aber nach vorne, auf das augusteische Rom.

Typischerweise führt Vergil innerhalb einer vordergründigen Erholung vom Leid Elemente der Spannung ein. Die Gründer Roms werden seltsamerweise »Remus und sein Bruder« (533) genannt, eine Phrasierung, die man nicht einfach als Periphrase abtun kann. Wäre diese Passage ein geradliniger Marsch in Richtung der Größe Roms, dann würde wohl eher Romulus genannt und nicht Remus (Romulus' Bruder, den dieser tötete, weil er entgegen dem Gesetz über die Mauer der Stadt sprang [*Livius* 1.3.10 f.]). Wenn Vergil also feststellt, dass aus diesen Ursprüngen »Rom das Schönste aller Dinge geworden ist und ihre sieben Burgen mit einer einzigen Mauer umgeben hat« (534–35), denkt der Leser sofort an den Tod des Remus durch die Hand des Romulus – eine Variation, die charakteristisch ist für das Hin und Her, das den Rhythmus der Vergil'schen Weisheit bestimmt; eine Erinnerung daran, dass man für den Fortschritt einen hohen Preis bezahlen muss.

In diesem Buch hat Vergil einen weiten Bogen gespannt, vom mühevollen Anpflanzen des Weins bis hin zu den Freuden, die sein Genuss bereitet. Dadurch ist dem Bauer ein quasi-saturnischer, prärömischer Moment der Freude zuteil geworden – durch die Schwierigkeiten, die mit den weitaus größeren Implikationen des zivilisierten Lebens *(civitas)* in Verbindung stehen. Diese Freude entstammt weder dem Ideal der philosophischen Schule der Epikureer, die die Idee der ungestörten Freiheit von Sorgen *(securitas)* propagierte, und sie ist auch keine Reaktion auf eine sorgenvolle Unsicherheit, hervorgerufen durch die allgegenwärtige politische Dominanz Roms. Stattdessen bietet Vergil hier dem Landwirt wie auch dem Leser einen Moment, in dem beide innehalten können und verschnaufen. Die festliche Szene, mit der *Georgica* 2 schließt, bietet genau so einen Moment, einen flüchtigen Blick auf die *civitas*, die aus der Gemeinschaft entspringt, wenn Familie und Freunde sich um eine Schale Wein versammeln; die Szene deutet Wohlstand und Harmonie an, auch wenn gleichzeitig gezeigt wird, dass sie dem Streit zwischen den Brüdern, die Rom gründeten, und der harten Arbeit der römischen Bauern entspringt.

Georgica 3: Zivilisationsversprechen und Katastrophen auf dem Lande
Zu Beginn des dritten Buches werden zwei Figuren angerufen, die ländlich erscheinen, aber gleichzeitig mit der Stadt in Verbindung stehen:

Auch dich, große Pales, und dich, Hirte aus Amphrysus, an den man sich erinnern sollte, will ich besingen, und euch, Wälder und Flüsse des Lycaeus. Das Übrige, was leere Geister im Lied gefangen hielt, ist zu gewöhnlich. (3.1–4)

Auch wenn Wälder und Bäche ein ländliches Bild entstehen lassen, so weiß doch der Leser, dass Pales nicht nur eine ländliche Gestalt ist, sondern paradoxerweise durch seine Verbindung zur Gründung Roms (21. April) zugleich mit der *urbs* in Zusammenhang steht. Ebenso hat der Verweis auf Apollo als »Hirte vom Amphrysus« (also »Apollo der Hirten«) oberflächlich gesehen eine ländliche Note; doch war Apollo zum Zeitpunkt der Entstehung der *Georgica* ja auch die Schutzgottheit Octavians. Mithin kommen in Pales und Apollo städtische und ländliche Motive zusammen, ebenso wie die scheinbaren Gegensätze des großen Epos und der delikaten Alexandriner-Dichtung zusammenkommen, wenn Vergil sagt, er besinge ländliche Motive. Eine intertextuelle Anspielung auf den italischen Epiker Ennius zeigt jedoch, dass es in diesem Buch nicht bloß um ländliche Themen gehen wird. Vergil adaptiert Ennius' berühmten Grabspruch, der sich Wehklagen verbittet – schließlich lebe der Dichter »auf den Lippen der Menschen weiter«:[8]

> Ich muss den Weg ausprobieren, auf dem ich mich selbst vom Boden erhebe und fliege, als Sieger auf den Lippen der Menschen. Wenn mir noch etwas Leben übrig bleibt, will ich der Erste sein, der die Musen vom aonischen Gipfel herunterführt und mitbringt in die Heimat; ich werde als Erster dir, Mantua, idumaeische Palmen bringen und auf der grünen Wiese einen marmornen Tempel aufstellen, neben dem Wasser, wo der Mincius verläuft mit seinen langsamen Krümmungen und den Ufern, an denen zartes Schilf wächst. In der Mitte soll für mich Caesar sein und dem Tempel vorstehen: Für ihn werde ich als Sieger, in tyrischem Purpur gekleidet, einhundert Quadrigen den Fluss entlang treiben. Alles Griechische soll gegen mich, blutige Schlagriemen an den Händen, antreten, wenn ich Alpheus und die molorchischen Haine verlasse. Ich selbst, das Haupt bekränzt mit Olivenblättern, bringe Geschenke. (3.8–22)

Die einleitenden Verse des dritten Buches gehen hier weiter, wie Richard Thomas anmerkt, mit einer »Nicht-Weigerung« *(anti-recusatio)*, sich epischer Themen anzunehmen; tatsächlich könnte es sein, dass Vergil hier indirekt bereits sein späteres Epos andeutet, wenn er sagt, er in Italien greife für neue Inspiration auf Griechenland zurück. So bewegt er sich referenziell von Ennius zu Hesiod, der aus Böotien (siehe den »aonischen Gipfel«) stammte, von wo aus Vergil (wie schon Naevius) die Musen von Griechenland nach Italien verfrachtet zu haben behauptet (vgl. *Gellius* 17.21.44).

Vergils Vorgehen dabei ist jedoch in höchstem Maße selbstreferenziell: *Er* ist der Sieger, *er* wird der Erste sein, der die Musen vom aonischen (hesiodischen) Gipfel bis nach Mantua bringt, und er wird der Erste sein, der die

Palmen von Idumea (d.h. Israel) »hinabträgt« *(deducam)*. Das lateinische Verb ist *deducere*, ein Codewort für das »Dichten nach dem Vorbild der Alexandriner«.

Dieser Hinweis auf die alexandrinische Dichtung passt, denn wie Thomas gezeigt hat, stammt die Anspielung auf Idumea aus einem verlorenen Kallimachos-Vers. Auch die Anspielung auf Molorchos stammt aus Kallimachos, genauer gesagt aus der Beschreibung seiner Patronin, der Königin Berenike (*Aitia* 3); mittels dieser intertextuellen Referenz weist Vergil geschickt darauf hin, dass auch er einen Patron hat, nämlich Caesar (also Octavian).

Folglich rühmt sich Vergil am Beginn der zweiten Hälfte der *Georgica* der Verbindung mit dem Meister des Lehrgedichts, Hesiod, dem Meister der Stilistik, Kallimachos, und dem Meister des römischen Epos, Ennius. Doch verweist ein solcher Anfang über das rein Stilistische hinaus auch auf die politische Realität, denn auch Caesar ist »in der Mitte« (16), sowohl im übertragenen Sinne als auch, in der *Georgica*-Sammlung, wörtlich genommen. Nachdem er durch intertextuelle Referenzen Griechenland nach Italien gebracht hat, stellt Vergil nun Caesar (Octavian) in den Mittelpunkt. Obwohl Vergil als Sieger in tyrischem Purpur einen Wagen fährt, den er, als Wagenlenker, steuert – man denke nur an den hilflosen Wagenlenker am Ende von *Georgica* 1 –, steht im Mittelpunkt des Geschehens nun Caesar, wie es bereits bei der ersten *Ekloge* der Fall war.

Vergils lyrisches Ich bietet Caesar Geschenke an und opfert ihm sogar als einem Gott, wie es sich dem jungen Monarchen gegenüber geziemt, denn er wird einen Tempel besitzen – ein Bild, das auf eine Beschreibung in Pindars erster *Olympischer Ode* zurückgreift. Die Türen des Tempels in *Georgica* 3 zeigen Bilder, die andeuten, wie weit Octavians Einfluss reicht (31–32), und der offenbar auch als Kunsthandwerker begabte Dichter fertigt sogar »Statuen, die atmen«, an (34), wie der legendäre griechische Künstler Phidias. Doch Vergils Tempel übertrifft seinen pindarischen Vorgänger, denn ihm entspricht das große Bauprogramm des Octavian, und vielleicht nimmt er sogar die Größe von Vergils zukünftiger dichterischer Produktion vorweg:

> Bald aber werde ich mich rüsten, um Caesars Schlachten zu besingen und seinen Namen für so viele Jahre bekanntzumachen, wie Caesar selbst von der Geburt des Tithonus entfernt ist. (3.46–48)

Ein solches Werk wird er schließlich mit der *Aeneis* verwirklichen. Zuvor hatte Vergil auf den Preis für die Sieger bei den Olympischen Spielen angespielt; ein Züchter, der diesen Preis gewinnen will, muss bei der Auswahl der Stuten besonders wählerisch sein. Bei der Erwähnung der Pferdezucht hallt Vergils Eigendarstellung als Wagenlenker nach, mit der das dritte Buch beginnt. Außerdem deutet sie voraus auf den ergreifenden Schluss des Buchs, der den Tod von Pferden und Rindern beschreibt (*Georgica* 3.498–514).

Kurz nach diesem Prolog mit der anspielungsreichen Präsentation eines zukünftigen Werkes und einer quasi-religiösen Beschreibung Octavians wendet sich Vergil universellen Fragestellungen zu, mit einer gnomischen Aussage:

> Jeder gute Tag im Leben entschwindet zuerst für die armen Sterblichen; Krankheiten, Alter und Mühsal kommen, und die Unerbittlichkeit des grausamen Todes reißt sie hinfort. (3.66–68)

Vergil beginnt dieses Buch also mit einem Bewusstsein der Flüchtigkeit des Lebens. Im weiteren Verlauf dieses Buches werden wir sehen, dass es zwischen der Mühsal, die die Menschen erdulden müssen, und derjenigen der Tiere kaum einen Unterschied gibt. Genau wie Lukrez' Darstellung philosophischer Grundsätze am Schluss von *De rerum natura* den Leser sich mit der Realität des Todes auseinandersetzen lässt, so lässt das Vermischen von Mensch und Tier in Buch 3 den Leser die dortige Metapher der Zerstörung auch auf die Sphäre der Menschen beziehen. Diese Metapher steht in Kontrast zum Ende des vierten Buchs, wo es ebenfalls eine Parallele zwischen Menschen und Tieren gibt, in diesem Falle Bienen.

Dementsprechend beinhaltet Vergils Darstellung der Pferde Aphorismen, die sich auch auf den Menschen anwenden lassen: Der Landwirt soll nicht des schändlichen Alters frönen (96); für Pferde gibt es kein Ausruhen, denn sie lieben den Sieg (110). Vergils Beschreibung der Leidenschaft von Stieren und ihrer Rivalität untereinander weist ebenfalls auf eine Übereinstimmung zwischen Mensch und Tier hin: »Jedes Geschlecht auf Erden, Menschen wie auch wilde Tiere … stürzt sich in Wahnsinn und Leidenschaft: Die Liebe ist für alle gleich« (242–44). Diese Leidenschaft ist sichtbar in der *hippomanes* (Pferdewahnsinn), erzeugt durch den Geschlechtstrieb, den Venus jeder Spezies mitgegeben hat (268). Dieser Trieb manifestiert sich in dem, was vom Unterleib der Stute herabtropft, und listige Schwiegermütter versuchen es aufzufangen, um Tränke daraus zu brauen.

Um anzuzeigen, dass es im Folgenden um kleinere Tiere gehen soll, eröffnet Vergil die zweite Hälfte des Buches mit einem zweiten Proömium:

Aber indessen flieht die unwiederbringliche Zeit, während wir, von der Liebe gefangen, die Einzelheiten betrachten. Mit den Rinderherden sei es nun genug: Bleibt noch, wie man Wolle tragende Schafe und borstige Ziegen pflegt; dies sei meine Aufgabe, also, Bauern, hofft ruhig auf Lob! Ich habe auch keinen Zweifel daran, dass ich dieses große Thema mit Worten bezwingen werde und diese Ehre zu den »zarten« Dingen hinzufügen werde. Aber mich reißt die süße Liebe fort, über die verlassenen Höhen des Parnassus; gerne gehe ich über die Höhen, wo keiner der Pfade vor mir mit einem »weichen« Hügel zur Quelle Castilia führt. (3.284–93)

Die »kleinen« Dinge und des Parnass' »sanfte Steigung« *(molli ... clivo)* enthüllen Vergils Verbundenheit zur alexandrinischen Dichtung – diese Adjektive sind alexandrinische Codewörter – wie das Verb *deducere* zu Beginn von *Georgica* 3. Vergil verwendet ein Wagenrennen als Leitmotiv, um zu zeigen, wie sein lyrisches Ich in der von Konkurrenz geprägten Welt der Dichtung zu kämpfen hat. Außerdem verwendet er den Ausdruck »antreiben« *(agitare)*, um das Treiben der Herde zu beschreiben. R. A. B. Mynors merkt an (ad 386), dass dieses Verb, das man auch im Zusammenhang mit einem Wagenrennen verwenden kann, »ein ziemlich heftiges Wort für die Tätigkeit des Schafhirten« ist. Der Gedanke der Konkurrenz könnte sich widerspiegeln in der alexandrinischen Praxis der *aemulatio* beziehungsweise spielerischen Rivalität. Vergil stellt heraus, wie wichtig es ist, mit Worten zu siegen; seine Wettbewerber im Rennen sind seine Vorläufer, die, die »vor ihm« *(priores)* waren.

Nachdem er seine Position in der dichterischen Landschaft etabliert hat, ruft Vergil erneut Pales an (294) und leitet wieder zur Landwirtschaft über:

Zu Beginn stelle ich fest, dass Schafe in Ställen sanftes Gras fressen, bis bald der Sommer mit seinen Blättern zurückkehrt, und dass du den harten Boden mit Stroh und Büscheln von Farnkraut bedeckst, damit der eisige Frost dem sanften Vieh nicht Räude und unansehnliche Fußgicht bringt. (3.295–99)

Niklas Holzberg hat überzeugend dargestellt, dass die kleineren Tiere eine generische Verschiebung anzeigen, weg vom Gefühl des großen Epos, das das Buch eröffnete und wo größere Tiere wie Pferde und Ochsen die Hauptrolle spielten. Die zweite Hälfte des Buches behandelt kleinere Tiere und verweist so wiederum auf den leichteren Stil des Kallimachos. So verwendet

Vergil zweimal das codierte Adjektiv »sanft« (*mollis*, 295, 299), das er nur wenige Augenblicke zuvor, im Zusammenhang mit dem Parnass, benutzt hat.[9]

Die Darstellung der Schaf- und Ziegenhaltung beginnt mit einer Beschreibung, die man *locus amoenus* (»angenehmer Ort«) nennt – dort finden die Herden Ruhe, Wasser und Schatten.[10] Vergil stellt diesem einladenden Ort Regionen mit unterschiedlichen klimatischen Bedingungen gegenüber: In Libyen ist es glühend heiß (339), in Skythien eiskalt (449). In der abschließenden Beurteilung verbindet Römer und Skythen immerhin, dass sie zuhause feiern, Wein genießen und ihr Glück auf ähnliche Art und Weise teilen (376–80). Eine solche Beschreibung betont das Universale des menschlichen Strebens.

Nach einer Beschreibung genetischer Überlegenheit konzentriert sich Vergils Darstellung auf zwei kleine Tierarten. Der Hund bietet Schutz vor potenziellen Räubern (406–408) und ist hilfreich bei der Jagd (409–13). Die Schlange indes ist gefährlich, und manchmal muss man sie mittels Qualm verjagen (414 f.). Das Gift der Schlangen bietet Vergil eine komfortable Überleitung zur katastrophalen Schafpest. Das Gedicht erreicht hier seinen negativen Höhepunkt. Nachdem er seine Rolle als Lehrer noch einmal bekräftigt hat, erklärt Vergil in der auktorialen ersten Person, wie die Krankheit ihren Weg in das Knochenmark der Tiere findet. Wie Lukrez es tut, freilich mit großer Ironie (»der Tod füllt all die heiligen Schreine der Götter«, *De rerum natura* 6.1272), weist Vergil auf die Unwirksamkeit von Gebeten hin:

> Dennoch gibt es keine schnellere Linderung für die Pein, als wenn jemand den oberen Teil des Geschwürs mit einer Klinge einschneidet; das Gebrechen wird dort drin genährt und lebt im Verborgenen, während der Hirte sich weigert, Heilmittel aufzulegen und einfach dasitzt und von den Göttern bessere Omina fordert. Es wäre sogar das Beste, das Tier aus der Hitze zu nehmen, wenn der Schmerz dem Schaf ins Knochenmark fährt und tief im Inneren wütet und die Glieder ein trockenes Fieber erfasst. (3.452–59)

In einem Buch, das mit dem Bild Apollos als »Hirte« (*pastor*) begann, weist dieser Hinweis auf die Schwäche der Hirten eine geradezu dualistische Disparität auf, zum Teil weil Apollo auch als Heilgott gilt. Vor allem steht dies aber in starkem Kontrast dazu, dass der Hirte nur ein paar Verse zuvor als äußerst sachkundig dargestellt worden war; hier hat er keinen Erfolg und muss sich aufs Beten beschränken. Die Pest tötet die Tiere so schnell, dass sie nicht geopfert werden können (486–93). Diese Ironie erstreckt sich auch auf die Nutzlosigkeit von Medizin. Der Wein, »die einzige Hoffnung auf Heilung für die Sterbenden« (510), hilft, den kranken Tieren ins Maul gegossen, ebenfalls nicht und führt lediglich zu einer grotesken Selbstverstümmelung (514). So erweisen sich eigentlich gute Dinge wie Wein als nutzlos, und Vergil will seinen Lesern vermitteln, dass es in einer solchen Notlage keinen Ausweg und auch keine Hoffnung auf Rettung gibt. Jetzt ist der Pflüger, sonst als »zornig« (2.207) oder »brutal« (4.512) bezeichnet, »traurig« (3.517). Vergils Erzählstimme zeigt Betroffenheit und stellt den Nutzen von Arbeit überhaupt infrage. Die Weisheit des Dichters ist greifbar, denn er schreckt nicht vor den schwierigen Fragen des Lebens zurück; diese berühren Verzweiflung und Leid, beim Menschen wie beim Tier.

Die Verschmelzung von Mensch und Tier geht weiter, als der Mensch die Arbeit der Tiere übernehmen muss:[11]

> Also kratzen sie unter großer Anstrengung mit Hacken die Erde auf und pflanzen die Früchte mit ihren Fingernägeln ein, und sie ziehen mit angestrengten Nacken ihre knarrenden Karren über die hohen Berge. (3.534–36)

Die Pest, die bei Lukrez und Thukydides Unheil die Menschen plagte, befällt hier die Tiere. Menschen werden zu Bestien, indem sie sich Tierhäute umhängen und die Arbeit der Tiere übernehmen. Selbst Ärzte wie der Zentaur Chiron (550) können den Sterbenden nicht helfen. Selbst halb Mensch und halb Tier, überbrückt Chiron metaphorisch die Kluft zwischen Menschheit und Tierreich. Ironischerweise wird diese Verbindung dadurch noch verstärkt, dass sich die Menschen unklugerweise in das Fell kranker Tiere hüllen, was ihnen schadet – eine Anspielung auf die Geschichte von Deinaeira und Herkules. Herkules' Braut schenkte ihm einen Mantel, der mit dem Blut des Zentauren Nessos getränkt war, so dass er starb. Jetzt leiden die Menschen, wie Herkules, durch den Kontakt mit verseuchten Fellen.

Georgica 3 schließt mit einem Crescendo aus Pathos und Verzweiflung. Auch wenn der Mensch nicht buchstäblich zur Bestie geworden ist, so teilt er doch ihr Leid. Alle Lebewesen können Krankheiten wie auch religiösen Exzessen zum Opfer fallen. Tiere verenden am Altar; auch Menschen sterben ohne Hoffnung und haben jegliche Perspektive verloren. Würden die *Georgica* hier enden, so hätte Vergil vielleicht Lukrez darin übertroffen, ein Werk mit der pessimistischsten *tour de force* in der gesamten antiken Literatur zu beenden.

Georgica 4: Die (Parallel-)Welt der Bienen

In Buch 4 behandelt Vergil die Bienenzucht; dabei verwendet er die Welt der Bienen als Analogie für die menschliche Gesellschaft. Vergil eröffnet dieses letzte Buch der *Georgica* mit einem recht sparsamen Proömium:

> Jetzt erreiche ich das himmlische Geschenk des luftigen Honigs: Auch diesen Teil schau dir an, oh Maecenas! Mögest du das Spektakel der feinen Dinge bewundern – von großherzigen Anführern singe ich, vom Charakter einer Nation, von Sitten und Plänen und Völkern und Schlachten. Ich arbeite im Kleinen; aber der Ruhm ist nicht klein, wenn göttlicher Wille mich lässt und Apollo, den ich anrief, mich hört. (4.1–7)

Die Anrufung Maecenas' bildet eine Ringkomposition mit dem Beginn des ersten Buches, da er dort wie hier jeweils im zweiten Vers angesprochen wird, während Vergil Maecenas im zweiten und dritten Buch jeweils genau in Vers 41 erwähnt. Richard Thomas weist darauf hin, dass die Anrede Maecenas' es erlaubt, den Inhalt dieser Bücher in unterschiedlicher Weise zu werten. *Georgica* 1 legt die Agenda für das gesamte Gedicht fest; dort wird Maecenas gleich zu Beginn angesprochen. In Buch 4 finden die gesamten *Georgica* ihren Kulminationspunkt, und wird wieder sofort Maecenas angesprochen. Die Proömien von *Georgica* 2 und 3 sind ganz anders: *Georgica* 2 konzentriert sich auf den zivilisatorischen Einfluss des Weins, mit einer Ansprache an Dionysos, Bacchus und Lenaeus. Das Buch handelt von Bäumen und Reben, und Maecenas wird erst genannt, nachdem diese Motive etabliert worden sind. Bei der Eröffnung von *Georgica* 3 liegt der Schwerpunkt auf der römischen Zivilisation, die neu definiert wird durch jenen, der sich »in der Mitte« des Werkes befindet: Caesar selbst, der einen Tempel besitzt und vom Wagenlenker Vergil gefeiert wird. In den beiden mittleren Büchern wird Maecenas erst später angesprochen, da seine Rolle hinsichtlich des Fokus der beiden Prologe dort eher zweitrangig ist.

Buch 4 konzentriert sich auf die Bienen und ihren Staat, der einen ganz eigenen »Nationalcharakter« hat. In die Darstellung des Bienenstaats schiebt Vergil ein Miniaturepos (das man manchmal »Epyllion« nennt) ein, das das Motiv der Erneuerung thematisiert. Das Adjektiv »zart« *(tenuis)* wie auch die Verwendung des Adjektivs *mollis* (»sanft«) in *Georgica* 3 sowie die Anspielung auf Aratos' Verwendung von *lepte* (»schlank«) im Akrostichon in *Georgica* 1 (siehe Kapitel 1) zeigen an, dass Vergil die Geschichte von den Bienen im alexandrinischen Stil erzählen wird – die Biene verwendet Kallimachos übrigens als Metapher für den Dichter *(Hymne* 2.110–12).[12]

Der Bienenstock schützt die Bienen vor Wind und angriffslustigen Ziegen. Im Frühling werden sie von ihren »Königen« hinausgeführt, bleiben jedoch in der Nähe des Bienenstocks, wo die Umgebung mit reichlich Schatten und Wasser einen *locus amoenus* bildet (8–32). Der Bienenstock selbst ist eine praktische Struktur, bei der der Bauer nur aufpassen muss, dass sie gut verschlossen bleibt (33–50). Es folgt eine kurze Darstellung zweier solcher »Könige« und ihrer Kampftruppen:

> [Die Könige] selbst, inmitten der Schlachtreihen und mit gezeichneten Flügeln, haben großen Mut in ihrer kleinen Brust, und sie sind entschlossen, nicht zu weichen, bis der eine oder andere als gewichtiger Sieger die anderen in die Flucht schlägt. (4.82–85)

Anders als Varro bei seiner Beschreibung ausschwärmender Bienen (*De re rustica* 3.16.29–31) flicht Vergil hier eine kleine Geschichte über Streitigkeiten zwischen Bienen ein (86f.): Wenn Bienen aneinandergeraten, um einen Anführer zu wählen, entscheiden sie den Streit dadurch, dass sie mit Staub werfen. Auch wenn dieses Werfen von Staub »halb humoresk« erscheinen mag (wie Mynors anmerkt), entwickelt es sich doch in dieser Passage zu einem ernsten Motiv (96f.), als die unterste Klasse der Bienen mit einem Wanderer verglichen wird, der Staub und Sand spuckt:

> Denn die anderen Hässlichen sehen schrecklich aus, wie ein durstiger Wanderer, der aus dem tiefen Staub kriecht und mit trockenem Mund Sand ausspuckt; wieder andere leuchten golden im Schein und strahlen vor hellen Tropfen auf ihren Körpern. Dies sind die mächtigeren Nachkommen, von diesen wirst du zu einer bestimmten Zeit süßen Honig pressen – nicht so sehr süß als vielmehr klar und geeignet, den Geschmack des Bacchus zu verfeinern. (4.96–102)

Der Staub, der das Scharmützel der Bienen entschieden hat, vermittelt jetzt einen ernsteren Aspekt, nämlich den, welches Unheil die Erde anrichten kann. Der Wanderer (98) ist Sklave seines Durstes, und umgekehrt steht der Honig, der von den »besseren« Bienen kommt, über dem Wein (102), von dem der verdurstende Wanderer so gerne einen Schluck hätte. Stattdessen steht er, mit Staub bedeckt, für die unterlegene Biene, deren »König« nicht regieren darf.

Bei dieser Beschreibung kämpfender Bienen, die den besseren »König« wählen, fällt es nicht schwer, eine Parallele zum Kampf zwischen Octavian und Marcus Antonius zu ziehen – eine Auseinandersetzung, die jene Zeit prägt, in der Vergil den Hauptteil der *Georgica* schrieb.

Dennoch sollte man die politische Metapher, die dem Kampf der Bienen-Könige innewohnt, nicht überbewerten, denn die Flügel des Bienen-Königs werden später gestutzt, um so den Schwarm daran zu hindern, den Standort zu wechseln (106–108).[13] Durch diesen Ratschlag (der in den früheren Darstellungen des Themas bei Varro oder Aristoteles nicht auftaucht) verhindert Vergil, dass sein Text als platte Anspielung auf Octavian und Antonius gelesen wird; stattdessen führt er ihn zu dem großartigen Exkurs über den korykischen Gärtner, der im ersten Kapitel erörtert wurde. Der Übergang zu dieser Passage bricht mit dem Motiv der Imkerei und lässt das Bild des Duells der Könige in den Hintergrund treten; der korykische Gärtner entpuppt sich als Figur, die eine unkomplizierte Weisheit und den Wert harter Arbeit verkörpert.

Vergil ist mit den Bienen jedoch noch nicht fertig. Das Bienenvolk hat, wie es scheint, eine Mischung aus Platons *Gesetzen* und *Staat* als Grundlage – die Kinder werden von allen gemeinsam aufgezogen, und man hält sich an verschriftlichte Gesetze. Doch Vergil erweitert den Fokus: Platons idealer Staat mit seinem Gesetzbuch wird von der römischen Kultur überflügelt, die sich der Gesetzestreue und harter Arbeit als Grundlagen rühmt.[14] Indem er ihre Geschäftigkeit beschreibt, eröffnet Vergil einen Vergleich der winzigen Bienen mit den Zyklopen in ihrer Schmiede, mit der Formulierung: »wenn man Kleines mit Großem vergleichen darf« (176); in der ersten *Ekloge* (1.23) war auf ähnliche Weise Rom mit kleineren Städten verglichen worden. Zudem verkörpert das Bienenvolk die positiven Attribute Roms: Kooperation (184), Respekt gegenüber den Vorfahren (209) und Loyalität gegenüber dem Herrscher (210–18). Schließlich nennt der Erzähler die Bienen sogar *Quirites*, »römische Bürger« (201).

Nach Spekulationen über die göttliche Natur der Bienen beschreibt Vergil, wie auch Bienen mitunter vom Unheil heimgesucht werden, und er erklärt, wie der Tod in den Bienenstock Einzug hält. Nach der Beschreibung der Krankheit und der Möglichkeiten, sie zu heilen (251–80), formuliert Vergil die Möglichkeit, dass die Bienen sterben, als Konditionalsatz: »falls plötzlich die gesamte Nachkommenschaft stirbt und er [der Imker] nicht in der Lage ist, den Bestand mit einer neuen Linie aufzustocken« (281–82). Im Gegensatz zum Ende von Buch 3 beschäftigt sich dieser Text nicht so ausführlich mit dem Tod, sondern konzentriert sich auf die Regeneration der Bienen, von der der darauffolgende Abschnitt berichtet.

Bekannt als »Aristaeus-Epyllion«, erzählt diese Passage die Geschichte von Proteus, dem Weisen, der im vierten Gesang der *Odyssee* von Menelaos konsultiert wird. Vergils Darstellung des Proteus-Mythos als »Geschichte in der Geschichte« ist charakteristisch für die alexandrinische Dichtung. Die

Erzählung beginnt mit Aristaeus, der sich bei seiner Mutter Kyrene beschwert, er habe seinen Bienenstock verloren (321–32). Sein Monolog, der auf ein Gespräch zwischen Achilleus und Thetis in der *Ilias* (1.348–56) zurückgeht, schließt mit einer düsteren Forderung:

> Dann mach, reiße mit deiner Hand die glücklichen Bäume aus, setze meine Ställe mit feindlichem Feuer in Brand und vernichte die Ernte, verbrenne die Saat und schwinge die zweischneidige Axt gegen meine Reben, wenn dich solch ein Ekel vor meiner Ehre gepackt hat! (4.329–32)

Aristaeus' Aufforderung an seine Mutter, nicht weniger zu tun als den Inhalt der *Georgica* zunichte zu machen, ist eine Hyperbel in homerischer Manier. Ebenfalls ein dem Epos zuzurechnendes Element ist der folgende Katalog der Nymphen und Flüsse, und eine weitere Verbindung zu Homer betont Vergil in seiner Beschreibung, wie Kyrene Aristaeus bei einem Bankett willkommen heißt (4.276–81) – einer Veranstaltung, die man mit einer Telemachos-Passage im vierten Gesang der *Odyssee* (55–58) vergleichen kann.

In diesem epischen Kontext gibt Kyrene explizite Instruktionen, die passenderweise auf diejenigen der Nymphe Eidothea an Menelaos, wieder im vierten Gesang der *Odyssee*, anspielen. Aristaeus soll zu Proteus gehen, der nur unter Zwang spricht. Proteus wird zweimal als *vates* beschrieben (was zugleich »Dichter« und »Seher« bedeutet), und er erzählt Aristaeus die Geschichte des größten aller Dichter, Orpheus – was wiederum auf Gallus anspielen könnte, da ja auf Augustus' Befehl hin, wie Servius sagt, alle direkten Hinweise auf Gallus aus *Georgica* 4 getilgt werden mussten. Nicholas Horsfall hat gezeigt, dass man Servius' Bemerkung wahrscheinlich nicht allzu wörtlich nehmen sollte, und andere Forscher haben angemerkt, dass Servius *Ekloge* 10 und *Georgica* 4 durcheinandergebracht hat. Auf jeden Fall könnte Orpheus, der Dichter *par excellence*, für alle großen Dichter stehen, von denen Gallus dann zumindest ein noch nicht allzu fernes Exemplar wäre; so hätte Vergil zumindest implizit seinem Freund in den *Georgica* seine Reverenz erwiesen.[15]

Als weise Figur, die ihre Gestalt verändern kann, erklärt Proteus die Verbindung von Aristaeus und Orpheus: Aristaeus verfolgte Eurydike an ihrem Hochzeitstag und ließ sie von einer Schlange beißen. Indem er erklärt, wie Orpheus' Klagelied einen Weg in die Unterwelt auftat, beschreibt Proteus Orpheus' Abstieg mit einer kleinen Ekphrasis, die Vergils umfassendere Beschreibung der Unterwelt in *Aeneis* 6 vorwegnimmt. Diese Passage enthält eine Beschreibung der Schatten, die wie Vögel Schwärme bilden, gefolgt vom düsteren Bild unverheirateter Kinder, die vor den Augen ihrer Eltern zu Grabe getragen werden. Nach einem Porträt der Unterwelt, das an Homers Beschreibung im elften Gesang der *Odyssee* erinnert, erzählt Proteus mit markigen Worten von Eurydikes Rückkehr zu Orpheus, ihrem gemeinsamen Aufstieg und Abschied:

> Was für ein Wahnsinn hat dich, Orpheus, und mich Armen gepackt? Und noch einmal rufen die grausamen Schicksalsgöttinnen mich zurück, und der Schlaf bemächtigt sich meiner schwimmenden Augen. Nun denn, leb wohl: Ich werde fortgetragen, umgeben von gewaltiger Nacht, und als ich meine schwachen Hände nach dir ausstrecke, bin ich nicht mehr dein. (4.494–98)

Ironischerweise lenkt Eurydike die Aufmerksamkeit auf ihre Augen, das Organ, mittels dessen Orpheus ihren zweiten Tod verursacht; und Orpheus, dessen Stimme ihm Zugang zur Unterwelt verschaffte, antwortet nicht. Auch wenn wir bei Proteus' elliptischer Darstellung die Stimme des Orpheus gar nicht gehört haben, erfahren wir nun, dass er noch mehr sagen möchte (501 f.), als er nach Eurydikes flüchtigem Schatten greift.

Orpheus' nun folgende Klage ist nach dem Vorbild der Klage Penelopes (*Odyssee* 19.512–15) gestaltet. Vergil präsentiert seinen Orpheus als Nachtigall, welche ihre Küken beweint, die ein unbarmherziger Bauer mit seinem Pflug aus ihrem Nest geholt hat (511–13). Mit alexandrinischer Technik erinnert uns Vergil durch das Lied der Nachtigall daran, dass wir immer noch die *Georgica* lesen, denn an diesen Pflüger erinnern wir uns noch aus dem zweiten Buch (210 f.), wo sein Pflug Vögel aus dem Nest warf. Jetzt kann Orpheus sein den Vögeln gleicher Gesang nicht retten, obgleich die Zunge in seinem geköpften Haupt auch nach seinem Tod noch immer seine verlorene Liebe besingt (4.523–26).

Nachdem er seine Erzählung beendet hat, stürzt sich Proteus schnell zurück ins Meer und lässt Kyrene die Geschichte Aristaeus gegenüber interpretieren: Die Nymphen, die ob Eurydikes Tod erzürnt waren, müssen Frieden finden. Die Instruktionen sind unmissverständlich: Vier Altäre, vier Opfer innerhalb von zehn Tagen, und dann wird der Zorn der Nymphen nachlassen. Dieses Epyllion, ein Gedicht innerhalb des längeren Gedichts des vierten Buches der *Georgica*, endet also mit einer hilfreichen Anweisung des *vates* Proteus, und ein Lied stellt die alte Ordnung wieder her.

Fazit: Wiederholung, Wiederherstellung und Weisheit

Bei seiner Beschreibung der sich regenerierenden Bienen rekapituliert Vergil clever die wichtigsten Motive der einzelnen *Georgica*-Bücher – Motive, die zusammengenommen ein Festmahl der Weisheit für den Leser bedeuten. Diese Beschreibung beginnt, als Aristaeus in den Hain zurückkehrt, wo er ein Zeichen findet:

> Er kommt zum Tempel und baut Altäre, wie ihm geheißen, führt vier Stiere von untadeligem Körperbau und genauso viele junge Kühe herbei, deren Hälse unverletzt vom Joch sind. Dann, als sich Aurora zum neunten Mal zeigt, bringt er Orpheus Opfergaben dar und kehrt zum Hain zurück. Hier aber sehen sie auf einmal ein erstaunliches Wunder: Durch die verfaulten Innereien im Bauch der Rinder schwirren Bienen und fliegen an den gebrochenen Rippen heraus. Sie bilden eine riesige Wolke, die sich erhebt und bald von den Ästen eines Baums herabhängt wie Weintrauben. (4.549–58)

Dieses »Omen« stimmt mit dem Ergebnis der sogenannten »Bugonie« überein, einer Prozedur zur Regeneration des Bienenstocks, die den zeitgenössischen Vergil-Lesern durchaus bekannt war. Dieses Regenerationsphänomen ist so alt wie der Mythos von Samsons Rätsel im Buch der Richter im Alten Testament. Vergils Worte sind nicht weniger rätselhaft: Er präsentiert vier Verse, die Anweisungen enthalten (295–98), gemäß denen vier Fenster in die Richtung der vier Winde zeigen sollen – eine Beschreibung, die, wie schon Richard Thomas gesagt hat, auf den vorsokratischen atomistischen Philosophen Demokrit zurückgehen könnte. Außerdem lassen uns diese Fenster von den vier Büchern der *Georgica* aus auf Vergils direkten Vorgänger in Sachen Lehrgedicht, Lukrez, zurückblicken, dessen *De rerum natura* mit dem Tod endet; durch Vergils »Fenster«-Anspielung führt er die didaktische Tradition weiter fort und erweitert sie, indem er das letzte Buch nicht mit Tod enden lässt, sondern mit der Regeneration.

Das Regenerationsmotiv der Bugonie bietet eine partielle und dennoch indirekte Antwort auf die indirekten Fragen im Prolog des ersten Buches der *Georgica:* Zur unsterblichen Rasse der Bienen muss das Leben notwendigerweise zurückkehren. Um auf diese Regeneration hinzuarbeiten, hat Vergil vier Bücher benutzt, die sich in den vier Opfern oder auch den vier Fenstern der Struktur der Bugonie wiederspiegeln, die die Aristaeus-Geschichte einführt. Aus dem giftigen, verwesenden Fleisch von Buch 3 entsteht neues Leben, das Leben der Bienen, deren Zivilisation zumindest ein wenig an Rom gemahnt. Doch jede optimistische Lektüre dieser Regeneration, wie Bovie sie vor vielen Jahren vorschlug, wird durch die dunkleren Passagen des Gedichts relativiert, und einen allzu engen Vergleich des Bienenvolks mit der römischen Gesellschaft darf man nicht anstellen.[16]

Auch wenn Vergils strukturelle Verknüpfung kompliziert ist, leistet sie doch viel mehr als nur dem Werk Kohärenz zu verleihen. Die erste Hälfte der *Georgica* handelte von Pflanzen, die zweite von Tieren. Die erste Hälfte pries Brot und Wein, die zweite Hälfte Fleisch und Honig. Zusammengenommen sind dies die Komponenten einer römischen Mahlzeit. Doch das Mahl, das Vergil seinem Leser bereitet, ist kein Abendessen im Stil der einfachen Kost der alten Koryker oder der winterlichen Festlichkeiten des Landwirts und seiner Frau (1.293–304) oder auch des Bauernfestes am Ende des zweiten Buchs (2.505–40).

Diese quasi-festlichen Vignetten werden durch negative Momente gestört, die selbst bei den optimistischsten Anlässen auftreten, wie dem störenden Tonfall der Formulierung »Remus und sein Bruder« (2.533) inmitten der Beschreibung des Feste am Ende von Buch 2. Wenn die *Georgica* in Anbetracht ihrer vielfältigen Stimmungen kein festliches Mahl per se darstellen, so könnte man doch zumindest aus den einzelnen Komponenten – Brot, Wein, Fleisch und süßer Honig – ein solches erschaffen. Doch das Festmahl besteht nicht nur aus dem Ertrag der Ernte, sondern auch aus dem der Weisheit. In der folgenden Sphragis, die auf diese zusammenfassende Wiederholung folgt, stellt Vergil die politische Macht Octavians der literarischen Agenda des Dichters gegenüber. Statt wie Octavian militärische Heldentaten zu vollbringen, singt Vergil:

> Dies sang ich über den Landbau und die Viehhaltung, während der große Caesar beim tiefen Euphrat im Kriegsgeschehen donnerte und als Sieger den willigen Völkern Gesetze gab und den Weg, der zum Olymp führt. Zu jener Zeit weilte ich, Vergil, in den Fluren der Parthenope, umblüht von der Beschäftigung ruhmloser Muße, ich, der ich Hirtenlieder sang und in jugendlichem Übermut von dir, Tityrus, unter dem weiten Dach einer Buche. (4.559–66)

Felder, Vieh und Bäume korrespondieren mit den Wetterzeichen, den Trauben und dem Fleisch, die genau über den Versen 555–58 erwähnt werden, und bilden wiederum eine leichte Anspielung auf die *Georgica* als Ganzes.

Vergil hat diese vier Bücher mit dem poetischen Code des alexandrinischen Epos unterlegt. Wenn er im sechstletzten Vers des Buches den Euphrat erwähnt, wie wir in Kapitel 1 gesehen haben, schwört Vergil dem

Epos ab, während Caesar mit »epischen« Aktivitäten beschäftigt gewesen ist. In der Zwischenzeit versinkt Vergil (einer der seltenen autobiographischen Momente) während einer Zeit der Muße in seiner Dichtung (463–64). »Bietet die Dichtung weniger Ruhm als der Imperialismus?«, fragt Jasper Griffin. »In der Sphragis schafft es Vergil, auszudrücken, dass es so ist, während er zugleich impliziert, dass es nicht so ist.«[17] In den *Georgica* wird all dies relativiert: Für imperiale Macht muss man einen Preis zahlen, das Leben existiert nicht ohne den Tod, und Vergils Dichtung verlangt eine Qualifizierung für imperialen Ruhm. Auch wenn dies manchmal heruntergespielt wird, liegt diesen Büchern eine umfassende Weisheit zugrunde, die zu finden ist inmitten des charakteristischen Hin und Her zwischen Leichtsinn und Kontrolle, Mühe und Momenten der Freude, aber auch zwischen Tod und Erneuerung. Wenn Vergil nach den *Georgica* seine Arbeit als Dichter wieder aufnimmt, wird es sein Ziel sein, eine vollkommen neue Art des Epos zu schaffen, worauf er am Anfang von *Georgica* 3 anspielt, als er den Tempel beschreibt, den er am Ufer des Mincius errichten wird. »Es liegt nahe«, schreibt Richard Thomas (ad 3.1), »hier eine Anspielung auf ein zukünftiges Epos zu sehen« – eine Anspielung, die »wie keine andere Passage bei Vergil« den »Zeitpunkt einfängt, an welchem das Entstehen der *Aeneis* unvermeidlich scheinen musste.« Nachdem er dieses Fundament der Weisheit gelegt hat, wendet sich Vergil nun dieser neuen dichterischen Aufgabe zu.

5. Kapitel

Aeneis: *Mission und* telos

> Vergil ... kann über die starken Schiffe Caesars singen, der jetzt die Waffen des Troers Aeneas beschwört und die Mauern, die an der lavinischen Küste errichtet wurden. Macht Platz, ihr römischen Schriftsteller, macht Platz, ihr Griechen! Etwas Größeres als die Ilias ist geboren.
>
> (Properz, Elegien 2.34.61–66)

> Und, beim Herkules, auch wenn wir [Homers] himmlische und unsterbliche Natur würdigen sollten, so hat [Vergil] doch jenen an Sorgfalt und Genauigkeit noch übertroffen, denn er hatte die größere Mühe; und so sehr wir durch die herausragenden Passagen des Ersteren übertroffen werden, gleichen wir es doch durch die stilistische Glätte des Letzteren wieder aus. Alle anderen bleiben weit hinter ihnen zurück.
>
> (Quintilian, *Institutio oratoria* 10.1.86 f.)

Über ein halbes Jahrhundert nach Properz berichtet Quintilian von einer Unterhaltung, bei der Domitius Afer die *Aeneis* mit der *Ilias* vergleicht; jener lobt Vergils stilistische Gleichmäßigkeit, aber am Ende bevorzugt er doch Homer. Dennoch rechnet er Vergil dessen Sorgfalt und Fleiß an. Es könnte sein, dass Quintilian sich hier einfach auf die alexandrinische Gelehrsamkeit bezieht, einen der Hauptunterschiede zwischen Vergil und Homer. Doch bevor wir Vergils Anwendung der alexandrinischen Standards in der *Aeneis* untersuchen, soll der fundamentale Unterschied zwischen seinem literarischen Epos und Homers mündlich überlieferten Gedichten herausgearbeitet werden.

Vergil manipuliert die homerische Überlieferung, indem er seinem Epos ein bestimmtes *telos* (Handlungsziel) gibt, das komplexer (oder zumindest bewusster) auf das zeitgenössische historische Bewusstsein abgestimmt ist als Homers Werke. Während Homer seinen Trojanischen Krieg als großes historisches Ereignis präsentiert, ist seine Darstellung nicht auf ein *telos* ausgerichtet, ein Ziel mit einer besonderen Bedeutung, die über das rein Narrative hinausgeht, zum Beispiel dass dem Krieg ein für Griechen oder Troer schicksalhafter Plan zugrunde läge oder das Ganze auf eine Art kulturelle Erneuerung hinausliefe. Entsprechend ist Odysseus' Heimkehr *(nostos)* in der *Odyssee* nicht derart teleologisch wie die Fahrten des Aeneas in der *Aeneis*.[1] Odysseus begibt sich auf eine Reise, die von persönlichen Abenteuern gekennzeichnet ist.

Das *telos* der *Aeneis* ist vollkommen anders – es blickt über Aeneas hinaus auf die Wiedergeburt Trojas, die außerhalb des narrativen Rahmens des Epos liegt, aber bereits in den ersten Versen deutlich zutage tritt:

> Waffen besinge ich und den Mann, der als Erster von der Küste Trojas aus durch Zutun des Schicksals heimatlos geworden die Küste Lavinias erreichte und den die Macht der Götter zwang, lange durch das Meer und verschiedene Länder umherzuirren, aufgrund des andauernden Zorns der erbitterten Juno; und der viel erlitt im Krieg, bis er die Stadt gründete und seine Götter nach Latium brachte, woher das Geschlecht der Latiner und die Väter von Alba stammen und die hohen Mauern von Rom. Muse, bitte erinnere mich an die Gründe – war die Gottheit gekränkt oder erlitt sie ein Unrecht? –, aufgrund derer die Königin der Götter einen Mann, der sich derart durch Pflichtgefühl auszeichnete, so viel Bedrängnis und Mühen erdulden ließ. Ziemt sich so großer Zorn für himmlische Geister? (Aeneis 1.1–11)

In diesem Abriss seines dichterischen Vorhabens etabliert Vergil Aeneas' Mission. Zudem zeigt er seine Verbundenheit gegenüber seinen Vorgängern und stellt das Werk in einen römischen Kontext. Schon die ersten drei Wörter *(arma virumque cano)* enthalten deutliche klassische Anspielungen auf beide homerischen Epen: »Mann« *(virum)* spielt auf die *Odyssee* an, »Waffen« *(arma)* auf die *Ilias*. Die zwei Hälften des Epos scheinen jeweils eines dieser Epen zu imitieren – Aeneas' Fahrt in Richtung Westen, die Odysseus' *nostos* in der *Odyssee* entspricht, mündet im Krieg in Italien, der der *Ilias* entspricht.

Alexandrinische Gelehrsamkeit ist beim Anfang dieses Gedichts aber auch mit im Spiel: Die ersten drei Buchstaben (A V C) sind ein Akronym des Titels von Livius' Geschichtswerk *Ab urbe condita*, dessen erste Pentade ungefähr zu der Zeit veröffentlicht wurde, als Vergil seine Arbeit an der *Aeneis* begann (29 v. Chr.).[2] Ein solches Akronym ist durchaus passend, denn auch wenn Aeneas nicht direkt Rom gründet, so bildet seine Übersiedlung von Troja nach Italien doch die Grundlage für die später zwangsläufig entstehende Stadt. Vergil schreibt seine *Aeneis* nicht nur, um zu demonstrieren, wie raffiniert sein Gedicht ist, verglichen mit allen anderen, die vor ihm kamen. Stattdessen ist Vergils Gelehrtheit – das haben Forscher wie Gian Biagio Conte und Alessandro Barchiesi bei verschiedenen Gelegenheiten gezeigt – ein Aspekt seiner Weiterentwicklung und Ausweitung des epischen Codes. Mithin ist die *Aeneis* zugleich ein klassisches Werk, das auf Homer zurückblickt, und gleichzeitig voll von alexandrinischer Gelehrsamkeit, die sich an den vielen gelehrten Anspielungen festmachen lässt, die dieses Gedicht bereichern. Ein solcher Dualismus ist charakteristisch für dieses Werk mit der Gegenüberstellung von griechischem und römischem Material, der Verschmelzung von Mythos und Historie und der Gründung Roms aus dem, was von der troischen Gesellschaft übrigblieb.

Etwa eineinhalb Jahrhunderte nach der *Aeneis* vollbrachte Kaiser Hadrian ein ähnliches dualistisches Kunststück, als er das Pantheon wiederaufbaute, ein großes Bauwerk auf dem Marsfeld an der Stelle des gleichnamigen Tempels des Agrippa. Die Inschrift auf dem Architrav (»Marcus Agrippa ... hat ... dieses [Gebäude] errichtet«) und die Ähnlichkeit der hadrianischen Fassade zum augusteischen Original macht den Leser der Inschrift glauben, es handele sich um ein augusteisches Bauwerk, entweder ein Original oder ein renoviertes Gebäude.[3] Auch wenn die Fassade von Hadrians Tempel im Großen und Ganzen die alte Fassade reproduzierte, so war die architektonische Gestaltung dahinter doch eine ganz andere. Agrippas Tempel hatte wahrscheinlich einen rechteckigen Innenraum *(cella)* mit einer Statuengruppe vor der hinteren Wand, die die zwölf römischen Hauptgottheiten darstellte; Hadrians Gebäude ist vollkommen anders: In seine riesige Rotunde, die heute noch steht und eines der schönsten Baudenkmäler Roms ist, sind einzelne Nischen eingelassen, die jeweils eine Götterstatue zierte. Der Gesamteindruck: Bekanntes verbindet sich mit Innovation.

Die *Aeneis* ist in ähnlicher Weise innovativ und imitativ zugleich. Die Eröffnungsverse des Prologs muss man im Zusammenhang mit dem epischen Code verstehen, der von Homer abgeleitet ist. Wenn Vergil im Prolog ganz kurz Aeneas' Abreise aus Troja beschreibt, so spiegelt sich darin zugleich seine Verbindung gegenüber der homerischen Quelle wie sein Abweichen von ihr. Denn auch wenn das Gedicht zuerst als Homer-Imitation erscheint, stellt der Leser doch bald fest, dass es sich nicht um eine Wiederholung der homerischen Epen handelt, da Vergil die erste Person verwendet (»ich singe«) und nicht wie Homer die allwissende Muse anruft (»singe mir, Muse«).

Die Richtungsangabe »nach Italien und zur lavinischen Küste« enthüllt, wie Friedrich Klingner vor vielen Jahren angemerkt hat, den teleologischen

Charakter des Epos. Der Leser erfährt sofort, wohin Aeneas unterwegs ist, welche Hürden er überwinden muss und warum. Mit der Formulierung »der Zorn der grausamen Juno« zeigt Vergil, dass er sich nicht scheut, menschliches Leid darzustellen. Vergil wird auf dieses Thema immer wieder zurückkommen, wenn sich die epische Handlung um die Hauptfigur weiter entfaltet (und Aeneas muss viel leiden). So vermittelt Vergil sowohl seinem Aeneas als auch seinen Lesern das Leid als menschliche Erfahrung.

Das Leid, das Aeneas erfährt, ist das Ergebnis göttlichen Zorns. Das Wort, das Vergil in seinem Prolog für »Zorn« verwendet, ist *ira*. Neben *furor* ist *ira* eines der wichtigsten Synonyme für den Begriff »Wut« in diesem Gedicht. Neben dem Problem des göttlichen Zorns wird Aeneas' Handeln teilweise auch von seinem eigenen *furor* und *ira* bestimmt, die er zu instrumentalisieren versucht, um diejenigen zu schützen, die ihn beim Erreichen seiner Ziele unterstützen – ein Wunsch, der seinem tiefempfundenen Pflichtgefühl *(pietas)* entspringt. Die Wut ist das ganze Epos hindurch ein Wesenszug des Helden, und in der letzten Szene des Gedichts tritt sie vollends zutage; dort wird sie zum Vehikel für den finalen Vergeltungsschlag beziehungsweise Akt persönlicher Rache – je nachdem, wie man das Gedicht interpretiert.

Aeneas' Leid ist teilweise auch ein Produkt seiner Menschlichkeit. In der Auseinandersetzung mit diesem komplexen Thema erscheint Aeneas als jemand, der nur langsam lernt und nur zögerlich die Führungsrolle übernimmt: Er bleibt zu lange in Karthago und verlässt sich zeitweise allzu sehr auf seinen Vater, denn Anchises' Interpretation der Orakel erweist sich zum Teil als unzuverlässig. Doch diese menschlichen Eigenschaften machen aus ihm zugleich einen glaubwürdigen »modernen« Helden, denn er akzeptiert sein Schicksal nur insoweit, als es ihm aufgezwungen wird. Wie er später Didos Schatten gegenüber gestehen wird (6.460), gehorcht Aeneas den Göttern häufig nur widerwillig. Er ist nicht auf der Suche nach dem alten homerischen Ideal des Ruhms *(kleos)*, sondern nach etwas Höherem; dennoch zeigt Aeneas bei seiner Suche eine durchaus menschliche Fehlbarkeit.

Im Prolog treten auch einige der Eigenschaften zutage, die Aeneas im gesamten Gedicht auszeichnen: Ausdauer und Pflichtgefühl. Das Wort *pietas*, das man am besten mit »Pflichtgefühl« wiedergibt, bezeichnet Aeneas' unerschütterliche Loyalität, eine Art Ausdauer im Bereich der sozialen Verpflichtung. Um seinem ergebenen Helden einen Platz in der epischen Tradition zu sichern, hat Vergil Aeneas mit Eigenschaften ausgestattet, die er anderen gelehrten Werken seiner Zeit entlehnt hat. Wie Apollonios' Jason ist Vergil ein Suchender, doch Aeneas' Suche ist viel bedeutsamer als die Suche nach dem Goldenen Vlies. Das *telos* von Aeneas' Mission ist die Wiederherstellung einer Nation, die ihrerseits ihre Identität im Laufe der Reise mit Aeneas neu bestimmen muss. Unterwegs muss Aeneas zahlreiche Erfahrungen machen und durchaus auch leiden, damit er lernen kann, nicht nur ein Heros zu sein, sondern ein Mensch.

Buch 1: Ein Ziel und ein sicherer Hafen
Unmittelbar nach dem Prolog legt Vergil die grundlegende theologische Basis des Gedichts dar: Die Göttin Juno ist erzürnt – ob der Untreue Jupiters, der ein Objekt seiner Begierde, den jungen Troer Ganymed, auf den Olymp gebracht hatte, sowie ob der Tatsache, dass der troische Prinz Paris Aphrodite schöner fand als sie. Nun will sie sich für diese Kränkung an den Troern rächen. Dazu benutzt Juno (die Göttin der Ehe) Aeolus (den König der Winde), dem sie verspricht, dass er eine attraktive Nymphe zur Frau erhalten wird (71–75).

Aeolus lässt einen Sturm aufziehen. Vergils Beschreibung dieses Sturms, ein im Epos häufig zu findender Topos (typisches narratives Element), ist so gestaltet, dass sie Verwirrung suggeriert. Mitten im Chaos des Sturms hebt Aeneas seine Hände zum Himmel und ruft laut:

> Ihr dreifach und vierfach Glücklichen, denen es gelang, vor Trojas hohen Mauern unter den Augen der Väter zu sterben! Du, Tapferster der Danaer, Sohn des Tydeus, hätte ich nicht auf den Feldern Trojas durch deine rechte Hand mein Leben aushauchen können, wo der wilde Hektor liegt, hingestreckt durch das Geschoss des Achilleus, wo der große Sarpedon fiel, wo der Simoeis unter seinen Wogen so viele Schilde von Kriegern und Helme und tapfere Körper herumwälzt? (1.94–101)

Aeneas' erste Worte bleiben in Erinnerung – und sie sind selbst voller Erinnerungen, insbesondere »epischer« Erinnerungen. In dieser Passage ist Aeneas das Sprachrohr des Dichters und gemahnt an Ereignisse, die in den homerischen Epen geschehen sind; er greift jedoch noch weiter aus und wünscht sich sogar, er wäre in Troja (also in der *Ilias*) gestorben. Er entkommt dem Sturm, und zugleich entkommt er den Beschränkungen der alten epischen Tradition; er wird befreit, um sich aufzumachen in Richtung eines neuen epischen Abenteuers, das ihn zu einem bereits definierten epischen Ziel führen wird.

Dieses neue Abenteuer beginnt, als Aeneas, der den Sturm überlebt und Proviant für die anderen Überlebenden sichergestellt hat, seinen niedergeschlagenen Männern Mut macht:

Freunde (denn wir haben schon früher das Unglück kennengelernt), ihr, die ihr schon Schlimmeres erlitten habt, auch diesem hier wird ein Gott ein Ende setzen. Ihr habt die wahnsinnige Skylla erlebt und das schreckliche Rauschen ihrer Klippen, ihr habt die Zyklopenfelsen erlebt: Reißt euch jetzt zusammen, lasst die Furcht fahren. Vielleicht wird man sich später an das hier sogar gerne erinnern. Durch so viele Bedrängnisse und Gefahren machen wir unseren Weg nach Latium, wo das Schicksal uns eine friedliche Wohnstatt zeigt; gemäß göttlichem Recht wird Troja sich dort neu erheben. Haltet durch und schützt euch, für positive Entwicklungen. (1.198–207)

Im Gegensatz zu seinen ersten Worten während des Sturms auf See verweisen Aeneas' nunmehr optimistische Kommentare auf die (letztlich aristotelische) Vorstellung, dass es sinnvoll ist, sich an das zu erinnern, was man in der Vergangenheit erlebt und getan hat.[4] Vergils Epos lässt nun die homerischen Referenzpunkte hinter sich und deutet die teleologische Vorstellung der Gründung Roms an. Somit sind die leidvollen Erfahrungen, die Aeneas machen muss, nicht dem Zufall geschuldet, sondern ein bedeutender Aspekt der Geschichte – sie stellen eine Verbindung her zwischen der mythischen Vergangenheit und der römischen Geschichte. Diesen Zusammenhang sollte man sich stets vor Augen halten, während Aeneas' Abenteuer ihren Lauf nehmen.

In der Beschreibung Latiums als »ruhiger Sitz« hallt die Beschreibung des Sitzes der Götter beim epikureischen Dichter Lukrez nach (*De rerum natura* 3.18). Aeneas glaubt nicht, dass solch ein »himmlischer« Ort unerreichbar ist; dennoch urteilt der Sprecher über Aeneas' hoffnungsvolle Rede folgendermaßen: »Das sagt er, und krank vor unerträglichem Kummer täuscht sein Gesicht Hoffnung vor, den tiefen Schmerz drückt er in sein Herz hinein« (208f.). Diese Verse enthüllen Aeneas' inneren Kampf und zeigen, dass er sich nicht über das Leid erheben kann.

Vergils Götter genießen keine epikureische Sicherheit: Als Venus' Frage nach dem Schicksal der Troer mit einer Schilderung der Zukunft Roms beantwortet, zeigt Jupiter auch Anteilnahme an Aeneas' Zukunft (257–60). Aeneas wird in Alba Longa drei Jahre regieren, sein Sohn Ascanius (bzw. Julus) dreißig Jahre und dessen Nachkommen dreihundert, bevor Romulus Rom gründen wird und »den Römern ihren Namen nach seinem eigenen gibt« (277). Ihr grenzenloses Reich (*imperium sine fine*, 279) weist voraus auf die religiösen und politischen Entwicklungen unter Augustus, zum Beispiel das Schließen der »Tore des Krieges«, ein Symbol für den Frieden im gesamten römischen Hoheitsgebiet (292–94).

Szenen vom Olymp, durchsetzt mit Angelegenheiten der Sterblichen – Vergil hält diese Gestaltungsweise bei, verlagert dabei aber den Fokus auf Aeneas' Erkundung des afrikanischen Landes. Hier begegnet Aeneas seiner Mutter Venus, die als Jägerin verkleidet ist. Im Gespräch sind beide zurückhaltend, erst spät erkennt er sie (Anagnorisis); Aeneas' Unvermögen, die Göttin zu erkennen, mag ein Hauch von Komik innewohnen. Doch ihre Worte enthalten Informationen, die entscheidend sind für den Inhalt der ersten vier Bücher. Venus erzählt, dass in Karthago Dido herrscht, und sie liefert Details über den Tod des Ehemanns der Königin, Sychaeus, durch die Hand von Didos Bruder, Pygmalion. Diese Angaben lassen bereits jetzt erkennen, dass Aeneas mit der Königin mitfühlen wird. Vergil verbindet die Erzählung mit einer Erzählung aus der epischen Vergangenheit, durch eine Ekphrasis eines Frieses am Tempel der Juno, den Aeneas und Achates betrachten, als sie nach Karthago kommen. Der Fries zeigt den Kampf um Troja:

> Er sieht die Schlachten von Troja jetzt der Reihe nach, Kriege, die der ganzen Welt bekannt sind; die Atriden und Priamos und den auf beide wütenden Achilleus. Und er steht da, in Tränen, und spricht: Wo ist ein Ort, oh Achates, ein Landstrich, der nicht schon von unserer Mühsal erfüllt ist? Hier ist Priamos. Auch hier hat die Anerkennung ihren eigenen Wert, Dinge werden beweint und das Sterbliche berührt das Herz. Löse deine Furcht; irgendeine Art Heil wird dieser Ruhm dir bringen. (1.456–63)

Aeneas' Interpretation mag überraschen, bedenkt man, dass das Kunstwerk den Untergang seiner eigenen Stadt darstellt. Aeneas schließt daraus überraschenderweise auf den Ruhm der Troer, während er durch seine Exegese zeigt, wie tief seine Gefühle gehen. Auch Dido kennt den Schmerz, und sie erzählt davon, als sie die Männer von Aeneas kennenlernt, die abseits von ihm an Land gespült worden sind und sich ihr nun in Karthago vorstellen: »Das Böse ist mir nicht unbekannt, und ich lerne, Notleidenden zu Hilfe zu eilen« (630). Man denke daran, dass auch Aeneas seine Männer daran erinnert, dass ihnen das Böse nicht unbekannt ist (4.198); die Protagonisten von Buch 1 und 4 verbindet die Erfahrung von Leid und Schlechtigkeit.

Der Leser erlebt einen Großteil des ersten Buches aus Aeneas' Perspektive. In einer Wolke versteckt, beobachtet er, wie gastfreundlich Dido seine Männer empfängt. Schon bald entsteigt er der Wolke und zieht alle Blicke auf sich, vor allem wird Dido durch seinen Anblick gefesselt – wie Medea durch den Anblick Jasons bei Apollonios (*Argonauten* 3.253) oder Nausikaa durch den des Odysseus im sechsten Gesang der *Odyssee*. Odysseus erzählt am Hof der Phäaken von seinen Irrfahrten, und Aeneas tut das Gleiche bei einem Festmahl in Didos Palast. Dabei bringt Ascanius ihr Geschenke, die ironischerweise auf Didos Unglück vorausdeuten. Eines ist ein Kleid der Helena, deren unerlaubte Affäre mit Paris eine Parallele zu ihrer Beziehung zu Aeneas darstellt. Ein anderes, eine Halskette, hat etwas Gespenstisches, denn es gehörte zuvor Ilione, der Tochter des Priamos. Ilione hatte sich erboten, anstelle ihres jüngeren Bruders Polydoros (des rechtmäßigen Thronerben) ihren eigenen Sohn Deiphilos zu opfern, um so die troische Königslinie zu retten. Auch im Rahmen von Aeneas' Begegnung mit Dido wird ein Bruder gegen einen Neffen getauscht: Sein Halbbruder Cupido nimmt nach seiner Rückkehr Ascanius' Platz ein. Wie Michael Putnam gezeigt hat, sind diese Gaben daher ausgesprochen passend und symbolisieren Schönheit, Liebe und Betrug.

Buch 1 endet damit, dass Dido mit Cupido (in der Gestalt des Ascanius) spielt, der auf ihrem Schoß sitzt (718), wobei sie von der Liebe infiziert wird und ihren verstorbenen Ehemann Sychaeus vergisst (720). Dieses Buch hat nicht nur die Begegnung von Aeneas und Dido in Szene gesetzt, sondern auf das gesamte Epos eingestimmt, indem es die Motive Dualismus (König/Königin, Troja/Karthago, Sturm/sicherer Hafen, Junos Zorn/Jupiters Plan) und Zielsetzung (z.B. durch Jupiters Zuspruch an Venus) betont. Auch wenn diese Absicht manchmal ein wenig untergeht, so bleibt sie doch unterschwellig bestehen, sogar dann, als aus Karthago ein bequemes Refugium wird, das Aeneas mit dem »ruhigen Sitz« (206) verwechselt, wohin er gehört. Zunächst muss Aeneas jedoch vom Untergang Trojas erzählen.

Buch 2: Erinnerungen an den Untergang, Visionen vom Ziel
Aeneas ist in Buch 2 und 3 der Erzähler. Er beginnt seine ausführliche Darstellung in Buch 2 mit den emotional aufgeladenen Begriffen »beklagenswert«, »schändlich«, »Tränen« und »Trauer« – alles innerhalb der ersten zwölf Verse. So beschreibt Aeneas die Zerstörung der Stadt, wobei er zugleich auf seine Mission hinweist, die über den Untergang Trojas hinausweist. Aeneas erzählt vom scheinbaren Abzug der Griechen (2.27 f.) und dann vom Trojanischen Pferd und Laokoon, dem Neptunpriester, der vor dem Geschenk warnt, das der versprengte Grieche Sinon den Troern präsentiert.

Um das Pferd in die Stadt zu bekommen, gibt Sinon vor, die Griechen hätten ihn zurückgelassen – als Opfer, das der Seher Kalchas von ihnen verlangt habe. Auch wenn sich die Figur des Sinon bei Quintus Smyrnaeus und Tryphiodorus findet, die beide später als Vergil schrieben, sich aber auf ein Vorbild beziehen könnten, das zeitlich vor der *Aeneis* lag, könnte die prominente Rolle, die der Grieche bei Vergil einnimmt, durchaus innovativen Charakter gehabt haben.

Dass Vergil dieser Figur eine so herausragende Rolle einräumt, könnte mit Assoziationen zu tun haben, die sein Name hervorruft: Bereits Juan Luis de la Cerda, ein Kommentator des 17. Jahrhunderts, weist auf eine Paronomasie mit dem griechischen Verb *sinomai* hin; dieses Wort bedeutet »rauben« oder »verletzen« – auch wenn der Vokal »i« beim Verb lang ist und beim Namen Sinon kurz. Bernard Knox hingegen verbindet den Namen mit einer sich windenden Schlange (lat. *sinuare*: »krümmen, winden«).[5] Ironischerweise besteht der Name Sinon im Lateinischen aus den Wörtern für »wenn« und »nicht« *(si* und *non)* – Wörtern, die in dieser Passage wieder auftauchen, als Aeneas Dido betrübt davon erzählt, dass die Troer nicht auf Laokoons Rat hören wollten:

> Und wenn das Schicksal der Götter, wenn ihr Geist nicht ungünstig für uns gewesen wäre, dann hätte er uns angetrieben, mit dem Schwert die Schlupfwinkel der Argiver zu zerstören, Troja würde immer noch stehen und die hohe Burg des Priamos auch. (2.54–56)

Diese Ironie geht weiter: Laokoon (der die Wahrheit gesagt hat) wird an seinem Opferaltar getötet, während Sinon (der fälschlich behauptet hat, er sei davon verschont geblieben, geopfert zu werden) als Ehrenbürger Trojas willkommen geheißen wird (1.148 f.). Laokoons Tod hat ebenfalls eine ironische Note, da er und seine Söhne trotz seiner Stellung als Priester des Neptun von Schlangen getötet werden, die dem Meer entsteigen.[6] Laokoons Tod ist viele Male in der Bildenden Kunst dargestellt worden – am bekanntesten ist eine Statuengruppe, die sich in den Vatikanischen Museen befindet und in etwa zur selben Zeit entstanden ist wie die *Aeneis*. Sein Tod führt zur Zerstörung Trojas; dabei stellt eine Vision Hektors klar, was Aeneas' Aufgabe sein wird:

> Flieh, oh Sohn der Göttin … Troja vertraut dir seine heiligen Güter an und seine Hausgötter; nimm diese als Schicksalsgefährten, suche für sie hohe Mauern, die du zuletzt errichten wirst, nachdem du auf dem Meer umhergeirrt bist. (2.289, 293–95)

Hektors Stichworte – Flucht, Überquerung des Meeres, Mitnahme der Götter und Gründung einer neuen Stadt – verweisen auf den Prolog des ersten Buches. Die Zukunft baut auf der Vergangenheit auf, genauso wie die Taten des Helden in der Gegenwart (die auf Erfüllung seines Schicksals abzielen) auf der Erinnerung an bereits Geschehenes aufbauen.

Diese Erfüllung seines Schicksals beginnt mit Aeneas' Bewaffnung. Er gesteht selbst ein, wie unvorsichtig er war: »Außer mir greife ich zu den Waffen; und zur Bewaffnung besteht kein Grund« (314). Er fügt hinzu: »Wut und Zorn reißen mich fort, und mir kommt in den Sinn, wie schön es wäre, in Waffen zu sterben« (316 f.). Solche Äußerungen sind es, die einen Aspekt von Aeneas' Charakter enthüllen, der aus ihm einen durch und durch menschlichen Helden macht, sie zeigen seine oftmals irrationale Wut und Furcht ob der Belagerung Trojas (363).

Dieses Irrationale zeigt sich noch deutlicher, als Achilleus' Sohn Pyrrhos in das Haus des Priamos einbricht (484). Pyrrhos' Zerstörungswut wird durch eine nominale Paronomasie hervorgehoben (ein Wortspiel mit dem griechischen Wort *pyr*, »Feuer«) sowie durch den Vergleich mit einer Schlange, die sich aufrichtet, um zuzuschlagen. Darauf beschreibt Aeneas den furchtbaren Tod des Priamos, der seine letzte Vision unterstreicht:

> Also wollte es das Schicksal, dass er sah, wie Troja brannte und fiel, einst stolzer Herr über so viele Völker und Länder in Asien. Jetzt liegt sein riesiger Rumpf, den Kopf von den Schultern gerissen, am Strand – ohne Namen. (2.554–58)

Diese Vision von Priamos als verstümmelter Rumpf lässt an die Hinrichtung des Pompeius denken, der nach seiner Niederlage bei Pharsalos ebenfalls verstümmelt wurde (*Servius*, ad 557). Es folgen weniger brutale Visionen – zunächst hat Aeneas eine Vision von Helena, die in ihm den Wunsch nach Vergeltung weckt. Eine Vision von seiner Mutter, Venus, lässt ihn jedoch umdenken und vermittelt ihm einen neuen Blickwinkel: Nun erkennt er, dass Neptun, Juno und Pallas miteinander kämpfen (608–23).

Nach diesen fantastischen Visionen lenkt Aeneas den Fokus auf seine Familie. Nachdem Aeneas Anchises angefleht hat, ihn zu begleiten, berührt eine Feuerzunge Haar und Schläfen des kleinen Julus (684–86); dann taucht eine Sternschnuppe auf (695–98). Dieses letzte Ereignis deutet Anchises positiv, so dass seine anfängliche Weigerung einem neuen Gefühl der Hoffnung weicht.

Aeneas' Flucht mit Ascanius, die bereits im 5. Jahrhundert v. Chr. auf griechischen Vasen dargestellt wurde, war ein Motiv, das in der römischen Kunst nach Vergil noch größere Verbreitung fand, wie eine Münze von 47 v. Chr. zeigt (Abb. 2).[7] Vergil interpretiert die Bedeutung dieses legendären Ereignisses neu, indem er es mit der Bewahrung von Geschichte, mit religiösen Werten und einer besseren Zukunft verbindet. Im Verlauf des Gedichts deuten Aeneas' diesbezügliche Handlungen immer mehr in Richtung einer Zukunft in Latium. Zudem wird Anchises, der die Vergangenheit symbolisiert, im sechsten Buch die Zukunft darlegen.

Auf Aeneas' Geheiß (711) folgt ihm seine Ehefrau Kreusa, als er sein Gefolge aus der Stadt führt. Auf dem Weg zum anvisierten Hain geht sie jedoch verloren. Fieberhaft sucht Aeneas nach ihr, da sucht ihn wieder eine Vision heim: Kreusas Schatten spricht in prophetischen Worten von Fröhlichkeit, einem Königreich und einer zukünftigen Ehefrau (783) – dies tröstet ihn ein wenig, beruhigt ihn indessen kaum. Schließlich heißt Kreusa ihn, zu seinen Männern zurückzukehren.

Buch 3: Fiktion und Wirklichkeit

Das gesamte dritte Buch lang berichtet Aeneas von den Abenteuern auf seiner Reise von Troja nach Italien und von seinen Taten; dabei trennt er die Verlockungen der Vergangenheit von den Realitäten des Schicksals, das vor ihm liegt. Zu Beginn des vierten Buches wird Dido sich bereits in den Helden verliebt haben, der sich jedoch (was sich für sie als Unglück erweisen wird) bereits ausführlich mit seinem Schicksal beschäftigt.

Aeneas' Abenteuer beginnen nicht gerade verheißungsvoll. Als er in Thrakien eine Stadt mit Namen Aeneadae gründen will, begegnet ihm ein schlechtes Omen: Aus einer Myrte tropft Blut, nachdem Aeneas dreimal an ihr gezupft hat; in ihr wohnt der Geist von Iliones erschlagenem Bruder Polydoros, der Aeneas davor warnt, sich dort niederzulassen.

Auf Delos befragen sie Apollo, der ihnen die Richtung weist, auch wenn Anchises die orakelhafte Antwort des Gottes missdeutet und glaubt, der Ort, woher die Troer ursprünglich stammten (und auf den sich das Orakel bezieht), sei Kreta. Als die Troer sich dort niederlassen, nimmt Aeneas, wie Nicholas Horsfall anmerkt (ad 137), die Rolle des Gesetzgebers und Koloniegründers ein und teilt seinem Volk Wohnstätten zu. Aber eine Seuche zeigt ihm, dass dies nicht der richtige Ort ist. Die Penaten (aus Troja gerettete Götter) erscheinen Aeneas, um die Situation zu klären: Das besagte Land ist Hesperien, genauer: Italien, der Geburtsort des Dardanos (167). So hält sich das *telos* des Gedichts und wird von Zeit zu Zeit erneuert. Als Aeneas beispielsweise zu den Strophaden kommt, wo die Harpyien leben, gibt die Harpyie Celaeno die rätselhafte Prophezeiung von sich, dass Aeneas keine von Mauern umgebene Stadt gewährt würde, bevor der Troer nicht ihre eigenen Tische äßen (257) – eine Prophezeiung, die sich in Buch 7 erfüllen wird.

Der Höhepunkt von Aeneas' Reise in Buch 3 ist Buthrotum, ein Ort der

Abb. 2 Rückseite eines Silberdenars mit der Inschrift
[Gaius Iulius] Caesar, 47/46 v. Chr.:
Aeneas trägt seinen Vater Anchises aus dem brennenden Troja.
Staatliche Münzsammlung München.

Paradoxe, kein neues Troja, sondern ein »Troja im Kleinformat«.[8] Buthrotum liegt beinahe in Griechenland, aber nicht ganz; es sieht aus wie Troja, ist aber nur eine Kopie; und der Name seines Königs, Helenus, klingt griechisch, ist es aber nicht. Ironischerweise ist Helenus, ein Seher, der nach dem Fall Trojas in Gefangenschaft geraten war, nur deshalb der Anführer dieser Siedlung geworden, weil der Grieche, der ihn gefangen nahm, Pyrrhos, gestorben ist. Hektors Ehefrau Andromache, Pyrrhos' Kriegsbeute, ist jetzt die Frau des Helenus.

Als er sich der Stadt nähert, trifft Aeneas auf Andromache; sie ist gerührt, ihn zu sehen und fragt ihn, ob er wirklich er selbst sei oder ein Phantom. In ihrer Unsicherheit spiegelt sich die unsichere Realität dieser Stadt. Zuerst behandelt sie Aeneas wie einen Schatten und fragt ihn, ob er Hektor gesehen habe (312). Als sie schließlich überzeugt ist, dass er kein Schatten ist, erzählt sie ihm, wie Pyrrhos sie an Helenus weitergegeben hat. Andromache und Helenus können die Vergangenheit künstlich wiederherstellen und sich selbst als die neuen Hekabe und Priamos stilisieren.

Auch wenn Helenus in der Vergangenheit gefangen ist, bekräftigt er in seiner traditionellen Rolle als Seher *(vates)* Aeneas' Schicksal. Das Spannungsverhältnis zwischen Zukunft und Vergangenheit in dieser Passage wird noch verstärkt durch die Abschiedsgeschenke, die Andromache Ascanius mitgibt:

> Nimm zur Erinnerung auch dies, Knabe, was ich mit eigener Hand gefertigt habe und was die lang andauernde Liebe von Hektors Ehefrau Andromache bezeugen soll. Nimm die letzten Geschenke deines Volkes, oh einziges Abbild des Astyanax, das mir noch bleibt. Deine Augen, Hände, Gesicht gleichen den seinen; jetzt wäre er im gleichen Alter wie du, ein Heranwachsender. (3.486–91)

Weder buchstäblich noch im übertragenen Sinne kann Andromache die Vergangenheit loslassen. Sie spricht von sich als »Hektors Ehefrau«, sie sieht in Ascanius ihren eigenen Sohn, und ihre Geschenke sollen ihn an ihr früheres Leben erinnern. Aeneas' Antwort (493–505) passt nicht wirklich, denn er kann nicht in Andromaches fiktive Welt eintauchen. Er versucht sie zu beruhigen, indem er herausstellt, welche unmittelbare Befriedigung ihr neues Troja mit sich bringt: Auch wenn seine Vision in den Hintergrund tritt, hat sie nun ihre eigene (497).

Nachdem Aeneas Buthrotum verlassen hat, wird seine Vision von Italien Realität (522 f.). Der Ortsname »Italien« wird dreimal wiederholt, als die italische Halbinsel erscheint (524 f.). Castrum Minervae, eine Siedlung in Kalabrien, die der Geograph Strabo noch kannte (6.281), ist die erste Siedlung, die die Troer laut Aeneas zu sehen bekommen:

> Vier Pferde sah ich – das erste Omen – die weite Ebene abgrasen, Pferde von schneeweißer Farbe. Und Vater Anchises rief: Krieg, oh gastliches Land, bringst du uns. Zum Krieg sind die Pferde gerüstet, den Herden droht Krieg. Dennoch, einst waren diese Vierbeiner es gewöhnt, dass man sie an einen Karren spannte, und Zügel und Joch in Eintracht zu ertragen: Es gibt auch Hoffnung auf Frieden. (3.537–43)

Anchises kommt irrtümlicherweise zu dem Schluss, dass die Pferde Krieg bedeuten; doch bald muss er umdenken, und ihm kommt die Tatsache in den Sinn, dass Pferde ja auch ein Joch tragen können; daher fügt er seltsamerweise hinzu: »Es gibt auch Hoffnung auf Frieden.« Anchises ist, wie es scheint, recht ungenau, wenn es um diese Art von Deutungen geht – eine Tatsache, die mit dafür verantwortlich ist, dass Aeneas so lange braucht, um das Land seines Schicksals zu finden.

Als sie durch den Golf von Tarent segeln, passieren Aeneas und seine Männer die homerischen Monster Skylla und Charybdis. Und als sie Elba erreichen, wird noch eine Figur eingeführt, die etwas mit der *Odyssee* zu tun hat (bei Homer aber nicht vorkommt): Achaemenides. Aeneas nimmt ihn gnädig auf, und dann flieht Aeneas' Gefolge, wie einst Odysseus, vor dem

Riesen Polyphem (660f.), während Achaemenides erzählt, was bei Homer nachzulesen ist.

Das Buch endet mit dem Tod des Anchises. Die Führung, die Aeneas sich von seinem Vater erhofft, findet (zumindest vorübergehend) ein Ende, auch wenn Anchises in Buch 6 noch einmal einen beeindruckenden Auftritt haben wird. Aeneas' Lehrzeit ist vorbei; er scheint von seinem Vater alles gelernt zu haben, was er braucht, um alleiniger Anführer der Troer zu werden.[9]

Buch 4: Liebe und Bestimmung
Das vierte Buch wird mit den markanten Worten »aber die Königin« eröffnet. Vergil beginnt das Buch mit einer adversativen Konjunktion – normalerweise verwendet er zu diesem Zweck eine temporal subordinierende Konjunktion wie »als« oder »während«. Dem lateinischen Wort *at* (»aber«), das ausschließlich hier als Anfang eines Buches vorkommt, folgt dreimal das Wort *regina* (»die Königin«, Dido). Dieses *at regina* teilt das Buch somit in drei dramatische »Akte« (oder vielleicht eher in drei einzelne Schauspiele, die eine Trilogie bilden). Solche Teilungen weisen auf das Trennende in der Liebesbeziehung von Aeneas und Dido hin, das sich im Laufe des Buches immer mehr zeigt.

Die Flammen, die im zweiten Buch Troja niederbrannten, verbrennen nun (im übertragenen Sinne) Dido, und werden so zu einem passenden Symbol für die tiefempfundene Leidenschaft, die sie Aeneas entgegenbringt (4.2). Angst zerstört Didos Ruhe, und ihr fehlt innerer Frieden *(securitas)*.

Die leidenschaftliche und ängstliche Dido ist nicht fähig zur Gelassenheit, die in Buch 4 mitunter mit Begriffen beschrieben wird, die an die unerreichbare epikureische Ruhe gemahnen.[10] Mithin bestimmen die Motive Gegensätzlichkeit, Angst und Leidenschaft dieses Buch, wie sie schon bei Didos Unterhaltung ganz am Anfang mit ihrer Schwester Anna zutage treten, die die Flammen von Didos Leidenschaft noch anfacht, indem sie ihr rät, ihren toten Ehemann Sychaeus zu vergessen (34). So wie Apollonios' Medea es tat, als ihre Schwester Chalkiope sie darum bat, legt Dido auf Annas Ratschlag hin jegliche Scham ab.

Um das Gefühl der Vergeblichkeit ihres Strebens noch zu erhöhen, verwendet Vergils narrative Stimme eine Apostrophe, die den Leser über die Unwissenheit der Seher informiert – ein Ausdruck, der auf einen ähnlichen bei Lukrez zurückgreift. Wie der lukrezische Ton bereits erwarten ließ, besucht Dido die Altäre der Götter vergebens, und ihre Gebete werden nicht erhört (65f.). Wie ein verwundetes Reh wandert Dido ziellos herum, ohne ihren Pflichten nachzukommen. Der urbane Fortschritt in Karthago kommt zum Stillstand.

Wie so oft in der *Aeneis* wird das menschliche Handeln durch die Götter gelenkt, die hinter den Kulissen zugange sind. Juno nähert sich Venus, um einen Plan zu schmieden, der bei einem verregneten Jagdausflug in die Tat umgesetzt werden soll. Das Paar soll dabei in eine Höhle getrieben werden:

> Dido und der troische Anführer kommen in dieselbe Höhle. Zuerst geben Mutter Erde und Juno, die Ehegöttin, Zeichen; Feuer zuckten, die Luft war Zeuge der Hochzeit und auf dem Berggipfel sangen die Nymphen. Das war der erste Tag und der Grund von Tod und Übeln; Dido ist nicht länger durch Aussehen oder guten Ruf motiviert, und ihre Liebe ist für sie nun nicht mehr heimlich. Sie nennt es »Ehe«, und mit diesem Wort bedeckt sie ihre Schuld. (4.165–72)

Wie Denis Feeney gezeigt hat, kommt es auf die Sichtweise der einzelnen Figuren an, ob es hier zu einer Eheschließung gekommen ist oder nicht.[11] Dido sieht sich selbst als Aeneas' Ehefrau, was man ihr auch nicht verdenken kann – immerhin bildet die Natur in dieser Szene einen Rahmen, der bestimmten Aspekten einer typischen römischen Hochzeit entspricht. Dieses Missverständnis, das den ersten Tag ihres Untergangs kennzeichnet, führt dazu, dass sie sich ganz offen gibt, was ihre Beziehung angeht; und dies führt wiederum zu Gerüchten, die in einer Ekphrasis beschrieben werden.

Vergil beschreibt das personifizierte Gerücht (Fama) als Wesen mit zahlreichen Federn, Augen und Mündern, ähnlich der Eris bei Homer oder dem Typhoios bei Hesiod. Das Gerücht über Dido und Aeneas erreicht sogar den gaetulischen König Jarbas, den Dido einst zurückwies, als er um ihre Hand anhielt. Jarbas betet zu Jupiter, was Jupiter dazu veranlasst, Merkur zu Aeneas zu schicken, um diesen an sein eigentliches Ziel zu erinnern (236). Merkur fordert Aeneas wiederum auf, an Ascanius zu denken, dem »Italien und das römische Land geschuldet sind« (275–76). Merkurs Vision von der Zukunft muss Aeneas' vorübergehende Freuden beenden.

Das mittlere Drittel dieses Buches enthält ein brillantes psychologisches Drama, eingeleitet wieder mit den Worten »aber die Königin« (296). Dido behauptet, Aeneas durchschaut zu haben:

> Hast du geglaubt, Treuloser, du könntest ein so großes Vergehen verheimlichen und still und leise mein Land verlassen? Hält dich weder

unsere Liebe zurück, noch dass ich meine rechte Hand dir reichte, noch dass Dido einen grausamen Tod sterben wird? ... Fliehst du vor mir? ... Bei unserer Ehe, bei unserer begonnenen Hochzeitszeremonie – wenn ich mir irgendetwas von dir verdient habe und wenn ich dir auch nur ein wenig lieb war, erbarme dich dieses fallenden Hauses, und – wenn für Bitten noch Platz ist – lass ab von deinem Vorhaben. (4.305–308, 314, 316–19)

Dido beruft sich auf die »Hochzeitszeremonie« aus der Höhle und zeigt durch ihre Wortwahl, dass sie eine Parallele zieht zwischen ihrer Trennung und derjenigen des Theseus von Ariadne, wie sie in Catulls Gedicht 64 beschrieben wird. Dido sagt ganz deutlich, welche schrecklichen Konsequenzen die Trennung für sie haben wird: Jarbas wird sich ihr nun wieder nähern, ebenso ihr entfremdeter Bruder Pygmalion (325 f.). Dido wünschte, sie hätte wenigstens ein Kind von Aeneas; dann hätte sie zumindest einen »kleinen Aeneas«, der sie an ihre Liebe erinnern könnte.

Aeneas' Antwort ist die längste Rede im gesamten Gedicht. Er beginnt mit einer Gegenüberstellung der Pronomina »ich« und »du« und sagt, er werde sie niemals vergessen, doch verleugnet er schlichtweg die Hochzeit. Wenn er die Wahl gehabt hätte, so seine etwas herzlosen Worte, hätte er Troja niemals verlassen – was natürlich impliziert, dass er immer noch mit Kreusa zusammen wäre. Seine nächste Enthüllung ist für Dido ebenso schmerzlich: Seine wahre Liebe ist Italien, und er wirft Dido sogar »Eifersucht« (*invidia*, 350) vor. Aeneas beschließt seine Rede mit einem der meistzitierten Halbverse dieses Werks und unterwirft sich dem Befehl der Götter: »Ich suche Italien nicht aus eigenem Antrieb« (361).

Im Vergleich zu Aeneas' Distanziertheit zeigt Dido große Gefühle. Sie beweint seine Untreue und schwört, sie werde ihn verfolgen wie eine Furie. »Erschüttert durch die Liebe« (395), kehrt er zu seinen Männern zurück, die fieberhaft an den Vorbereitungen für die Abreise arbeiten. Dido bittet indessen noch einmal Anna um Hilfe: »Geh, Schwester, als Bittstellerin, und sprich den hochmütigen Feind an« (424). Aeneas' Entscheidung ist so unerschütterlich wie der Stamm einer Eiche (441–46) – ein starker Kontrast zu Didos rührender Bitte um »eitle Zeit« (433). Als sie erneut abgewiesen wird, packt Dido die Raserei wie eine Figur auf der Bühne, genauer gesagt Orest, der Visionen hat, als er von den Furien gejagt wird (471). Obgleich Dido Anna befiehlt, einen Scheiterhaufen zu errichten, auf dem sie Aeneas' sterbliche Überreste verbrennen will, hat sie doch etwas ganz anderes vor.

Im letzten Abschnitt, der erneut mit »aber die Königin« beginnt (504), platziert Dido ein Abbild des Aeneas auf dem Scheiterhaufen. Mit Hilfe einer äthiopischen Priesterin bringt sie ein Opfer dar; dazu zieht sie einen Schuh aus und entgürtet ihr Kleid – rituelle Gesten, die eingehalten werden müssen. Dann folgt einer von zwei hoch emotionalen Monologen: Sie lässt ihre falschen Entscheidungen Revue passieren, beklagt den troischen Verrat, wägt ihre Optionen ab und muss sich schließlich eingestehen, dass sie ihr »Wort, das sie Sychaeus' Asche gab, nicht gehalten« hat (552).

Aeneas, so erfährt man, ist sich so sicher, dass er fortgehen muss, wie Dido sich sicher ist, dass sie sterben muss (554, 564); dennoch warnt Merkur ihn erneut, dieses Mal in einem Traum. Angespornt und voller Angst treibt Aeneas seine Männer zur Abreise, und dann folgt ein Vers, der metaphorisch das Ende der physischen Beziehung anzeigt: Er »zieht sein blitzendes Schwert aus der Scheide und durchschlägt mit gezogenem Eisen das Halteseil« (579 f.). Man braucht nicht allzu sehr darauf hinweisen, welche archetypischen Assoziationen das Bild von Schwert und Scheide weckt. Aeneas zieht weiter, um bald mit seinen Männern zu »feiern« (*ovantes*, 577) – genau wie Dido es vorhergesagt hatte (543).

In ihrem zweiten Monolog, doppelt so lang wie der erste, fragt Dido sich: »Unglückliche Dido, berührt dich erst jetzt die frevlerische Tat? ... Konnte ich nicht seinen Körper in Stücke reißen und in die Wellen streuen? ... Oder Ascanius töten und dem Vater bei Tisch zum Essen vorsetzen?« (596, 600–602). Diese »schrecklichen Racheakte« spielen auf bekannte Mythen an und setzen Dido mythischen Figuren wie Prokne gleich, die ihrem Mann den eigenen Sohn als Abendessen vorsetzte.[12] Schließlich räumt Dido ein, dass sie ihrem Schicksal nicht entgehen konnte, wie ihre Verwendung der Phrase »hier steht der Grenzstein« (614) suggeriert, die zeigt, wie heikel die Situation ist – eine Phrase, mit der Lukrez Naturgesetze erklärt (*De rerum natura* 1.77, 1.596, 5.90, 6.66). Dennoch stößt Dido einen Fluch gegen Aeneas aus, der den lang dauernden Antagonismus zwischen Rom und Karthago vorwegnimmt, der zu drei Punischen Kriegen führte.

Am Höhepunkt dieser Szene voll Dramatik und Leidenschaft spricht Dido von der Spitze des Scheiterhaufens herab folgende Worte:

> Ungesühnt werde ich sterben, sagt sie, doch will ich sterben. So, genau so ist es angenehm, unter die Schatten zu gehen. Soll der grausame Troer auf hoher See die Flamme mit den Augen trinken und die Omina meines Todes mitnehmen. (4.659–62)

Sie nimmt sich mit Aeneas' Schwert das Leben; die Tatsache, dass das Schwert »schäumt«, fügt diesem letzten Akt der Leidenschaft noch eine erotische Note hinzu (665). Dann schickt Juno Iris herab, die Dido eine

Locke abschneiden soll – dies soll ihr den Übergang in den Hades ermöglichen.

Wenn Aeneas in diesem Gedicht einmal vollkommen scheitert, dann ist es in seiner Beziehung zu Dido. Nirgendwo sonst sind die Emotionen größer, die Entscheidungen schwieriger; die Geschichte von Dido und Aeneas enthält Momente höchster Dramatik. Dido ist eine tragische Heldin nach dem Vorbild von Euripides' Medea und Phaidra; ihre letzten Monologe und Klagen tragen zur dramatischen Qualität des Buches bei. Wie Gian Biagio Conte sagt, haben diese zwei euripideischen Figuren und ihre Sprache »Einzug in den [Vergil-]Text gefunden und ihn kontaminiert ... Vergil, der epische Dichter des Pathos, hat von [den Tragödiendichtern] gelernt, wie man einzelnen Stimmen Platz gibt und sich zugleich zu ihrem Zeugen und Meister macht.«[13] Keine andere literarische Vignette außer der Kreuzigung Christi hat größeren Einfluss auf Literatur, Kunst und Musik ausgeübt. Die Menschlichkeit der Figuren in Buch 4 stellt den Höhepunkt von Vergils literarischem Können dar.

Buch 5: Spiel mit Namen und Identitäten

In Buch 3 hatte Anchises fälschlicherweise Kreta als denjenigen Ort identifiziert, an dem Trojas Mauern erneut emporragen sollten, und später hatte man an Buthrotum beispielhaft sehen können, wie das neue Troja *nicht* sein sollte; sogar Aeneas' zeitraubender Aufenthalt in Karthago war eine mögliche, aber wieder nicht die richtige Alternative für das *telos* der Mission gewesen. In Buch 5 stellt Vergil das Thema kulturelle und nationale Identität in den Mittelpunkt. Dies geschieht mittels verschiedener Motive wie Wettbewerb und Sehnsucht nach einer gesicherten Existenz sowie diverser nominaler Assoziationen.

Die Suche nach der römischen Identität, die dieses Buch kennzeichnet, beginnt, als Aeneas' Steuermann Palinurus (strategisch an den Anfang und das Ende dieses Buchs platziert) darauf drängt, nach Sizilien zurückzukehren, der nicht ganz italischen Insel, die Aeneas' Weg nach Westen symbolisiert, in Richtung einer neuen Identität. Auf Sizilien wird Aeneas von einer Figur begrüßt, deren ethnische Identität ebenfalls nicht ganz eindeutig ist. Eigentlich halb Troer und halb Sizilier, ist Acestes ganz und gar zum Sizilier geworden. Nachdem er ihn begrüßt, wendet sich Aeneas an seine versammelten Männer und spricht sie mit ihrer nationalen Identität an: »Söhne Trojas!« (*Dardanidae*, 45). Doch sind diese Troer nunmehr, wie Acestes, auf Sizilien, wo ihre Transformation zur römischen Identität hin durch Spiele vorangetrieben wird, die zu Ehren von Anchises' Schatten abgehalten werden. Auf der Basis der athletischen Wettkämpfe zu Ehren Patroklos' in

Ilias 23 schließen die Spiele für Anchises ein Kapitel von Aeneas' troischer Vergangenheit ab, während sie außerdem Troer und Römer näher zusammenbringen, indem sie eine Erklärung für die Entstehung der römischen Parentalia liefern – ein Fest, das Augustus jeden Februar zum Gedenken an seinen Adoptivvater Iulius Caesar veranstalten ließ.

Die meisten Teilnehmer an den Wettkämpfen zu Wasser, die die Veranstaltung eröffnen, haben eine ätiologische Verbindung zu bekannten römischen Familien:

> Mnestheus führt die schnelle Pristis an, mit heftigem Ruderschlag; bald wird er der Italer Mnestheus sein, von dem die Memmier abstammen; Gyas die gewaltige Chimaera, fast eine Stadt, in drei Reihen rudern sie die Dardaner, die Ruder heben sich in drei Reihen; und Sergestus, von dem das Haus der Sergier seinen Namen hat, fährt auf der großen Centaurus; und Cloanthus auf der meeresblauen Skylla, von ihm stammt die römische Familie der Cluentier ab. (5.116–23)

Cloanthus gewinnt am Ende das Rennen, weil er die Götter angerufen hat. Den zweiten Platz macht Mnestheus, während Sergestus, dessen Schiff im Laufe des Rennens auf den Felsen gestrandet ist, einen Trostpreis erhält.

Diese Namen evozieren Gedanken an verschiedene Römer und ihren Charakter. Mnestheus, der Stammvater der Memmier, vermeidet eine Blamage – das passt, schließlich sollte seine Familie viele angesehene und einflussreiche Römer hervorbringen, darunter Gaius Memmius, den antiaristokratischen Volkstribun des Jahres 111 v. Chr.; einem anderen seiner Nachkommen widmete Lukrez sein Werk *De rerum natura*. Sergestus, der Urvater der *gens Sergia*, kann sein Schiff kaum von den Felsen losbekommen und schafft es gerade noch in den Hafen. In Anbetracht des verheerenden Verhaltens Lucius Sergius Catilinas während Vergils Kindheit ist dies ein genaues Abbild der Schadensbegrenzung, die dessen Familie vornehmen musste. Der Sergierbogen (im heutigen Kroatien unweit der italienischen Grenze) wurde nach der Schlacht bei Actium errichtet, bei der die Tapferkeit eines anderen Nachfahren die Familienehre wiederherstellte.[14]

Gyas, der von Vergil mit keiner *gens* identifiziert wird, wirft schändlicherweise seinen Steuermann über Bord (174). Als Konkurrent beim Schiffsrennen ist sein Wunsch zu gewinnen zu stark; er verdient somit keinen zukünftigen römischen Namen und tritt in den Hintergrund.[15] Diejenigen, von denen schließlich die Römer abstammen werden, erweisen sich als würdige Vorfahren, durch ihre positiven Charaktereigenschaften, die sie im Laufe des Wettbewerbs gezeigt haben. Weitere Wettkämpfe finden statt und steigern das Motiv der Suche nach Identität noch:

> Von überallher kommen Teukrer und Sikaner zusammen, als Erste Nisos und Euryalos. ... Als nächstes kam der königliche Diores, der der herausragenden Familie des Priamos entstammte; nach ihm Salius und zugleich mit ihm Patron, einer von diesen Arkaner, der andere von arkadischem Blut, aus der Familie der Tegeer; dann die zwei jungen Sizilier Helymus und Panopes, an die Wälder gewöhnt, Gefährten des alten Acestes. (5.293–94, 296–301)

Die breite Palette kultureller Hintergründe zeigt, wie gut Sizilien dafür geeignet ist, dass sich dort die Nationalitäten vermischen. Die Troer befinden sich unter Menschen, die ganz anders sind als sie selbst, und bilden so ein kulturelles Amalgam. Die Preise, die Aeneas auslobt, spiegeln diese Vielfalt: kretische Waffen (306), einen Amazonen-Köcher mit thrakischen Pfeilen (311 f.) und einen argolischen Helm (314). Diese regionale Vielfalt bereichert die neue Selbstdefinition der Troer; und diese neue Selbstdefinition muss stattfinden, wenn das Gedicht das von Vergil anvisierte Ziel erreichen soll: die Wiedergeburt Trojas als Rom.

Bei der nächsten Veranstaltung, einem Boxkampf nach Vorbildern bei Homer und Apollonios, tritt der junge und lautstarke Troer Dares gegen den sizilischen Faustkämpfer Entellus an, der die Handschuhe seines Lehrers Eryx trägt, des Halbbruders von Aeneas. Aeneas' familiäre Verbundenheit mit dieser Gegend – auf die Palinurus (24), Dares (412) und Iris (630) hinweisen – vereint Troer und Sizilier und entzweit sie zugleich. Dass Entellus am Ende siegt, verstärkt diese dualistische Spannung noch, denn der alte Entellus siegt durch sein Können über den ungestümen jungen Troer Dares.

Dares' Anspruch, ein guter Kämpfer zu sein, entspringt der Tatsache, dass er sowohl gegen den Troer Paris als auch gegen den riesigen Boxer Butes angetreten ist, einen Nachfahren des berühmten Kämpfers Amykos. Obwohl Kommentatoren darauf hingewiesen haben, der Name Butes sei nur hier zu finden, heißt so auch ein Liebhaber der Aphrodite, von dem sie mit Aeneas' Halbbruder Eryx schwanger wurde (Diodor 4.23, 83). Also hat Vergil diese beiden Kämpfer und ihre Kulturen miteinander verbunden: Dares' Sieg über Butes führt zu einer nominellen Assoziation mit Eryx und damit mit Entellus, der seinerseits ein echter Sizilier ist.

Eine solche Verbindung sorgt auch für Spannungen. Nachdem Entellus Dares zweimal spöttisch »Troer« genannt hat (417, 420), kann er sich für die Niederlage des Butes, des Vaters seines Mentors, rächen. Durch die Anspielung auf Butes hat Vergil die Geschichten der Boxer so eng miteinander verwoben, dass, als Entellus fällt, sowohl troische als auch trinakrische Jugendliche jubeln (450). Nach Aeneas' Schiedsspruch bietet Entellus Eryx einen Stier zum Opfern als Siegerprämie an, eine passende Geste, denn man könnte den Kampf als Ranküne für den verstorbenen Butes, Eryx' Vater und Dares' Opfer, ansehen. Entellus gewährt Eryx ein »besseres Opfer«, und damit endet diese Episode.

Beim letzten Wettkampf zu Ehren Anchises' wird bei keinem Teilnehmer mehr die nationale Herkunft genannt. Eurytion und Hippokoon, die im Bogenschießen gegeneinander antreten, sind keine Namen, die man kennt. Auch wenn man aus Eurytions Hintergrund schließen kann, dass sein Bruder Pandaros ein Troer ist und Hippokoons Patronymikon Hyrtakides darauf hinweisen könnte, dass er der Bruder des Troers Nisos ist, wird hier keine klare Unterscheidung zwischen Troern und Siziliern vorgenommen.

Als Acestes' Pfeil in Flammen aufgeht und Aeneas ihm den ersten Preis im Bogenschießen verleiht, sorgt seine Entscheidung für Streit. Herausforderer Eurytion bezieht sich am Ende auf Acestes' Status als *elder statesman* der nunmehr vereint scheinenden Gruppe. Die Prämie, die Aeneas Acestes anbietet, einen Krug, den Anchises von einem thrakischen König als »Erinnerung und Unterpfand der Zuneigung« (538) erhielt, passt, denn seine Funktion als Mischkrug weist auf das Vermischen verschiedener Zutaten hin wie auch auf den Wein, den Acestes einst Aeneas als Zeichen der Gastfreundschaft anbot (1.195).

Der nun folgende Aufmarsch troischer Jünglinge nimmt den Festumzug des späteren römischen *lusus Troiae* vorweg. Die disziplinierten Jungen stellen in aufwendiger Weise die prä-römische militärische Leistungsfähigkeit zur Schau (5.587). Auch wenn dieser Aufmarsch der krönende Abschluss einer Trauerfeier ist, wird seine Künstlichkeit herausgestellt, während ein zweites Motiv dieses Buches zum Vorschein kommt: die Suche nach Identität. Und diese Suche wird nicht hier auf Sizilien enden.

Juno allerdings will durchaus, dass sie hier endet, und sie schickt Iris, die als Troerin Beroe auftritt – ein weiteres Beispiel für das »Umkehren« von Identitäten in diesem Buch. Als Beroe stachelt Iris die troischen Frauen dazu an, sich sofort häuslich niederzulassen. Deren Hang dazu, zu verzweifeln und sich der unmittelbaren Verheißung dieser Vision hinzugeben, ahmt die Haltung des Chors der Frauen in Euripides' *Troades* nach, der Hekabe beschwört, aufzugeben und fortzusegeln. Vergils Troerinnen hingegen versuchen, die Schiffe niederzubrennen, damit endlich »Mauern« gebaut werden – ein Symbol für die Gründung einer Stadt. Das gefallene Troja, das in den *Troades* voll

Resignation beklagt wird, soll jetzt auf Sizilien neu aufgebaut werden, in Umkehrung der Handlung am Ende von Euripides' Tragödie.

Vergils Troerinnen verhalten sich kollektiv wie eine einzelne verlassene Frau (»alle mit einer Stimme«, 616). Die Frauen erfasst eine wilde Raserei, die selbst dann nicht nachlässt, als eine neue Figur, Pyrgo, eingeführt wird, um Iris' Intrige zu entlarven (645). Der Name Pyrgo führt die bei der Beschreibung der Wettkämpfe begonnenen Wortspiele fort. »Pyrgo« ist ein Quasi-Homonym mit einem Teil des Namens der Stadt Pergamon, und es ähnelt dem griechischen Wort für den Turm einer Stadt *(pyrgos)*. Insofern ist Pyrgo, deren Name an den Turm von Troja erinnert, die richtige Frau dafür, die Identität von Iris aufzudecken, die wiederum den Bau von Mauern initiieren will (631). Obendrein enthält Pyrgos Name das griechische Wort für Feuer *(pyr)*, so dass sie bestens dazu geeignet scheint, dem Feuer der Iris etwas entgegenzusetzen und auf Beroes »feurigen« Blick hinzuweisen, der enthüllt, dass eine Göttin in ihr steckt (648).

Schließlich ist es jedoch Ascanius' Ankunft, die die Frauen wieder zur Besinnung kommen lässt (670–73). Er spricht zu ihnen und beschwört die frühere Zuversicht der Frauen bezüglich ihres gemeinsamen Ziels wieder herauf, und als er seinen Pseudo-Kriegshelm fortwirft, entledigt er sich damit eines »falschen« Symbols – das kindische Bild eines falschen Ersatz-Troja soll ebenso fallengelassen werden. Auf jeden Fall ist sein Fortwerfen des Helms eine Parallele zum Ende der falschen Vision der Frauen. Die Frauen können sich nun von Juno abwenden.

Einer der Troer, der alte Nautes, beschwört Aeneas, Acestes einen beratenden Posten zuzugestehen, und weist auf Acestes' »troische« Wurzeln hin; zudem schlägt Nautes vor, Aeneas solle denen, deren Schiffe zerstört sind (passenderweise ist *nautes* griech. für »Seemann«), »ihre Mauern« (717) gewähren, unter Acestes' Führung und in einer neuen Stadt, Acesta. Durch den Geist seines Vaters beflügelt (722–40), Nautes' Ratschlag anzunehmen, gründet Aeneas einen Tempel der Idalischen Venus (d.h. der Venus vom Berg Idalion auf Zypern) auf dem Berg Eryx – eine geographische Unstimmigkeit, die den krönenden Abschluss der Vermischung inkongruenter Elemente in Buch 5 bildet.[16]

Der Kreis schließt sich in diesem Buch mit Palinurus auf dem Deck von Aeneas' Schiff. Palinurus, dessen Name (griech. *palin* »wieder« und *aura* »Windhauch«) dem bekannten Muster der Namen folgt, die passend zu den Figuren gewählt sind, stirbt als Folge einer vertauschten Identität: Somnus nähert sich ihm in der Gestalt des Phorbas und lässt ihn einschlafen. Er stürzt ins Meer, schwimmt an die Küste Italiens und wird getötet, »einer für viele« (815), ein Opfer, auf das sich Neptun und Venus in den Versen, die diese letzte Episode einleiten, geeinigt hatten. Somit macht Palinurus' Tod für Aeneas den Weg nach Italien frei; er verleiht der Mission zudem ein bestimmtes Pathos, das den Preis (hier als Verlust menschlichen Lebens) symbolisiert, der für die Wiedergeburt Trojas gezahlt werden muss.[17] Sizilien ist die vorletzte Zwischenstation auf Aeneas' Irrfahrt in Richtung der italischen Halbinsel. Sizilien ist keine Halbinsel, sondern eine Insel – die Insel, die dem Ziel am nächsten liegt und die beinahe selbst das Ziel ist. Auf Sizilien kommen verschiedene Identitäten zusammen, und hier üben die Troer schon einmal, Italier zu sein. Es ist eine Übungsstätte für die römische Identität, kein Ort der bloßen Nostalgie wie Buthrotum. Und doch hält diese Übungsstätte auch einen Trostpreis für die traurigen Gestalten bereit, die sich bemüht haben, aber ihr eigentliches Ziel nicht ganz erreichen konnten.

Buch 6: Vergangenheit trifft Zukunft
Buch 6 beginnt mit der Ankunft der Troer in Italien, genauer gesagt in Cumae, wo Aeneas im heiligen Bezirk des Apollo die Tempeltüren bewundert, die Daidalos angefertigt hat. Der berühmte Handwerker hatte eigentlich seinen Sohn Ikaros darstellen wollen, doch die Trauer hatte ihn überwältigt. Der Tod junger Männer bildet den Rahmen dieses Buches: hier Ikarus, am Ende der junge Marcellus, der beim Aufmarsch zukünftiger Helden auftritt, den man als »Heldenschau« bezeichnet. Er wird Aeneas in der Unterwelt von seinem Vater Anchises vorgestellt.

Zu Beginn seiner Reise in die Unterwelt zu seinem Vater betritt Aeneas die Höhle der Sibylle, wo er ein Gebet spricht, das das Motiv der Suche nach Identität aus Buch 5 noch einmal aufnimmt:

> Jetzt endlich erreichen wir die fliehende Küste Italiens. Möge das troische Glück uns bis hierher gefolgt sein; auch ihr, alle Götter und Göttinnen, denen einst Troja und der große Ruhm der Dardaner entgegenstanden, erbarmt ihr euch nun des troischen Geschlechtes. Und auch du, heiligste Seherin, die du die Zukunft kennst, gib – ich bitte nicht um ein Reich, das das Schicksal mir nicht schuldet –, dass die Teukrer sich in Latium niederlassen dürfen, mit den umherirrenden Göttern und verstörten Gottheiten Trojas. (6.61–68)

Wenn das Schicksal den Troern bislang offensichtlich nicht allzu gnädig war, dann vielleicht zum Teil deshalb, weil es bis zu diesem Moment eben noch »troisches« Schicksal war; Aeneas' Gebet könnte somit ein weiterer Schritt auf dem Weg der Transformation vom Troischen zum Italischen sein, eine Transformation, die in diesem Buch reichlich zur Geltung kommt.

Die von Apollo inspirierte Weissagung der Sibylle macht deutlich, dass für eine solche Transformation ein hoher Preis zu zahlen ist: »Kriege sehe ich, grausame Kriege und den Tiber, wie er schäumt von dem vielen Blut« (86 f.); in Latium wartet ein neuer Achilleus (89). Diese Feststellung, die die »*Ilias*-Hälfte« der *Aeneis* einläutet, hat einen rätselhaften Ton, aber sie bietet auch Hoffnung, denn die Sibylle sagt, Hilfe werde aus einer unerwarteten Richtung kommen: einer griechischen Stadt (97).

Aeneas' Bitte, seinen Vater besuchen zu dürfen, bietet Gelegenheit für einen Dialog zwischen Vergangenheit und Zukunft. Diesen Besuch zu ermöglichen, so teilt ihm die Sibylle mit, wird eine echte Herausforderung sein, denn in den Hades hinabzusteigen ist einfach, die Rückkehr von dort nicht (126 f.). Noch bevor er sich auf den Weg macht, muss Aeneas zunächst Misenus, einen gefallenen Kameraden, zu Grabe tragen.

Venus' Tauben führen ihn zu einem goldenen Ast, den er noch brauchen wird, und dann beginnt Aeneas seinen Abstieg in die Unterwelt. Zunächst »zögert« der Ast noch, als Aeneas ihn vom Baum pflücken will (211); man könnte hier, wie an anderen Stellen, darauf hinweisen, dass Aeneas ein überraschend menschlicher Held ist, einer, der den enormen Aufgaben, die vor ihm liegen, kaum gewachsen scheint.

Bei Aeneas' Abstieg bietet Vergil einen Katalog, der eines Hesiod würdig wäre (vgl. *Theogonie* 211–15): Unter den erschreckenden, an der Türschwelle des Todes herumkriechenden Figuren, die er aufzählt, sind Zentauren, Harpyien und der dreiköpfige Hund Zerberus – all diese können den Sterblichen gefährlich werden. Die prägnante Beschreibung der leuchtenden Augen des Fährmanns Charon bildet einen starken Kontrast zur düsteren Vision von Eltern, die der Verbrennung ihrer toten Kinder beiwohnen (6.308). Dann trifft Aeneas seinen ehemaligen Steuermann Palinurus. Als er ihn fragt, warum Apollo sein Versprechen, ihm eine sichere Überfahrt nach Italien zu gewährleisten, offensichtlich nicht eingehalten habe, erklärt Palinurus, das göttliche Versprechen sei durchaus gehalten worden: Er kam lebend an Land, doch dann wurde er von feindlich gesonnenen Einwohnern getötet.

Die Sibylle enthüllt den goldenen Ast, und dieser überzeugt Charon, Aeneas die Überfahrt zu gewähren. Bald kommen sie zu den *lugentes campi* (»trauernde Felder«), wo die Selbstmörder hausen (442). Aus der Masse der Toten erhebt sich Dido und folgt der »transsexuellen« Kainis, die ursprünglich einmal weiblich war, aber dann im Laufe ihres Lebens zweimal das Geschlecht gewechselt hat. Es erscheint befremdlich, dass Vergil ausgerechnet diese Figur, die sich *nicht* das Leben nahm, bei den Selbstmördern ansiedelt. Der Grund dafür mag sein, dass der Dichter, ganz in alexandrinischer Manier, Kainis einfach dazu verwendet, auf Didos Wechsel zwischen den Geschlechterrollen hinzuweisen; man erinnere sich an Vergils Ausspruch im ersten Buch der *Aeneis:* »Der Anführer der Tat war eine Frau« (*dux femina facti*, 1.364). Kainis, die als Folge mannhafter Aggression in ein männliches Wesen (Kaineus) verwandelt worden war, ist im Tod wieder weiblich geworden. Dies deutet eine Umkehrung von Didos Schicksal an: Ihre Affäre mit Aeneas hat ihr in gewisser Weise den Status der Frau zurückgegeben, und als verschmähte Frau musste sie Selbstmord begehen. Jetzt, wieder vereint mit ihrem Ehemann Sychaeus, vollendet Dido die Rückentwicklung zu ihrer früheren Identität, als Sychaeus' Ehefrau:

> Unter diesen wanderte die Phönizierin Dido im großen Wald umher, ihre Wunde noch frisch; als der troische Held neben sie trat und die Dunkle durch die Schatten hindurch erkannte, wie wenn man bei Neumond meint, man habe den Mond durch die Wolken gesehen, da flossen seine Tränen, und er sprach sie an mit süßer Liebe: Unglückliche Dido, ist es also wahr, was man mir meldete, dass du tot bist, vom Schwert getötet? War ich denn der Grund für deinen Tod? Bei den Gestirnen schwöre ich, bei den Göttern, wenn es auch unter der Erde noch Vertrauen gibt: Gegen meinen Willen, oh Königin, verließ ich deine Küste. (6.450–60)

Kainis ist nicht die einzige interessante Referenz in dieser Passage. Indem Dido in Buch 4 Aeneas »treulos« nannte und ihn als jemanden bezeichnete, den eine Tigerin aufgezogen habe, drängte sie ihn in die Rolle das Catull'schen Theseus; nun schließt Vergil den Kreis, den die Catull-Anspielung bildet, mit den Worten: »Gegen meinen Willen, oh Königin, verließ ich deine Küste.« Mit diesen Worten stellt Aeneas einen – durchaus hinkenden – Vergleich an zwischen seiner Abreise von Dido und jener berühmten Locke, die Berenike von Alexandria gehört hatte (ebenfalls eine afrikanische Königin). Diese Locke, die von Berenikes Haupt geschnitten wurde, erlangte Berühmtheit, indem sie wundersamerweise unter den Sternen am Himmel platziert wurde – eine Geschichte, die im Mittelpunkt von Catulls Gedicht 66 steht (und für das sich Catull ein leider größtenteils verlorenes Gedicht des Kallimachos zum Vorbild nahm). Der Vergleich ist merkwürdig und suggeriert zumindest, dass sich Aeneas in einer ziemlich ungünstigen Lage befindet; auf einer anderen Ebene, der der alexandrinischen Referenz, könnte man dies sogar als humorvolle Anspielung sehen.

Aeneas' Argwohn kann Dido nicht zufriedenstellen, und ihre Teilnahmslosigkeit hebt sein Versagen innerhalb ihrer Beziehung hervor. Dass Aeneas jetzt hinter Dido herläuft, steht im Kontrast zu Didos innigem Verhältnis zu ihrem Ehemann Sychaeus. Es stellt auch eine ironische Parallele zu Kreusa her, die beim Aufbruch aus Troja hinter Aeneas her ging (2.725). Jetzt kann er mit seiner früheren Geliebten nicht Schritt halten, und sie entschwindet, genau wie er damals Kreusa hinter sich ließ.

Die Unterwelt lässt noch weitere Figuren aus Aeneas' Vergangenheit aufmarschieren. Die Griechen erzittern, aber die Troer begrüßen Aeneas, bevor er am Tartaros vorbeikommt, wo sich die größten Sünder befinden. Dann pflanzt Aeneas den goldenen Ast ein, der ihm Zugang zu den Feldern der Seligen gewährt, wo fromme Männer und Dichter Apollo zu Ehren Lieder singen. Aeneas und die Sibylle nähern sich Anchises, dessen Gruß noch einmal zeigt, wie sehr er auf Pflicht und Ehrgefühl baut. Aeneas versucht vergebens, nach dem Schatten seines Vaters zu greifen, genau wie nach dem von Kreusa in Buch 2.

Zunächst erklärt Anchises das Konzept der Metempsychose (Seelenwanderung), eine pythagoreische Vorstellung, die Sokrates zum Beispiel in Platons *Phaidros* und *Phaidon* vertritt; die Vorstellung von einer präexistenten, voll ausgeformten Identität geht eventuell sogar noch weiter zurück als Platon. Anchises erzählt seinem Sohn, wie einen der Fluss Lethe die vorherige Existenz vergessen lässt (6.714f.). Nach der Erklärung dieses eklektizistischen philosophischen Systems stellt Anchises eine ganze Reihe Figuren vor und beginnt bei Aeneas' Nachfolgern. Während dieser als »Heldenschau« bekannten Beschreibung verweist die Gegenüberstellung der Adjektive »dardanisch« und »italisch« (756f.) auf die Transformation vom Troischen zum Römischen (761–63), die in Buch 5 begonnen hat. Anchises sagt, die erste Stadt, die die Troer in Italien gründen werden, sei Alba Longa – Vergils Publikum wohlbekannt als »Geburtsort« Roms. Francis Cairns hat die These aufgestellt, dass die Liste der ersten Herrscher von Alba Longa – einen monarchistischen Präzedenzfall für die Regierung Roms durch einen Kaiser darstellen soll, auch wenn die Geschichte mit mythischen Elementen angereichert wird, während sie sich der historischen und geographischen Realität Roms nähert. Ortsnamen wie Nomentum und Fidena evozieren ein Gefühl historischer Authentizität. Schließlich fällt der Name des »berühmten Rom« (781), das mit seinen charakteristischen Mauern und Hügeln beschrieben wird.

Ascanius' Alternativname, Iulus, bildet eine offensichtliche Parallele zu Iulius Caesar und damit zu Augustus. Nicht einmal Herkules oder Bacchus werden größere Macht haben als Augustus, der ein neues Goldenes Zeitalter einläuten wird (792–93) und dessen Autorität auf die alten römischen

Könige zurückgreift. Anchises liefert eine Zusammenfassung der Leistungen der Könige, bis diese Epoche ihr Ende findet, mit dem Konsulat des Lucius Brutus (817 f.), der paradoxerweise »hochmütig« genannt wird *(superbus)*. Für einen römischen Leser muss die Verbindung dieses Adjektivs mit Brutus geradezu revisionistisch geklungen haben, denn eigentlich war dies der Beiname des Königs, den Brutus aus der Stadt vertrieb.

Von der Rivalität zwischen Brutus und Tarquinius kommt Anchises schnell auf diejenige zwischen Caesar und Pompeius. Es werden auch noch andere Figuren der späten Republik genannt, von den Gracchen über die Scipionen bis zu Fabius Maximus, und Anchises schließt seine Aufzählung, indem er Aeneas ermahnt:

> Du, Römer, denke daran, die Völker mit deiner Macht zu regieren – das wird deinen Fähigkeiten entsprechen –, dem Frieden Sitten aufzuerlegen, die Unterworfenen zu schonen und die Hochmütigen zu bekämpfen. (6.851–53)

Dies ist ein entscheidender Moment für die Transformation von Troja zu Rom. Aeneas wird von Anchises als »Römer« angesprochen, und er hält ihn an, das zu tun, was Römer am besten können: herrschen. Am Ende des Gedichts wird sich der Leser an diese zwei Aspekte von Aeneas' Ermahnung noch erinnern – und Aeneas vielleicht auch.

Diese Ermahnung ist reich an Weisheit, und sie hätte den Katalog sehr schön beenden können. Doch Anchises fügt noch etwas hinzu: Aeneas' Vater kommt auf den jungen Marcellus zu sprechen, der Augustus' Nachfolger hatte werden sollen, aber zu früh verstarb (23 v.Chr.). An dieser Stelle hört man aus der Stimme des lyrischen Ich Vergils die Melancholie heraus. Dies erzeugt eine Stimmung, die zweifellos mit der Trauer der römischen Leser über den Tod des Marcellus in Einklang stand.

Diese Heldenschau wird manchmal mit den Statuen verglichen, die später das Augustusforum zierten; sie entstanden zeitgleich zur *Aeneis*. Inschriften *(tituli* und *elogia)*, die in etwa Anchises' Beschreibung jeder einzelnen Person gegenüber Aeneas entsprechen, waren auf den Basen der zahlreichen Statuen am Forum zu finden. Das Augustusforum sollte, wie die Heldenschau in *Aeneis* 6, die Römer in ihrer Identität bestärken – genau das, worum es Aeneas hier geht, im Kontext des Hin und Her von Leben und Tod, Vater und Sohn, Vergangenheit und Zukunft, Troja und Rom. In einem so dualistischen Kontext bereiten Anchises' weise Worte Aeneas auf seine Bestimmung vor; er wird diesen Worten in der zweiten Hälfte des Gedichts nachkommen müssen, um eben diese Bestimmung zu erfüllen.

Zu diesem Zweck verlässt Aeneas die Unterwelt nun wieder und durchschreitet dabei das elfenbeinerne Tor der falschen Träume. Das andere Tor, das erwähnt wird, ist aus Horn gefertigt und (wie wir in diesem Kontext erfahren) den echten Schatten vorbehalten. Die offensichtlichste Erklärung dafür, dass Aeneas dieses Tor wählt, ist, dass er kein echter Schatten ist und deshalb nicht durch das Tor aus Horn hätte gehen können. Doch wird der Leser an dieses Motiv der Wahl des richtigen Tores, mit dem Vergil die erste Hälfte des Epos enden lässt, noch lange denken, wenn sich Aeneas schon längst wieder unter den Lebenden befindet; als er die Unterwelt verlässt, ist Aeneas, um Anderson zu zitieren, »mehr Römer als Troer«.

Buch 7: Freund oder Feind?

Von der zärtlichen Darstellung des jungen Marcellus, die das sechste Buch beschließt, leitet Vergil nun über zu einer kurzen, aber bewegenden Wiedergabe des Todes der Caieta, der Amme des Aeneas. Durch eine Apostrophe an Caieta informiert uns Vergil darüber, wie es dazu kam, dass sie einem hesperischen Küstenstreifen ihren Namen lieh. Wie Nicholas Horsfall in seinem informativen Kommentar zu *Aeneis* 7 anmerkt, ist ihr Hinscheiden ein weiteres Symbol für den Bruch mit Troja.

Auch wenn Buch 7 die »iliadische« Hälfte der *Aeneis* einläutet, so hat Aeneas doch immer noch etwas vom heimwärts fahrenden Odysseus. Aeneas' Schiffe umsegeln die Insel der Kirke, von der sie unheimliche Laute hören, die an Homers Beschreibung der Wohnstätte der Göttin erinnern. Ein neuer Prolog bereitet auf einige Elemente der Handlung der zweiten Hälfte des Epos vor:

> Nun sag, Erato, was es für Könige gab, was für Zeiten, und wie im alten Latium die Dinge standen, als die Flotte sich zum ersten Mal der ausonischen Küste näherte. Ich werde die Geschehnisse ordnen und mich daran erinnern, wie die erste Schlacht begann. Du, Göttin, berate den Sänger. Ich werde von schrecklichen Kriegen erzählen, von Schlachtreihen, von Königen, die durch ihre Gesinnung zum Begräbnis getrieben wurden, von einer Handvoll Tyrrhener und davon, wie das ganze Hesperien zu den Waffen griff. Eine größere Ordnung der Dinge entsteht für mich, ich bewege ein größeres Werk. (7.37–45)

Dass Vergil hier ausgerechnet Erato als Quelle seiner Inspiration wählt, geht zumindest zum Teil auf seinen Vorgänger Apollonios zurück und dessen *Argonautika*, deren zweite Hälfte ganz genau so beginnt (»Komm nun, Erato!«). Auch wenn diese Muse für die Liebe steht, so passt Erato dennoch zu den »schrecklichen Kriegen« (41) von Buch 7 bis 12, denn die Rivalität um Lavinia – die zwar mit Turnus verlobt ist, deren Schicksal es aber ist, Aeneas' Frau zu werden – schafft eine Parallele zur Geschichte um Odysseus' Frau und die Freier. Kommentatoren haben angemerkt, dass Lavinia eine Art Penelope ist, auch wenn ihre Persönlichkeit, anders als die der Penelope bei Homer, nur angerissen wird. Wie in der *Odyssee* tritt ein Rivale als Freier auf den Plan.

Zunächst erklärt Vergil, dass der ortsansässige König Latinus keinen männlichen Nachkommen als Erben hat. Seine Tochter Lavinia ist mit dem rutulischen Prinz Turnus verlobt, aber böse Omina deuten darauf hin, dass er nicht der Richtige für sie ist: Ein Bienenschwarm über einem heiligen Lorbeerbaum lässt einen Seher das Auftreten eines Fremden prophezeien, der sie beherrschen werde (64–70), und als Lavinias Haar Feuer fängt, wird dies als Vorzeichen eines Krieges interpretiert (79 f.). Es gibt auch ein Orakel, das aussagt, Lavinia werde Turnus nicht heiraten (96–101). In der Zwischenzeit bekommt Aeneas endlich die Bestätigung, dass dies tatsächlich das Land ist, das ihm versprochen wurde: Seine hungrigen Männer verschlingen harte Brotrinden, die Ascanius scherzhaft als »Tische« bezeichnet (116) – so erfüllt sich die Weissagung der Celaeno aus Buch 3.

Aeneas' erste diplomatische Handlung ist es, eine große Gesandtschaft zu König Latinus zu schicken; die Beschreibung von dessen Palast als »erhaben« (*augustum*, 170) lässt natürlich an Augustus' Haus auf dem Palatin denken, das ebenfalls als Hort von Altertümern galt. Latinus empfängt die Gesandten und erzählt, dass Dardanos, der Stammvater der Troer, aus Italien stammte, bevor er über Samothrake nach Troja kam (205–11). Dieses Detail stellt klar, dass auch Aeneas' Reise wie die des Odysseus ein *nostos* (Heimkehr) ist, aber mit einer ktistischen (gründungsbezogenen) Wendung: Die odysseusähnliche Figur Aeneas kehrt »heim«, um dort seine verlorene Heimat neu zu gründen, in dem Land, aus dem sein Volk ursprünglich stammt. Latinus löst Lavinias Verlobung auf (253) und bittet Aeneas, sie zu heiraten, denn er wiederum glaubt, so erfülle sich eine Prophezeiung seines Vorfahren Picus.

Nun wendet sich Vergil wieder dem Geschehen in der Götterwelt zu. Er erzählt davon, wie Juno die Furie Alekto aussendet, die, als Spezialistin für Zank und Streit, den Frieden zwischen Troern und Latinern stören soll. Alekto verwandelt eine Locke ihres Schlangenhaars in ein Halsband, das die Königin Amata, Latinus' Frau, zu bacchischer Raserei treibt und sie verkünden lässt, Aeneas sei ein zweiter Paris. Amata weist auf Turnus' griechische Vorfahren hin und meint, Turnus sei der »Fremde« aus der Prophezeiung; seine griechischen Wurzeln führen zu einer Art Neuauflage des

Trojanischen Krieges, zwischen dem »Troer« Aeneas und dem »Griechen« Turnus.

In Gestalt der betagten Juno-Priesterin Kalybe sucht Alekto nun Turnus, ihr nächstes Opfer, in dessen Haus in Ardea auf. Ähnlich wie bei Kallimachos der autophage Erysichthon die Göttin Demeter behandelt, als sie ihm in Gestalt der Priesterin Nikippa erscheint (*Hymne an Demeter* 42), weist Turnus Kalybe rüde ab. So zeigt er seinerseits einen selbstzerstörerischen Appetit, wenn auch ein wenig subtiler als Erysichthon. Er spricht in homerischen Platitüden und sagt: »Kriege sind Sache des Mannes« (7.444), ein Diktum, das an eine ähnliche Formulierung Hektors denken lässt (*Ilias* 6.492). Doch in diesem Kontext wird der Aphorismus zum Affront, der eine grausame Reaktion provoziert: Alekto lässt ihn von zwei Schlangen überwältigen; als er aus seiner Trance erwacht, erfasst ihn die »Kriegswut«, und er ist wild entschlossen, in den Kampf zu ziehen (7.460 f.). Als Alekto dann Ascanius' Hunde veranlasst, den zahmen Hirsch der Silvia (der Schwester des Chef-Hirten von König Latinus) zu verjagen, verwundet Ascanius schließlich den Hirsch und macht so mit einem Schlag den gemeinsamen Vertrag zunichte. Zwar weigert sich Latinus, die Kriegstore zu öffnen, aber Juno greift nun selbst ein; tief bestürzt ob des Blutdursts der Latiner schließt sich der König ein.

Mit Homers Schiffskatalog (*Ilias* 2.485–760) als Vorbild stellt Vergil die *dramatis personae* vor, die Krieger – darunter Mezentius, »der die Götter verachtet«, und seinen Sohn Lausus (7.647–54). Wie bedeutend dieser Krieg in Latium ist, kann man daraus ermessen, von wie weit her die Soldaten kommen; Oebalus, der Sohn des Teleon, kommt ganz von der Insel Capri (735–39), unweit von Cumae, wo Aeneas' Reise in Italien begann. Natürlich ist dieser Katalog eine klassische Anspielung auf Homer. Aber Vergils Liste weist noch auf etwas anderes hin: Sie suggeriert, dass es im scheinbar so friedlichen Italien an Einigkeit mangelt und es vielleicht sogar unterschwellige Aggressionen gegeneinander gibt. Die Troer werden dem Land endlich eine alles vereinheitlichende Zivilisation bringen.

Der letzte der am Ende von Buch 7 genannten Krieger ist eine Frau: die Prinzessin Camilla, deren Heldenmut recht detailliert beschrieben wird. Sie ist eine geschickte Kämpferin (805), und ihr Verhalten und Status gemahnen ein wenig an Dido. In diesem Buch ist also dargestellt worden, wie es zum Krieg kommt, die wichtigsten Figuren wurden eingeführt sowie einige der wichtigsten Motive der zweiten Hälfte der *Aeneis*, insbesondere das des *nostos* von Aeneas, der in Italien genauso für Ordnung sorgen wird wie Odysseus auf Ithaka. Insbesondere die Darstellungen von Turnus und Camilla bleiben dem Leser im Gedächtnis, während Vergil im Folgenden eine weitere Szene beschreibt, in der die Vergangenheit auf die Zukunft trifft; dieses Mal nicht durch eine Heldenschau, sondern durch ein Geschenk, auf dem zukünftige Geschehnisse dargestellt sind.

Buch 8: Trios und Triumph

Im achten Buch nimmt die Zukunft Roms langsam Gestalt an. Vergil erreicht dies mit zwei verschiedenen Mitteln: Das ganze Buch hindurch entwickelt er immer wieder dreigliedrige Muster, und am Ende findet sich die ausführlichste Ekphrasis des gesamten Gedichts. Ersteres setzt sofort ein, denn das Buch beginnt mit drei einander untergeordneten Konzessivsätzen, die sich alle auf Turnus' Handlungen beziehen (1–6). Während die Wiederholung eines solchen Dreifach-Musters als strukturierendes Mittel dazu dient, einem facettenreichen Buch eine größere Einheitlichkeit zu verleihen, wird erst am Ende des Buches vollkommen klar, wozu die Wiederholung dieser »Trios« durch den Dichter dient.

Das Buch beginnt mit Aeneas, dem der Flussgott Tiber erscheint und erklärt, eine weiße Sau werde die Gründung der Stadt Alba Longa signalisieren (48). Vater Tiber erzählt Aeneas auch von Euander und dessen Volk, den Arkadiern, die sich dort angesiedelt haben, wo sich später einmal Rom befinden soll. Diese Männer, schon heute Turnus' Feinde, werden Aeneas unterstützen und die für den Sieg nötigen Truppen liefern. Inzwischen heben auch die Latiner weitere Truppen aus und senden eine Gesandtschaft zum homerischen Helden Diomedes, der eine Siedlung in Süditalien gegründet hat.

Aeneas fährt sofort flussaufwärts, und dort trifft er Euanders Sohn Pallas, inmitten eines religiösen Festes zu Ehren des Herkules (103). Euander (dessen Name »guter Mann« bedeutet) verwirft ihre frühere Feindschaft als Gegner im Trojanischen Krieg und hebt das Verbindende des gemeinsamen Feindes und der Blutsverwandtschaft hervor (132). Dreimal wiederholt er den Namen ihres gemeinsamen Vorfahren Atlas (135, 140, 141). Die Vignette ist von dualistischen Variationen geprägt – Freundschaft und Respekt, Vater und Sohn, Gast und Gastgeber, griechisch und italisch. Dies ist äußerst passend für die Unterhaltung zwischen Aeneas und einem Arkadier: Dessen Zuhause ist schließlich die Landschaft der Vergil'schen *Eklogen*, in denen der Dualismus, wie wir bereits festgestellt haben, das vorherrschende Motiv ist.

Euander erzählt die Geschichte von Herkules' Rache am Monster Cacus, welches ihm sein Vieh geraubt hatte, und betont, dass der Held dreimal versucht, Cacus' Behausung anzugreifen:

Dreimal umkreist er in brennendem Zorn den ganzen Aventin-Hügel, dreimal versucht er vergebens den steinigen Eingang, dreimal setzt er sich im Tal erschöpft hin. (8.230–32)

Herkules ist schließlich doch siegreich, als er die Sonne in die finstere Höhle des Monsters scheinen lässt (240–46). Am Ende dieses Kampfes zwischen Licht und Dunkelheit steht der Sieg des (Augen-)Lichts; dies wird noch unterstrichen dadurch, dass Herkules Cacus würgt, bis ihm die Augen aus den Höhlen treten (261). Der Sieg über das Monster wird zum Spektakel, als Herkules triumphierend über ihm steht. Nachdem Euander mit seiner Beschreibung dieses Triumphes des Guten über das Böse am Ende ist (Cacus' Name ist dabei eine buchstäbliche Übertragung des griechischen Wortes für »böse«, *kakos*), geht das Fest weiter, religiöse Riten werden zelebriert und neue Speisen aufgetragen, und dazu besingt ein Chor Herkules' heroischen Kampf gegen den Zorn der Juno. Als Heilsbringer desjenigen Ortes, an dessen Stelle später Rom errichtet werden wird, bildet Herkules eine Parallele zu Aeneas, dem Heilsbringer und Neugründer Trojas – und beide weisen voraus auf Augustus.

Während er die Örtlichkeiten abschreitet, erfährt Aeneas davon, dass dieser Ort in ganz bestimmter Weise mit Saturn verbunden ist: Dieser Gott hielt sich einmal dort versteckt (*latuisset*, 323); aufgrund dessen hat die Region den Namen »Latium« erhalten. Der Spaziergang, das topographische Äquivalent der Heldenschau in Buch 6, geht weiter mit der Erwähnung diverser *régions célèbres*, wie dem Lupercal, dem Tarpejischen Fels und dem Argiletum, und schließt mit dem Forum, das voll von blökendem Vieh ist. Die Türschwelle, auf die Euander sich bezieht (362), scheint sich am oberen Ende der *scalae Caci* (»Stufen des Cacus«) auf dem Palatin zu befinden, die zu Augustus' Palast führten. Auch die Beschreibung von Euanders Haus deutet auf die Residenz des Augustus' hin, wie C. J. Fordyce anmerkt. Ken W. Gransden weist in seinem Kommentar darauf hin, dass Vergil »Roms ländliche Anfänge mit der augusteischen Pracht kontrastiert« (ad 360 f.).

Vergil verlässt nun Aeneas und dessen freundlichen Gastgeber und wendet sich wieder dem Geschehen unter den Göttern zu: Venus verlangt von Vulkan neue Waffen für Aeneas. Von den Flammen der Liebe gepackt, willigt der Feuergott ein. Bei der Beschreibung, wie die Waffen geschmiedet werden, behält Vergil die dreifachen Wiederholungen bei: Die zyklopischen Gehilfen schmieden drei Stäbe aus Hagel, drei aus Regenwolken und drei aus Feuer (429 f.), erst dann machen sie sich an Aeneas' Waffen.

Am nächsten Tag gehen Euander und Aeneas eine formelle Allianz ein, die die Etrusker mit einschließt, ein Volk, das in der Nähe wohnt und seinen ehemaligen König, Mezentius, vertrieben hat, der es auf barbarische Weise unterjocht hatte. Euander erkennt Aeneas, den Nicht-Italier, als jenen fremden Herrscher an, den ein etruskischer *haruspex* (Opferbeschauer) angekündigt hat. In einer emotionsgeladenen Abschiedsszene (die an Apollonios, *Argonauten* 2.799–805 angelehnt ist) gibt Euander Aeneas Pallas zur Begleitung mit. Aeneas zieht sich, ganz nach dem Vorbild des Herkules, eine Löwenhaut über und akzeptiert seinen neuen Gefährten; ein Zeichen von Venus bestätigt dies noch zusätzlich.

Euanders Gebet an Jupiter greift zurück auf dasjenige Nestors im siebten Gesang der *Ilias*:

> Oh Vater Zeus, Athene und Apollon, wäre ich noch jung und kräftig wie früher, als beim Strom des Keladon die Männer von Pylos zusammenkamen und gegen die durch ihre Speere berühmten Arkadier kämpften, nahe Pheias Mauern, am Lauf des Jardanos. (*Ilias* 7.132–35)

Nestor erwähnt hier die Arkadier mit Namen; in der *Aeneis* sind dies genau die Leute, die Euander anführt, der inzwischen nach Italien gekommen ist. Nestors Worte implizieren, dass er »anwesend« war bei der hier erwähnten Schlacht. Wie Nestor erzählt Vergils Euander von seinen Heldentaten (Aristie):

> Mit dieser Rechten habe ich König Erulus zum Tartarus geschickt, dem seine Mutter Feronia, als er geboren wurde, drei Lebensgeister mitgab – schrecklich, dies zu sagen –, dreimal musste man Waffen nehmen und dreimal ihn zum Tod hinstrecken. Doch diese Rechte entriss ihm alle seine Geister und nahm ihm genauso oft die Waffen fort. (*Aeneis* 8.563–67)

Euander übernimmt die Rolle des homerischen Nestor. Bei seiner Imitation der Erzählweise Nestors baut Vergil einmal mehr »Trios« ein – in der dreifachen Protasis des Konditionalsatzes (mit »wenn« eingeleitet) in Euanders Gebet für seinen Sohn:

> Wenn euer göttlicher Wille Pallas unversehrt lässt, wenn ihn das Schicksal verschont, wenn ich noch lebe und ihn sehen darf und zu ihm gehen, meinem Einzigen, flehe ich für sein Leben und bin bereit, jedwede Mühsal zu erdulden. (8.574–77)

Dem dreifachen konditionalen Gedanken folgt eine ähnliche Wiederholung, diesmal von Sätzen, die mit »während« (*dum*) beginnen. Diese dreifache Wiederholung betont die Unsicherheit der Zukunft (580–83) und stellt ein weiteres Beispiel der »Trios« in diesem Buch dar.

Inspiriert von Euanders Worten, zieht sich Aeneas in ein Wäldchen zurück, wo er Venus begegnet, die ihm die neuen Waffen übergibt. Aeneas sieht sie sich an und berührt sie, Stück für Stück (618–19), bis er zum Schild kommt, auf dem Geschichten römischer Identität angebildet sind, angefangen von Romulus und Remus (630–34) über andere Mythen wie dem Raub der Sabinerinnen bis zu Lars Porsennas Versuch, den ins Exil geschickten Tarquinius Superbus wieder als König einzusetzen (646–48). Es ist eine Mischung römischer Siege und Niederlagen, darunter eine Darstellung des *dies ater* (»schwarzer Tag«) von 390 v.Chr., als die Gallier Rom eroberten (655–62) sowie weitere negative Bilder römischer Abtrünniger. Aus diesen sticht Catilina hervor, im Angesicht der ewig dauernden Strafe, die Cicero ihm am Ende seiner ersten *Rede gegen Catilina* prophezeit (*In Catilinam* 1.13.33). Im Zentrum: der Sieg bei Actium, der die römische Identität gerettet hat – Augustus und Agrippa stehen Marcus Antonius und seiner »ägyptischen Gattin«, Kleopatra, gegenüber (8.688). Der Konflikt der Götter, die bei dieser Schlacht mit abgebildet sind, verleiht dem Schild epische Dimensionen und hebt ihn auf eine Ebene mit Aeneas' eigener Beschreibung des Untergangs von Troja, bei dem es Aeneas gestattet war, den Konflikt der Götter zu sehen, der hinter den menschlichen Handlungen lag (2.602–23).

Die dreifachen Wiederholungen, die wir im gesamten Buch gesehen haben, finden jetzt ihren Höhepunkt. Die Dreifach-Muster könnten die dreifache Teilung des Buches widerspiegeln oder auch das Hin und Her, das für Roms »neuen« Ursprung (von Italien nach Troja und wieder zurück) nötig ist; sie könnten sogar die allgegenwärtige Spannung zwischen Vergangenheit, Gegenwart und Zukunft symbolisieren. Doch jetzt zeigt sich noch eine weitere Möglichkeit:

> Aber Caesar, der mit dreifachem Triumphzug in Rom einfuhr, weihte den italischen Göttern mit heiligem Schwur dreihundert Tempel, in der ganzen Stadt. (8.714–16)

Auf dem Schild sieht man Augustus, der in einer triumphalen Parade zurückkehrt, genauer gesagt: in einem dreifachen Triumphzug. Alle dreifachen Wiederholungen in Buch 8 finden in diesem einen Ereignis ihren Kulminationspunkt, bei dem Augustus der Stadt dreihundert Tempel weiht. Die Betonung liegt hier nicht nur auf den Details aus Roms Vergangenheit, sondern auf ihrer Erfüllung in diesem Ereignis. Genau wie alle »Trios« in diesem Buch nach vorne geschaut haben, auf diesen einen Moment, so hat die gesamte römische Geschichte in Augustus' Sieg bei Actium ihren krönenden Abschluss gefunden – einem Sieg, der 29 v.Chr. mit einem dreifachen Triumphzug gefeiert wurde und hier in einer Art und Weise beschrieben wird, die »offensichtlich dazu gedacht ist, den Leser zu begeistern ... und nicht, Aeneas zu informieren.«[18]

Der Leser sieht nun klarer, doch Aeneas' Blick bleibt vergleichsweise trübe. Die letzten Verse des Buches enthüllen Aeneas' Unfähigkeit, die Ereignisse auf dem Schild zu verstehen, auch wenn er sich an ihrer Darstellung erfreut (730). Trotz seines mangelnden Verständnisses ist es bezeichnend, dass die Last, die er tragen muss, als er die neue Rüstung anlegt, nicht die Vergangenheit ist, sondern die Zukunft, die er fortan mit sich trägt.

Buch 9: Rollkommando und Belagerung der »Stadt«
Buch 9 beginnt mit Turnus, der in einem Hain von Iris besucht wird. Die Göttin drängt ihn zur Tat, und Turnus ist folgsam und marschiert direkt gegen das Lager der Troer, aus dem inzwischen eine virtuelle Stadt geworden ist, mit »Mauern« (39). Turnus und seine Truppen greifen das Lager an, in Umkehrung des Motivs der Armee, die eine etablierte Stadt belagert. Vergil dreht also die typischen Rollen der Belagerung um und macht so aus Turnus und den Rutulern die Eindringlinge.

Mit dem ersten Speerwurf entfesselt Turnus ein wildes Gemetzel auf dem Schlachtfeld. Bald jedoch verlagert sich der Fokus auf die Schiffe der Troer, die sich in Meeresnymphen verwandeln. Diese Verwandlung interpretiert Turnus als Zeichen dafür, dass es kein Zurück mehr gibt, und er vergleicht den aktuellen Konflikt mit dem Krieg der *Ilias*. Nisos und Euryalos, zwei der belagerten Troer, an die sich der Leser aus dem Wettkampf in Buch 5 erinnert, melden sich freiwillig, Aeneas aus Pallanteum zu holen. Bei dieser Darstellung, dem Mittelteil des Buches, spielt Vergil auf die Abenteuer von Odysseus und Diomedes an, die sich in der Dolonie im zehnten Gesang der *Ilias* finden.

Das Abenteuer beginnt mit Nisos, der eine theologische Rätselfrage stellt: »Geben die Götter den Herzen der Menschen die Glut ein, Euryalos, oder wird jedem einzelnen die Begierde zum eigenen Gott?« (9.184f.). Nisos erhofft sich von ihrer gemeinsamen Expedition Ruhm und Ehre. Als die zwei ein paar betrunkenen und schlafenden Rutulern begegnen, versucht Nisos, Euryalos' Mordlust im Zaum zu halten, und beschwört ihn, sich auf die ihnen gestellte Aufgabe zu besinnen: Aeneas zu holen (355). Ein glänzender Helm jedoch, den er dem schlafenden Messapus abnimmt, lässt Euryalos in sein Unglück laufen, und er stirbt wie eine Blume, die von einem

Pflug abgeschnitten wird – ein Bild, das an Catull erinnert, der seine verlorene Liebe beschreibt (11.21 f.). Dieses Motiv ist äußerst relevant für den Vergil-Kontext, bedenkt man die enge Beziehung der beiden jungen Männer und ihre Vereinigung im Tod, als der sterbende Nisos in einer pathosgeladenen Szene auf seinen toten Kameraden fällt (445).

Vergils lyrisches Ich verkündet einen bei ihm seltenen Makarismus (Seligpreisung) des Paares. Obwohl er die beiden »glücklich« nennt, weil die Erinnerung an sie nicht verblassen wird, solange »der römische Vater die Befehlsgewalt hat«,[19] erhöht doch der Makarismus den Level des Pathos, da direkt darauf eine Beschreibung ihrer gepfählten Köpfe folgt. Bald erfährt Euryalos' Mutter vom Tod der zwei, und ihr Monolog ist einer der emotionalsten und erinnerungswürdigsten Momente im Gedicht (481–96). Ihre Worte, die nach denen der Andromache gestaltet sind (*Ilias* 22.448 f.), enthalten ein ergreifendes Arrangement von Pronomina, entsprechend der Gestaltungsweise, die Brooks Otis als »Vergils subjektiven Stil« bezeichnet hat.

Mitten im Buch ruft Vergil Kalliope, die Muse des Epos, an, und dies passt auch zu den nun folgenden heroischen Szenen: ein neuer Angriff auf das Lager der Troer, das als bemannter Wachturm beschrieben wird. Während der Belagerung wird deutlich, wie unbarmherzig Turnus ist; es werden noch andere Zweikämpfe beschrieben, zum Beispiel zwischen Ascanius und Numanus Remulus, Turnus' Schwager. Ascanius beantwortet Remulus' Sticheleien über die Verweiblichung der Troer, indem er ihm einen Pfeil durch den Kopf schießt und dann sagt, die Rutuler kämpften gegen »phrygische *Männer*« (635).

Am Tor des troischen Lagers stellen sich Turnus zwei Brüder entgegen, Bitias und Pandaros; den einen erschlägt Turnus, den anderen enthauptet er. Doch obgleich er jetzt im Inneren des Lagers ist, gelingt es ihm nicht, den Rutulern das Tor zu öffnen. Stattdessen fährt er fort mit dem Morden. Mnestheus und Sergestus trommeln die Troer zusammen und zwingen Turnus so, zurückzuweichen wie ein Löwe, der nicht davonlaufen will. Um Turnus zu retten, weist Jupiter Juno an, Turnus nicht zu helfen; Turnus zieht sich daraufhin zurück und springt in den Tiber (815–19).

Auftritte der Göttin Iris rahmen dieses Buch ein; zu Beginn spricht sie Turnus an, und am Ende hat sie Anteil an seiner Rettung. Im Verlauf der Handlung dieses Buchs erfahren wir, dass Turnus sich für einen zweiten Achilleus hält (742). Zwei Episoden im Buch sind geschickt mit Turnus' Handlungen verwoben, nämlich das kühne Unterfangen von Nisos und Euryalos sowie die kurze Aristie des Ascanius. So verbindet dieses Buch verschiedene homerische Motive – wie den nächtlichen Raubzug und die Belagerung der »Stadt« – mit den persönlichen Siegen des Turnus, seinem ungestümen Charakter und vor allem seinem Festhalten an der homerischen Wertvorstellung, dass der Ruhm *(kleos)* der Taten des einzelnen wertvoller ist als das Streben nach dem Wohlergehen der Allgemeinheit.

Buch 10: Balance der Macht – pietas *in Aktion*
Das zehnte Buch bildet die Grundlage für die Handlung des restlichen Gedichts. Diese Grundlage ist eng verwoben mit Pallas' Tod und Aeneas' brutaler Antwort darauf. Turnus spielt eine große Rolle, indem er diese Antwort heraufbeschwört, denn er legt sich Pallas' Schwertgürtel um, der später im Epos dafür sorgt, dass sich Aeneas an seine *pietas* (Ergebenheit, Pflichtgefühl) gegenüber Euander und dessen Sohn erinnert. Auf dem Schwertgürtel sind die 50 Töchter des Danaos dargestellt, die alle (bis auf eine) in der Hochzeitsnacht ihre Ehemänner töten. Diese Geschichte einer böse endenden Verlobung ist auf grausame Weise passend für ein Stück durch Turnus geraubte Kriegsbeute, denn anders als der rechtmäßige Freier Aeneas ist Turnus ein verschmähter Bräutigam. Die Spannungen zwischen Turnus und Aeneas, die beide um Lavinias Hand anhielten, korrespondieren mit den Ereignissen des Buches, das von der Balance zwischen gegensätzlichen Kräften geprägt ist – Krieger gegen Krieger, Heer gegen Heer, Gott gegen Gott.

Apropos Gott gegen Gott: Buch 10 beginnt mit einer spannungsgeladenen Götterversammlung auf dem Olymp. Venus spricht den aktuellen Konflikt an und streitet (wenn auch unaufrichtig) ab, sich noch Hoffnung auf die Herrschaft zu machen (42). Juno gibt sich sarkastisch und schleudert Venus ihre Worte zurück; dabei nimmt sie das Motiv des vorigen Buches wieder auf, nennt das Lager der Troer ein »neues Troja« und bestätigt Turnus' Ansprüche auf das Land. Jupiters Antwort fällt äußerst knapp aus und ist ebenfalls nicht ganz aufrichtig; sie kann die Fehde zwischen den Göttinnen nur kurzzeitig unterbrechen (110–15). Diese Auseinandersetzungen zwischen den Göttern sind ein wichtiges Sekundärmotiv in diesem Buch und seiner Betonung der Balance.

Vor diesem mythischen Hintergrund schließt Aeneas einen Pakt mit den Etruskern, die einen virulenten Hass gegenüber Mezentius pflegen (150). Es kommen noch weitere Mächte zusammen, und um sie einzuführen, ruft Vergil die Musen an. Der Katalog dieser Mächte findet seinen Höhepunkt mit der Nennung der Heimatstadt des Dichters, Mantua (198–207).

Aeneas segelt zurück zu seinen Männern und begegnet der Nymphe Kymodokea, die ihm erklärt, wieso seine Schiffe zuvor in Nymphen verwandelt wurden; sie ermutigt Aeneas, indem sie seinen Sieg voraussagt (245), und die Weissagung wird bestätigt durch harmlose Flammen, die aus Aeneas' Helm und Rüstung kommen. Dieses Bild bildet ein *mis en abyme* (ein Bild innerhalb eines ähnlichen Bildes) mit der Beschreibung von Augustus, der auf dem Schild abgebildet ist, den Aeneas jetzt trägt. Um seine Männer zu versammeln, bedient sich Turnus quasi-iliadischer Diktion wie: »Mars selbst ist nun in der Hand der Männer« (280) und »Fortuna hilft den Mutigen« (284) – man erinnere sich daran, dass er ähnlich sprach, als er Alekto traf, die in Gestalt der Kalybe auftrat.

Die Schlacht wird in einer Weise beschrieben, die wiederum Balance suggeriert: »Es drängt sich Fuß an Fuß, Mann an Mann« (361). Wenn in Buch 8 die Zahl drei ein wichtiges Instrument dazu war, auf den Höhepunkt, den dreifachen Triumphzug am Ende des Buches, hinzuarbeiten, so ist hier in Buch 10 die Zahl zwei wichtig: Vergil vergleicht mehrmals zwei verschiedene Möglichkeiten, wie die Ereignisse ihren Lauf nehmen könnten, und kontrastiert sie miteinander. Wir werden auch sehen, dass zwei junge Männer, Lausus und Pallas, einen ehrenvollen Tod sterben; und es gibt eine ganze Reihe von Freundes- und Brüderpaaren, die im Buch erwähnt werden, zum Beispiel Kydon und Klytios (325), Euander und Thymbrios (394), Lucagus und Liger (575–76).

Seine Schwester, die Nymphe Juturna, drängt Turnus, Pallas nachzustellen und wünscht sich, dass Euander das Ganze mitansehen muss. Der Kampf zwischen dem jüngeren Mann und dem erfahrenen Krieger ist eine Parallele zum Kampf zwischen Hektor und Patroklos in der *Ilias*. Ein Gleichnis, bei dem Turnus mit einem Löwen verglichen wird und Pallas mit einem Stier, erinnert ebenfalls an Homer (*Ilias* 16.823 f.); in der *Ilias* wird Hektor mit einem Löwen verglichen und Patroklos mit einem Keiler. Vergils Gleichnis ist kürzer: Er beschreibt lediglich, wie ein Löwe aus der Ferne einen Stier sieht und heranstürzt.

Pallas' Gebet an Herkules, die Schutzgottheit der Arkadier, ist nur eine theologische Randbemerkung. Seine Unfähigkeit, Pallas' Wunsch zu erfüllen, erfüllt Herkules mit Trauer, und Jupiter will ihn trösten: »Jedem Mann steht sein Tag fest, und die Lebenszeit ist für alle kurz und unwiederbringlich; doch den Ruhm durch Taten zu verlängern, das ist die Aufgabe der Tugend« (10.467–69). Auch wenn das Resultat nicht immer fröhlich stimmt, wenn Vergil sich den Themen Leben und Tod widmet, so zeigt er doch eine gewisse Sympathie und Menschlichkeit, die es so in der epischen Dichtung zuvor nicht gab.[20]

Nach Pallas' vergeblichem Gebet rühmt sich Turnus: »Sieh zu, wie viel tiefer meine Lanze eindringt« (481). Er tötet Pallas und entkleidet ihn; dann ruft Turnus den Arkadiern zu, sie sollen den Leichnam zu Euander bringen. Aeneas' Pflichtgefühl gegenüber dem Haus des Euander lässt ihn sofort zur grausamen Tat schreiten: Er tötet auf brutale Weise acht junge Männer und ermordet danach kompromisslos diverse Gegner auf dem Schlachtfeld. Zu keinem Zeitpunkt lässt er Gnade walten – auch die demütigsten Bitten, zum Beispiel von Magus, Tarquitus oder Liger, nützen nichts; das Verb, mit dem diese Bitten um Milde beschrieben werden, ist *orare*, und es wird bei Turnus' allerletzter Bitte um Gnade wieder auftauchen (12.933).

Die Beschreibung von Aeneas' Blutrausch wird unterbrochen durch ein Gespräch zwischen Jupiter und Juno. Jupiter erklärt kurz und knapp, dass Venus die Troer unterstützt hat. Daraufhin bittet Juno darum, dass ihr gestattet werde, »Turnus heil der Schlacht zu entziehen und zu seinem Vater, Daunus, zu bringen« (10.615 f.). Genau diese Worte wird Turnus am Ende des Gedichts Aeneas gegenüber verwenden (12.932–34). Für den Augenblick willigt Jupiter ein und erlaubt Juno, ihren Helden zu retten, indem sie ein Trugbild von Aeneas erscheinen lässt, das Turnus fortlockt, zu einem nahen Schiff.

Mezentius wird zum wichtigsten Kämpfer der italischen Streitmacht und erringt in der Schlacht zahlreiche Siege. Er wird mit einem Keiler verglichen, eine Beschreibung, die an *Ilias* 11.414 f. erinnert, wo Odysseus gegen einige Troer kämpft. Ein weiterer Vergleich vermengt gleich fünf homerische Löwengleichnisse und stattet so die Figur Mezentius mit epischer Autorität aus.

Als Aeneas auf ihn trifft, betet Mezentius zu seiner eigenen rechten Hand und beschwört sie, ihm zu helfen, was die gewöhnliche Anrufung einer Gottheit pervertiert. Das Einschreiten von Mezentius' Sohn Lausus hindert Aeneas daran, den Vater zu töten, und provoziert einen apostrophischen Tribut seitens des Dichters (10.791–93). Voll Trauer bringt Aeneas den Leichnam des Lausus zu Mezentius, der ihn in seinem Zorn angreift. Am Ende liegt Mezentius unter seinem eigenen Pferd und bittet Aeneas nur darum, mit seinem Sohn zusammen bestattet zu werden (906). Aeneas tötet Mezentius schnell und kaltherzig, was auf die spätere Situation vorausweist, als Turnus ihn um etwas Ähnliches bittet.

Im Laufe des Buches wird Aeneas durch seine Verbundenheit zu Euander zu einem neuen Niveau der Grausamkeit getrieben; er erinnert sich an sein erstes Treffen mit Pallas und Euander, was eine ganz andere Art Stimulus ist als die homerischen Ideale. Coffee hat angemerkt, dass Aeneas mehr von sozialen Verpflichtungen angetrieben zu sein scheint als nur von wilder Raserei; und auch wenn der Ton brutaler geworden ist, bleibt die Zielsetzung die gleiche, und die Gründung einer neuen Nation hängt allein davon ab, ob Aeneas am Ende siegreich ist.[21]

Buch 10 stellt das Gleichgewicht der Macht dar und zeigt, dass der Held in einem solchen Maße von *pietas* motiviert ist, wie es dafür notwendig ist, dass die letzte, kraftvolle Szene des Epos Sinn ergibt. Die Position des Buches innerhalb der zweiten Hälfte des Gedichts ist vergleichbar mit der von Buch 4 innerhalb der ersten Hälfte. In Buch 4 lag der Fokus auf der Liebesbeziehung, die Gefahr lief, Aeneas' wahre Liebe, Italien, in den Schatten zu stellen, und endete damit, dass Dido eine Locke abgeschnitten wurde, was ihren späteren Auftritt in der Unterwelt ankündigte. Die Scharmützel in *Aeneis* 10 weisen auf *Aeneis* 12 voraus, insbesondere auf die Schlussszene jenes Buches und des gesamten Gedichts. Die Betonung der Dualismen – Mann gegen Mann, Göttin gegen Göttin (Venus und Juno), Held gegen Held (Aeneas und Mezentius) – bereitet den Leser auf das letzte und ultimative Duell des Gedichts vor: Aeneas' Kampf gegen Turnus.

Buch 11: Gerede und Gemetzel

Das elfte Buch stellt die Gräuel des Krieges und die Macht der »rechten Hand« im Kriegsgeschehen in den Vordergrund. Dabei gibt es bestimmte Elemente, die auf zwei verschiedene Weisen auf den Schluss vorausdeuten: Erstens stellt Vergil die Unzulänglichkeit von Rhetorik und Diskussionen im Kontext des Krieges dar; dabei übertrifft er bei Weitem die Darstellung der vergeblichen Bitten um Milde in Buch 10 – in Buch 11 werden Gesandtschaften gezeigt, die genauso wenig erreichen wie der öffentliche Diskurs, und je mehr eine Figur mit Worten zu überzeugen versucht, desto weniger glaubhaft wird sie. Und zweitens wird mit Camilla eine Figur eingeführt, die an den Edelmut der Dido erinnert und zugleich, indem sie abgelenkt wird, mit Turnus kontrastiert wird, der mehr als zuvor auf sein eines Ziel fixiert ist.

Zu Beginn von Buch 11 befestigt der erbitterte Aeneas die Waffen des toten Mezentius an einem Baumstamm, als Trophäe für Mars. Dann rückt Pallas' Begräbnis in den Mittelpunkt (39), mit einer Grabrede seitens Aeneas', der sich ausmalt, wie Euander Altäre mit Gaben überhäuft, eine Geste, die die Bedeutungslosigkeit religiöser Gesten in solch einer Situation unterstreicht. Wie zuvor Mezentius beklagt nun Euander den Verlust seines Sohnes – eine Beschreibung, mittels der Vergil herausstellt, welch hohen Preis der Krieg fordert.

Aeneas übernimmt die Verantwortung für Pallas' Tod, und seine Grabrede erinnert an Anchises' Beschreibung des Marcellus in Buch 6. Sein großes Verantwortungsgefühl treibt Aeneas zu einer weiteren extremen Reaktion: Er opfert Menschen (11.81), wie Achilleus es in der *Ilias* (21.27f.) vorgemacht hat, als Reaktion auf den Tod des Patroklos. Aeneas' Motivation ist jedoch eine ganz andere: Ihn treibt sein Pflichtgefühl gegenüber Euander an und vor allem ein Gefühl der Verantwortlichkeit für Pallas, den er nicht zu schützen vermochte.

Als Euander nun also Rache fordert und verlangt, dass Aeneas' »rechte Hand« *(dextra)* den Sieg erringt, willigt Aeneas ein. Die Erwähnung der rechten Hand ist wichtig, denn Aeneas hatte bereits spekuliert, dass einem im Kampf entweder ein Gott oder die eigene rechte Hand das Leben retten könnten (118). Das Wort *dextra*, das in diesem Buch äußerst häufig auftaucht, wird auf zwei verschiedene Arten verwendet, für die Diplomatie und für das direkte Kriegsgeschehen. Bei seiner Bitte an Aeneas meint Euander die letztere Bedeutung; dabei verlässt er sich auf Aeneas' *pietas*, die ein Resultat der früheren diplomatischen Bemühungen ist.

Diese *pietas* führt zu einer ausgeprägten blinden Wut, auch wenn Aeneas latinische Gesandte empfängt, die darum bitten, ihre Toten begraben zu dürfen. Einer von diesen Gesandten, Drances, eine komplexe und interessante Figur, zeigt sich der troischen Sache gegenüber aufgeschlossen (128f.). Im Lager der Latiner beweisen die negativen Berichte der Gesandten, die zu Diomedes geschickt worden waren, die Unzulänglichkeit verbaler Auseinandersetzungen. Diomedes, so heißt es, habe sich daran erinnert, dass er bereits einmal gegen Aeneas gekämpft habe, Mann gegen Mann, und es vorziehe, ihm Geschenke anzubieten (281–83). Aeneas' »Hand«, sagt er ein paar Verse später, habe Troja zehn Jahre lang vorm Untergang bewahrt (289f.); deshalb fordert Diomedes, dass beide Parteien einander die rechte Hand schütteln, um einen Friedensvertrag zu besiegeln (292).

Als Latinus sich später für Frieden ausspricht (320–22), unterstützt ihn Drances, der wiederum Turnus beschwört, sich im Zweikampf mit Aeneas zu messen (370–75). Turnus' Antwort ist doppelt so lang wie Drances' Rede. Er verwirft Diomedes' Zögern (428) und sagt, das Blatt werde sich wenden. Im Gegensatz zu Turnus und seinen weit ausholenden Worten schreitet Aeneas sofort zur Tat und zieht gegen die Rutuler, während ein Herold meldet, die Verhandlungen seien vorüber. Königin Amara ist beunruhigter als Turnus; mit einem Pulk Frauen betet sie vergebens zu Athena, was an eine ähnliche Szene bei Homer senken lässt (*Ilias* 6.294–311); diese Tatsache identifiziert einmal mehr die Rutuler mit der Verliererseite in der *Ilias*, und die Troer nehmen immer mehr die Rolle und Identität der Italier an.

Während Camilla, eine Jägerin im Gefolge Dianas, in den Mittelpunkt der Schlacht rückt, erzählt Diana auf dem Olymp ihrem Diener Opis eine rührende Geschichte aus Camillas Kindheit. In der Schlacht jedoch schwingt Camilla mit ihrer rechten Hand eine Axt und steht triumphierend über ihren sterbenden Opfern. Wie Aeneas achtet sie in ihrer Raserei auf keinerlei Gnadengesuche (690–98).

Als jedoch das farbenfrohe Gewand des Priesters Chlorus Camillas Aufmerksamkeit auf sich zieht, fällt sie ihrem Verfolger Arruns zum Opfer (759–67). Der tödliche Fehler, den Camilla begeht, ist, dass sie sich durch die prachtvollen Stickarbeiten des Gewands ablenken lässt. Während sie stirbt, spricht sie mit Acca, die die gleiche Rolle einnimmt wie Anna bei Dido:

> So viel, Acca, meine Schwester, konnte ich tun. Jetzt tötet mich die herbe Wunde, und alles um mich herum wird dunkel. Flieh und bring Turnus diese neue Order: Er soll zur Schlacht heranrücken und die Troer von der Stadt vertreiben. Und nun lebe wohl. (11.823–27)

Auch wenn ihre Beziehung keine sexuellen Aspekte aufweist, steht Camilla dennoch in gewisser Weise zu Turnus wie Dido zu Aeneas in der ersten Hälfte des Gedichts: Beide werden zum Opfer der Ziele eines Mannes. Eine Verbindung zu Turnus zeigt sich auch in der Art und Weise, wie Camillas Seele zu den Schatten hinabfährt: »empört, mit einem Stöhnen« (831), genau wie später Turnus' Seele im zwölften Buch.

Das Buch endet damit, dass die Latiner zurück innerhalb ihrer Mauern gedrängt werden; viele stürzen an den Toren (890). Turnus vernimmt die schlechten Nachrichten und wütet weiter (901); er macht sich auf in Richtung Stadt, und Aeneas erblickt ihn kurz vor Sonnenuntergang. So endet Buch 11, bei dem Verhandlungen im Mittelpunkt stehen und das Vermögen der rechten Hand, Krieg zu führen oder Frieden zu schließen.

Buch 12: Spectaculum armorum

Zu Beginn des zwölften Buches wird Turnus beschrieben: Er sieht, was passiert, und zugleich schauen ihn alle an (2 f.). Als er in seiner Eröffnungsrede von König Latinus fordert, ihn im Zweikampf gegen Aeneas antreten zu lassen, sagt er, die Latiner könnten dabeisitzen und zusehen (15). Ein Spektakel wird auch die letzte Szene des Buches, in der die Motive falscher Bräutigam, *pietas* und Überlegenheit der Vision über die Rhetorik noch einmal aufgegriffen werden.

Verwandt mit dem Motiv des Spektakels ist die Wichtigkeit der Waffen in diesem Buch (16), ein Motiv, das eine Brücke schlägt zum allerersten Wort des Gedichts, *arma*. Dieses Motiv steht mit dem Bräutigam und den Freiern in Verbindung, was betont wird, als Latinus Turnus anspricht:

> Es war göttliches Gebot, dass ich meine Tochter keinem der früheren Freier gab, und das weissagten mir alle Götter und Menschen. Doch durch meine Zuneigung zu dir, durch die Blutbande und die Tränen meiner armen Frau überwältigt, habe ich alle Fesseln gesprengt; ich entriss die Versprochene meinem Schwiegersohn und habe gottlose Waffen aufgenommen. (12.27–31)

Die Braut selbst wird in den folgenden Versen eingeführt; Lavinia errötet, als sie mitanhört, dass sie Aeneas zur Frau gegeben werden könnte. Turnus interpretiert dieses Erröten als Zeichen ihrer Liebe zu ihm; er entschließt sich, gegen Aeneas im Zweikampf anzutreten und rüstet sich. Sein Schwert, so erfahren wir, ist von Vulkan geschmiedet worden, so dass es sich mit dem des Aeneas messen kann (107).

Latinus stellt die Regeln für den Zweikampf mit Aeneas auf, was an das homerische Duell zwischen Paris und Menelaos um Helena denken lässt (*Ilias* 3.259–309). Wie dort führt der Kampf hier zu keinem Ergebnis, denn Juturna (in Gestalt des Kriegers Camertus) unterbricht ihn und bricht damit den Waffenstillstand. Dann beschreibt sie Turnus mit Worten, die einem berühmten Grabspruch entlehnt sind:

> Er [Turnus] wird sicherlich aufgrund seines Ruhms zu den Göttern gelangen, zu deren Altären er jetzt seine Schwüre sendet, und er wird weiterleben auf den Lippen der Menschen. (12.234f.)

Diese Worte gehen auf Ennius' Grabspruch (»Ich lebe auf den Lippen der Menschen weiter«) zurück, und sie prophezeien auf unheilvolle Weise Turnus' Tod. Grabsprüche wie dieser waren normalerweise auf Grabsteinen zu finden oder wurden in die Dichtung übernommen (vgl. *Georgica* 3.9). Also weist die Anwendung dieses Grabspruchs, auch wenn die Worte selbst Turnus loben, auf seinen Tod voraus.

Als Vergil die Beschreibung der Kämpfe wieder aufnimmt, beschreibt er mehrfach, wie Turnus Troer tötet, deren Geschichten Vergil einzeln darstellt. Turnus stellt auch dem verwundeten Aeneas nach, eine Szene nach dem Vorbild des Kampfes zwischen Achilleus und Hektor. Auch wenn sich Aeneas Heilung davon verspricht, dass man ihm einen Pfeil mit dem Schwert herausschneidet (389–90), handelt der Arzt Iapyx doch ein wenig vorsichtiger – bis Venus einschreitet und Aeneas mit dem kretischen Wundermittel *dictamnum* (Diptam) heilt.

Vergil beschreibt auch brutale Kollateralschäden: Die bestürzte Amara begeht Selbstmord; Lavinia, die ihre Mutter beweint, reißt sich die Haare aus und zerfleischt sich die Wangen. Jetzt, in der Gestalt des Metiscus, stachelt Juturna Turnus an, der behauptet, schon zuvor Metiscus' göttliche Identität gekannt zu haben und auch die des Camertus.

Während Rutuler und Troer aufmerksam zusehen (705), gehen die beiden Protagonisten wie wilde Stiere aufeinander los und bedienen dabei mehrere Elemente römischer Rituale. Während Jupiter, in ganz und gar epischer Manier, ihre Schicksale gegeneinander abwägt, entdeckt Turnus, dass er das falsche Schwert benutzt, denn es zerbricht, als er auf Aeneas' von den Göttern hergestellte Rüstung trifft. Ein weiterer Vergleich beschreibt die zwei Krieger: Aeneas verfolgt Turnus wie ein umbrischer Hund mit aufgerissenem Maul. Zwar hebt Grattius' etwas spätere *Cynegetica* die Qualität umbrischer Jagdhunde hervor (*Cynegetica* 172), doch könnte Vergils Verwendung des topographischen Adjektivs »umbrisch« sowohl Aeneas' neue örtliche Identität hervorheben als auch eine etymologische Paronomasie mit *umbra* (»Schatten«, ein Wortspiel, das schon bei Plautus, *Mostellaria* 769 auftaucht) darstellen, eine Metonymie für Hades, das letzte Wort in Buch 12.[22]

Obgleich Faunus, Turnus' göttlicher Vorfahr, seinem Nachkommen hilft, indem er Aeneas' Speer in einem Baumstamm festhält, kann er das Unvermeidliche freilich nur verzögern und nicht verhindern, denn Jupiter und Juno einigen sich schließlich und lassen Aeneas gewinnen. Auch wenn sie nun persönlich nicht mehr eingreifen darf, bekommt Juno doch einige Zugeständnisse: Troische Begrifflichkeiten sollen durch solche der Besiegten ersetzt werden – Latium, Könige von Alba, Rom, Italien, lateinische Sprache – und so vollends den Prolog des Gedichts erfüllen.

Im letzten Duell schwingt Aeneas seinen Speer und ruft Turnus an, ihm entgegenzutreten. Der unerschrockene Turnus nimmt einen Grenzstein und schleudert ihn Aeneas entgegen (12.897). Das Bild des Helden, der einen Stein aufnimmt, um ihn zu werfen, stammt aus *Ilias* 12.445–50, wo Hektor ein Tor einschlägt. Doch hier wird ein ganz bestimmter Stein benutzt. Der gut informierte Vergil-Leser weiß, dass das Konzept des Grenzsteins bei Lukrez, Vergils direktem Vorgänger in Sachen Epos, ganz besondere Bedeutung erfährt. Wir haben schon früher gesehen, dass Lukrez das Bild des »tief eingelassenen Grenzsteins« verwendet, um auf die Unveränderbarkeit der Naturgesetze hinzuweisen (z.B. *De rerum natura* 1.78, 6.66). Indem er einen solchen Stein nimmt, bestätigt Turnus geradezu Aeneas' »Naturrecht«, seine Bestimmung zu erfüllen.

Das Bild des Grenzsteins fungiert auch als Symbol territorialer Teilung. Turnus will Aeneas von seinem Land fernhalten, von dem, was Turnus' als sein Territorium bezeichnet. Indem er einen Grenzstein ausgräbt (den man, wie wir aus Lukrez' Beschreibung solcher Grenzsteine wissen, in Ruhe lassen sollte), verletzt Turnus uraltes menschliches Recht, das auf einer Stufe mit dem Naturrecht steht.[23] Insofern passt es auch, dass der Stein, mit dem Turnus Aeneas zu treffen versucht, sein Ziel nicht erreicht (12.907).

Im Angesicht dieses Helden erweisen sich Turnus' rhetorische Tricks so wenig wirkungsvoll wie die der Freier in der *Odyssee*. Wie sehr sich Turnus auf seine rhetorischen Fertigkeiten verlässt, kommt in einem Gleichnis zum Ausdruck, das einen Mann in einem Traum beschreibt, dem die Worte fehlen. Turnus' Körperfunktionen versagen nach und nach (so scheint es zumindest), als er auf Aeneas zugeht. All dies ist äußerst befriedigend, wenn wir Aeneas als einen zweiten Odysseus ansehen – den rechtmäßigen Ehemann, der heimgekehrt ist. Und doch ist dieses Bild nicht ganz stimmig: Lavinia war nicht Aeneas' Frau, und Turnus war mehr als nur ein Freier Lavinias, schließlich waren sie verlobt.

Aeneas' Taten – und wie so oft in Vergils Darstellung von Aeneas und Turnus sprechen Taten einfach lauter als Worte – ziehen den Schlussstrich, auch wenn die Sympathien des Lesers nicht unbedingt eindeutig dem Sieger gehören. Im Gegensatz zu Turnus und seinem vergeblichen Versuch, Aeneas mit dem Stein zu treffen, wirft dieser seinen Speer und trifft. Das letzte Gleichnis des Gedichts beschreibt die Bewegung des Speers: Wie ein schwarzer Wirbelwind bringt er den Tod (924). Turnus fällt zu Boden und bemüht einmal mehr die Rhetorik: »Die Ausonier haben gesehen, wie ich, der Besiegte, die Hände nach dir ausstrecke« (936–37). Dann beruft sich Turnus auf die Bande zwischen Vater und Sohn und baut darauf seine Bitte um Gnade auf (933f.); dieses Flehen gewährt Aeneas einen Moment der Pause, während die vier Motive, mit denen das Buch begann – Waffen, Vision, Vater-Sohn-Beziehung und Verlobung mit dem Falschen –, alle zusammenkommen.

Wie Michael Putnam gezeigt hat, merkt der aufmerksame Leser, dass einige Elemente des Zorns der Juno aus dem Prolog nun auf Aeneas übergegangen sind:

> Nachdem er [Aeneas] die Erinnerung an den schlimmen Schmerz mit den Augen getrunken hatte, erglühte er in seiner Wut und mit schrecklichem Zorn und sprach: Du willst mir entkommen, der du dich mit der Kriegsbeute der Meinen schmückst? Pallas opfert dich mit dieser Wunde, Pallas bestraft dich mit deinem eigenen ruchlosen Blut. (12.945–49)

Aeneas schaut sich um (939) und entdeckt die Waffen, die Turnus Pallas als Kriegsbeute abgenommen hat. Diese erinnern Aeneas an eine andere Vater-

Sohn-Beziehung, die zwischen Euander und Pallas. Pallas, so Aeneas, sei derjenige, der ihn, Turnus, opfere (948 f.). Nun kommen die rechte Hand des Kriegers und die Erinnerung an die Bedeutung der rechten Hand als Ausdruck der Loyalität zusammen, in der allerletzten Tat des Aeneas in diesem Gedicht.

Die Situation, mit der das Gedicht begonnen hatte, war dem »Zorn der grausamen Juno« (1.4) geschuldet. Pallas' Gürtel erinnert Aeneas an dessen großen Schmerz, der zu seinem wütenden Zorn geführt hatte. Ist Aeneas dadurch, dass er diese Signale beachtet, nun zu dem geworden, was er eigentlich bekämpfen wollte?[24] Würde er an dieser Stelle nicht zögern, bedürfte er nicht noch eines weiteren Stimulus zur Handlung, könnte dies Argument durchaus gelten. Aber wenn er einige Charaktereigenschaften der zornigen Gottheit übernommen hat, dann er ist nicht zu jenem Bösen geworden, das er vernichten wollte.

Auch wenn man Aeneas' Zorn auf linguistischer Ebene mit dem der Juno vergleichen kann und er auch als solcher zugegebenermaßen eine emotionale Reaktion darauf ist, dass er den Schwertgürtel erblickt, so ist die Tötung des Turnus dennoch nicht einfach ein irrationaler Akt. Seine Logik liegt aber nicht in Aeneas' Wunsch nach epischem *kleos* – auch wenn Turnus dies zu glauben scheint, wenn er sagt, die Ausonier hätten ihn sich ergeben gesehen –, sondern in Aeneas' sozialer Verpflichtung *(pietas)* gegenüber Euander. Im Kontext des augusteischen Milieus, in dem Octavian bei Philippi Rache für Caesar geübt hatte und bei Actium ganz Rom gerettet, bedeutet eine auf jemand anderen übertragene Rache (»Pallas opfert dich mit dieser Wunde«) eine rationale Basis für diese Tötung, auch wenn es eine Basis ist, die bei Vergils Lesern nicht immer Anklang gefunden hat.

Warren Anderson hat vor vielen Jahren einmal angemerkt, dass die Tatsache, dass Aeneas überhaupt zögert, eine gewisse Sympathie andeutet. Dieses Zögern steht mit dem wichtigsten Aspekt der künstlerischen Tiefe der *Aeneis* in Verbindung: Es ist ein Gedicht voller Pathos und Emotionen. Wie Gian Biagio Conte gezeigt hat, sucht es als solches sorgfältig die Balance zwischen den positiven Aspekten von Aeneas' Charakter und den dunklen Kräften, gegen die er kämpft – die, die von außerhalb auf ihn eindringen, und die in seinem Inneren. Insofern erweist sich die Abgrenzung zwischen der Harvard-Schule und der Europäischen Schule als durchaus fließend.[25]

Die künstlerische Darstellung auf Pallas' Schwertgürtel zeigt eine unrechtmäßige Verlobung – ein prominentes Motiv in diesem Buch und im gesamten Gedicht. Aeneas sieht eine Geschichte, in der es unter anderem um die Frage nach dem rechtmäßigen Bräutigam geht, eine Geschichte, die man metonymisch mit der des Odysseus in Verbindung setzen kann. Über diese Metapher hinaus erfüllt Aeneas zudem das vorausdeutende *dum conderet urbem* des Prologs (»bis er die Stadt gründen konnte«, 1.5), indem er in Pallas' Auftrag für Recht und Ordnung sorgt und das Schwert vergräbt – das lateinische Verb *condere* bedeutet nämlich zugleich »gründen« und »begraben« – und so eine Nation aus der Taufe hebt.[26] So kommt Rom zur Welt, als der rechtmäßige Freier seinen *nostos* erfüllt, der ihn in diesem Fall zu einem neuen Land und Troja ein neues Leben gebracht hat, durch den Tod des Turnus, dessen Seele, wie die der Camilla, empört in die Unterwelt hinabfährt.

Fazit

Vielleicht können wir jetzt einmal versuchen, den tieferen Sinn hinter all diesen psychologischen Porträts, epischen Schlachtenszenen und sorgsam gestalteten Erzählstrukturen zusammenzufassen. Ich habe dargestellt, dass die *Aeneis* mit den *Eklogen* Momente des dualistischen Hin und Her gemein hat und mit den *Georgica* die Vermittlung von Weisheit, insofern als Vergil die Tiefen menschlicher Erfahrung thematisiert. Dasselbe kann man über die Art und Weise sagen, wie Vergil dieses Gedicht mit dualistischen Elementen anreichert: Solche Dualismen geben der Erzählung nicht einfach nur Balance, sie tragen zugleich dazu bei, zu verstehen, wie das Epos einige dieser Gegensätze wieder miteinander versöhnt: Ost wird West, troisch wird italisch, und der wilde Aeneas wird zum treuen Ehemann. Genauso erweist sich das, was zuerst als geradezu homerisches Epos erschien, in der abschließenden Analyse als durch und durch alexandrinisch.

Zweifellos ist der zentrale Gedanke der *Aeneis* jedoch die Zielsetzung, ein Motiv, das sehr gut mit dem Zeitgeist des augusteischen Rom korrespondiert. Augustus hatte den Römern neuen Mut gegeben und ihnen ein Gefühl der Bestimmung vermittelt, auf einer immer komplexer werdenden internationalen Bühne. Die politische Einigung, die man als *pax Augusta* (augusteischer Frieden) kennt, bedeutete für Vergil und andere Dichter seiner Zeit einen optimistischen Moment des »literarischen Friedens« *(otium)*. Nach Jahren des Bürgerkrieges hatten Dichter wie Vergil, Horaz oder Properz allen Grund zu glauben, dass sich die Dinge zum Guten entwickelt hatten, dass Rom vielleicht sogar eine Art transzendentaler Größe erreichen könnte, in politischer wie auch in künstlerischer Hinsicht. Auch wenn der Preis, den man für den Sieg hatte zahlen müssen, ein großer war, mit viel Blutvergießen, so bedeutete der Frieden dennoch Hoffnung. In der relativ optimistischen Zeit der 20er Jahre v.Chr. baute Vergil den Dualismus der *Eklogen* und die Weisheit der *Georgica* in das zentrale Element der *Aeneis*, die Mission, ein, deren *telos* Rom ist.

Die literarische Figur Aeneas orientiert sich an einer ganzen Reihe von Vorbildern aus dem Epos – neben seiner Darstellung in der *Ilias* natürlich, auf die er sich in einem Moment enthüllender Selbsterkenntnis bezieht (*Aeneis* 1.488). Zu diesen Vorbildern gehören der wütende Achilleus, der mutige Hektor, der suchende Jason, der Schurke Theseus und der Vagabund Odysseus. Aeneas ist mehr als ein Komposit aus diesen Helden, und er ist auch mehr als nur ihr Nachfolger: Er ist ihre Erfüllung. Vergil hat Aeneas Eigenschaften jedes einzelnen dieser Helden verliehen, und noch etwas anderes: eine tiefempfundene Humanität. Dies ist ein Charaktermerkmal, das noch nie zuvor in diesem Maße einem epischen Helden innewohnte. Somit zeigt sich Vergils wortkarger Held, der auf seinen mühevollen Reisen viel gelernt hat, zugleich als menschliches Wesen und als überlegener Anführer.

Die *Aeneis* ist ein Meisterwerk, denn die Summe ihrer vielen Teile hebt das Genre des Epos auf eine neue Ebene. Um diese Eigenschaft seiner Dichtung hervorzuheben, musste Vergil den epischen Code neu definieren. Wir können uns mit diesem Code beschäftigen, nicht nur aufgrund seiner Situation im antiken Kontext oder seiner zahlreichen literarischen Interpretationen, sondern ausdrücklich aufgrund der Codices, durch die er uns erhalten geblieben ist. Im Folgenden wollen wir mehrere dieser Codices untersuchen, die zum Überleben des Textes, den wir als Vergil kennen, beigetragen haben.

6. Kapitel

Vergil-Handschriften: vom Codex zur kritischen Ausgabe

> Die Textkritik, wie sie im Allgemeinen von den Herausgebern klassischer griechischer und lateinischer Texte praktiziert wird, besteht hauptsächlich aus zwei Prozessen, der *recensio* und der *emendatio*. Die *recensio* ist die Auswahl der verlässlichsten Quelle als Basis für den Text, nachdem alles verfügbare Material gesichtet wurde. Die *emendatio* ist der Versuch, die Fehler zu eliminieren, die sich auch noch in den besten Handschriften finden lassen.
>
> (Bruce Metzger, *The Text of the New Testament*, 156)

Vergils Leben und das Überleben seiner Dichtung habe ich in diesem Buch bereits früher behandelt und das Konzept der »zwei Vergils« erwähnt: des historischen Publius Vergilius Maro und des Vergil, der in seinem Text weiterlebt. Diese zwei Aspekte der Vergil-Überlieferung spiegeln sich in den unterschiedlichen Schreibweisen seines Namens wider: Der historische Name ist Vergil (Vergilius). Daneben gibt es aber noch eine Schreibweise mit »i« (Virgil), wie sie im angelsächsischen Raum verbreitet ist. Zu Letzterer gehört eine Geschichte über Vergils Ruhm.

Der Humanist Angelo Poliziano erklärte im 15. Jahrhundert die Vokalabschwächung dadurch, dass der Dichter in der Spätantike immer populärer wurde. Man erzählte sich viele Geschichten über ihn, und eine besonders weit verbreitete Anekdote erzählte, Vergils Mutter habe geträumt, sie würde einen Zweig *(virga)* zur Welt bringen, der einmal die ganze Welt umspannen sollte. Mithin veränderte sich die Schreibweise von Vergilius durch ein Wortspiel mit *virga*, als Folge der Popularität Vergils.

Dass ein Zweig mit Vergil assoziiert wird, bedarf hier keiner detaillierteren Erklärung. Die Bedeutung dieser Geschichte über die Schreibweise von Vergils Namen passt jedoch gut zur handschriftlichen Überlieferung, die nicht nur aus einem Zweig, sondern aus vielen Zweigen an einem Baum mit vielen dicken Ästen besteht. Dieser Baum trägt einen Namen, der mit der Genealogie in Verbindung steht: *stemma*. Dies ist das griechische Wort für den »Kranz«, mit dem man die Büsten der Vorfahren schmückte; es wurde metonymisch für den römischen Stammbaum verwendet.[1]

Ein Stemma für einen Autor wie Vergil zu erstellen ist eine außerordentlich komplizierte Angelegenheit; dabei versucht der Paläograph, sich dem Originaldokument des Autors zu nähern, das man als Autograph bezeichnet. Das Stemma beinhaltet alle wichtigen Codices, Zweig für Zweig. Mittels ihrer Abkürzungen, von denen ein paar im Folgenden erwähnt werden, sammelt man diese Codices in einem sogenannten kritischen Apparat (*apparatus criticus*), einem exegetischen Addendum aus kurzen Notizen unten auf jeder Seite einer kritischen Ausgabe.

Um einen kritischen Apparat vorzubereiten, muss der Herausgeber jeden Strich und jeden Klecks in einer Handschrift genau untersuchen. Ein neuentdeckter Fetzen Papyrus kann dazu führen, dass ein Herausgeber eine komplette Passage überdenken muss, und eine innovative Idee kann eine neue Erklärung für eine extrem schwierige Stelle im Text liefern, wie sie als *crux* (Pl. *cruces*) bekannt ist. Einige *cruces* können aufgrund der mangelnden Beweislage nicht aufgelöst werden; diese versieht man mit einem Kreuzzeichen (†). Im Falle Vergils gibt es keine einzige solche Stelle, aber dennoch gibt es eine Reihe fragwürdiger Lesarten. In diesem Kapitel sollen einige davon vorgestellt werden.

Außerdem werde ich kurz darstellen, wie der Vergil-Text überlebt hat, vor allem, wie sich der Text verzweigt hat und sich die existierende breite handschriftliche Überlieferung bildete. Die Betrachtung einiger Beispiele für Textvarianten wird zeigen helfen, wie eine kritische Ausgabe zustande kommt. Bevor wir zu diesen Beispielen kommen, wollen wir jedoch untersuchen, wie der Codex selbst Form annahm.

Bücher und Handschriften

Vergil hätte sich nicht vorstellen können, dass seine Texte irgendwann einmal in der modernen Buchform des Codex erscheinen würden. Das Buch der augusteischen Zeit war die unhandliche Schriftrolle. Das lateinische Wort für so ein Buch, *liber*, bedeutete zuerst »Baumrinde«, das ursprünglich zur Herstellung von Schriftrollen verwendete Material.

Als der Import von Papyrus aus Ägypten begann, verschwanden die Bücher aus Baumrinde, aber die Bezeichnung *liber* wurde beibehalten. Der aufgerollte Papyrus bildete ein *volumen* (von lat. *volvere*: »rollen«), das um einen Holzstab gerollt war, der *umbilicus* hieß. Eine solche Rolle bewahrte man oft in einem Kasten *(capsa)* auf, oder man band mehrere Rollen mit einem Lederband zusammen. Ein Schildchen namens *vellum* (»Schafhaut«) wurde an jedem *volumen* befestigt, das den Titel *(titulus)* des Werks trug. Die Schriftrollen las man, wie heute in der westlichen Welt üblich, von links nach rechts; als die Schriftrolle dem Codex Platz machte, veränderte sich die Bedeutung des Wortes *liber* noch einmal.[2]

Für den Codex bevorzugte man feines Pergament, auch wenn es sehr teuer war, da beide Seiten jedes »Blattes« so gefaltet werden konnten, dass unterscheidbare Vorder- und Rückseiten (»Folio«) entstanden; außerdem war es viel haltbarer als Papyrus. Auch wenn der Übergang vom Papyrus zum Codex im römischen Rechtswesen (ca. 300 n. Chr.) sowie der Wunsch nach handlichen Reiseausgaben der Werke von Homer oder Vergil eine Rolle spielten, so war doch der ausschlaggebende Grund für den allgemeinen Übergang zur Verwendung des Codex, dass er von den Christen bevorzugt wurde, wie man bereits im zweiten Brief des Apostels Paulus an Timotheus sehen kann.[3]

Die Ablösung des voluminösen *volumen* durch den leicht durchblätterbaren Codex war ein Paradigmenwechsel, wie ihn die Menschheit erst wieder mit der Erfindung des Buchdrucks im 15. Jahrhundert erlebte. Zwischen Spätantike und Renaissance lag das Schicksal der Texte Vergils in den Händen von Kopisten, die die Vergil-Codices weitergaben, indem sie sorgfältig Zeile für Zeile auf Pergament abschrieben. Man kann sich leicht vorstellen, wie fehleranfällig dieser arbeitsreiche Prozess war.

Auch wenn der Übergang vom Papyrus zum Codex relativ schnell vonstatten ging, so ist der Weg vom Codex zur kritischen Ausgabe im Gegensatz dazu eine lange und aufreibende Reise, die bei einigen ganz alten Codices beginnt. Es gibt keine hundertprozentige Übereinstimmung zwischen den Forschern darüber, welche Vergil-Handschrift die verlässlichste ist.

Das Vergil-Stemma ist stabil, denn wir verfügen über ein »antikes Dickicht« aus Handschriften, wie R. A. B. Mynors es einmal scherzhaft bezeichnete, indem er ein Bild aus der Beschreibung des Abstiegs Aeneas' in die Unterwelt bemühte (*Aeneis* 6.179). Leighton D. Reynolds greift Mynors' Analogie auf, wenn er die über 750 mittelalterlichen Zeugen einen »gewaltigen Wald« nennt, in Anlehnung an Vergils Beschreibung ein paar Verse später (6.185).

Wir wollen unseren Überblick über die Handschriften mit dem *Codex Mediceus (M)* beginnen. Der *Mediceus* ist von größter Bedeutung für die Rekonstruktion des Vergil-Textes, da er sehr alt und relativ vollständig ist, lediglich seine erste *quaternio* und eine Einzelseite sind verloren gegangen – diese sind separat durch den *Codex Vaticanus* 3225 erhalten. Der *Mediceus* ist in der Biblioteca Medicea-Laurenziana in Florenz zuhause, und er enthält die Subskription des Konsuls Turcius Rufius Apronianus Asterius, die im 1. Kapitel behandelt wurde. Das dort angezeigte Datum (21. April 494) bietet einen wichtigen *terminus ante quem* (also ein Datum, vor dem die Handschrift verfasst worden sein muss). Er wurde im selben Jahrhundert in Italien verfasst, in *Capitalis-rustica*-Schrift (der ältesten römischen Großbuchstabenschrift), und fand seinen Weg zum Kloster Bobbio nahe Piacenza, bevor er durch den dortigen Abt nach Rom gebracht wurde. Pomponius Leto verwendete den *Mediceus* für seinen Kommentar und machte sich in der Handschrift Notizen.[4]

Genauso wichtig für die Erstellung des Vergil-Textes ist der *Codex Palatinus (P)*, der fast vollständig ist und in Italien in großer, schmuckvoller *Capitalis rustica* verfasst wurde, wahrscheinlich Ende des 5./Anfang des 6. Jahrhunderts.[5] Heute ist er in der Bibliothek des Vatikan beheimatet, doch seine Bezeichnung stammt aus der Zeit, als er sich in der Bibliotheca Palatina in Heidelberg befand. Bereits in der Antike haben drei Redaktoren, die man heute einfach als P^1, P^2 und P^3 bezeichnet, die Handschrift mit Korrekturen versehen; ihre Anmerkungen werden in modernen Ausgaben mit diesen Superskriptionen zitiert, um sie von den Lesarten der eigentlichen Handschrift unterscheiden zu können.

Robert Marichal schlägt für den *Palatinus* ein sehr altes Vorbild in Halbkursive vor, von dem noch Spuren in einigen paläographischen Elementen von *P* zu finden sein könnten.[6] Insbesondere weist die Handschrift antiquierte Formen wie *olli* für *illi*, *gnatus* für *natus*, *quoi* für *cui* und andere ähnliche Archaismen auf. Mario Geymonat schlägt mit gebotener Vorsicht vor, *P* könnte eine gemeinsame Quelle mit *R (Vaticanus Latinus 3867)* haben.

Diese Handschrift, der *Codex Romanus (R)*, ist ob ihres Alters und ihrer Genauigkeit ebenfalls sehr wichtig, auch wenn der ursprüngliche Redaktor einige Wörter eingefügt hat, als wären sie die des Autors: Zum Beispiel hat er *rusticus* durch *agricola* ersetzt (*Georgica* 2.406), *rubores* durch *colores* (*Georgica* 3.307) und *instaurat* durch *honorat* (*Aeneis* 4.94). Geringe, wenngleich wichtige Hinweise auf die Datierung der Handschrift sind bestimmte Abkürzungen, die nicht vor dem 6. Jahrhundert auftauchen (z.B. *DS* für *deus*), und ein Einzelvers, der nach *Aeneis* 6.241 eingefügt ist und die Adaption eines Verses aus Priscians Übersetzung des afrikanischen Grammatikers Dionysius Periegetes (ca. 500 n.Chr.) zu sein scheint. *R* kann also mit hoher Wahrscheinlichkeit auf Ende des 5./Anfang des 6. Jahrhunderts datiert werden.[7]

Die *Capitalis rustica* des *Romanus* ähnelt der des *Palatinus*, eventuell stammt sie aus derselben Werkstatt. Auch wenn er unvollständig ist, hat R glücklicherweise das Ende der dritten *Ekloge* und den Großteil der vierten (1–51) erhalten – Verse, die in den meisten antiken Handschriften nicht vorkommen. Der Verlust, den er zu verschiedenen Zeiten erlitt, zeugt von einer häufigen Benutzung des Codex. Im *Romanus* finden sich 19 Illustrationen, die sich von denen in der fragmentarischen Vatikan-Handschrift unterscheiden.[8]

Die Vatikan-Handschrift, bekannt als *Schedae Vaticanae (F)*, ist der älteste der vier wichtigsten, wenn auch fragmentarischen, Zeugen (eventuell 4. Jh.). In *Capitalis rustica* geschrieben, sind in F Teile der *Georgica* und der *Aeneis* erhalten, auf rund 75 Blättern mit je 21 Versen; auf ihnen finden sich zudem 50 sehr schöne antike Miniaturen (Abb. 3). Diese wertvollen Illustrationen weisen bestimmte stilistische Merkmale auf, die darauf hinweisen könnten, dass sie auf Originale aus der Severer-Dynastie zurückgehen (193–211 n. Chr.).

Über die frühere Geschichte dieser Handschrift weiß man wenig. Im 15. Jahrhundert jedoch gehörte sie dem Renaissance-Dichter Giovanni Pontano (gest. 1503); 1579 erstand sie Torquato Bembo, der Sohn des berühmten Kardinals Pietro Bembo, und der überließ sie 1602 der päpstlichen Bibliothek.[9]

Ein weiteres nur teilweise erhaltenes Manuskript in *Capitalis rustica* ist der *Codex Veronensis XL (V)* aus dem 5. Jahrhundert, der auch als *schedae rescriptae Veronenses* bekannt ist und in der Biblioteca Capitolare in Verona aufbewahrt wird. Die Bezeichnung »rescriptae« zeigt an, dass die Blätter überschrieben wurden; das heißt, die Schrift wurde »radiert«, indem man die Tinte vom Pergament kratzte, und später neu beschrieben. Ein solches Dokument, das man als »Palimpsest« bezeichnet, hat doppelten Wert, denn jede Seite birgt sowohl die jüngere Schrift als auch Spuren des Originals. Die moderne Forschung verwendet Vergrößerungsgläser, UV-Licht und andere Gerätschaften, um die unter der Schrift liegende Schrift zu entziffern.[10]

Im Falle des *Veronensis* ist das spätere Dokument die *Moralia in Job* Gregors des Großen, in einer Schrift, die man als »Luxeuil-Minuskel« bezeichnet. Mario Geymonat hat jüngst die (in Zusammenarbeit mit Fabio Troncarelli entwickelte) These vertreten, dass die *Rustica*-Handschrift des originalen Vergil-Dokuments von einem französischen Abt in Bobbio stammte, bevor sie etwa hundert Jahre später nach Verona kam; eventuell wurde es sogar von Boethius (ca. 480 bis ca. 525) korrigiert. Die erhaltenen Fragmente stammen in erster Linie aus der *Aeneis*, aber auf immerhin zwölf Folios finden sich auch Teile der *Eklogen* und *Georgica*. Leider hat ein starkes

Abb. 3 Vergil, *Codex Vaticanus* (Vat. lat. 3225, fol. 18v: Tod Laokoons).

chemisches Reagens im 19. Jahrhundert Teile dieses Palimpsests sehr schwer lesbar gemacht. Die Vergil-Texte wurden nicht reich verziert: Jede Seite hatte reichlich Margen für Anmerkungen und enthielt ursprünglich nur dreizehn Verse mit sehr wenigen Abkürzungen – Merkmale, die auf eine Schulausgabe hindeuten.[11]

Eine weitere wichtige, wenn auch wiederum fragmentarische Handschrift ist der *Vergilius Sangalliensis (G)* aus dem 6. Jahrhundert. Aufbewahrt in der Stiftsbibliothek St. Gallen, stammt diese Handschrift wahrscheinlich aus Italien. Irgendwann wurde der Codex auseinandergenommen und zum Binden verwendet, so dass nur zwölf Blätter überlebten. Ein *Explicit* (»Hier endet das Buch«) ist erhalten. Auch wenn es einstmals wohl den gesamten Vergil-Text enthielt, sind heute nurmehr 400 Verse erhalten.[12] Seine schmuckvolle Schrift, die *Capitalis quadrata* (präzisere und kastenförmigere lateinische Majuskeln als bei der *Capitalis rustica*) deuten darauf hin, dass es eine »*Coffee-table*«-Ausgabe war. Wir wissen, dass sich die überlebenden Fragmente bereits im 12. Jahrhundert im Kloster von St. Gallen befanden, als einige seiner Blätter für eine Ausgabe der *Vulgata* verwendet wurden.

Der vierte elegante fragmentarische Codex, *Augusteus (A)*, ist ebenfalls in der *Capitalis quadrata* geschrieben. Nur sieben Seiten, alle aus den *Georgica*, sind erhalten: Vier befinden sich im Vatikan und drei in Berlin. Der *Augusteus* ist die älteste Handschrift mit ornamentalen Initialen (d. h. ausgeschmückten Buchstaben am Beginn von neuen Abschnitten im Text). Auf der ersten Seite findet sich die Superskription: »Claudius Puteanus [Claude DuPuy] gab dies als Geschenk Fulvius Ursinus [Fulvio Orsini]«; die Handschrift des Letzteren (die man kennt, weil er als Bibliothekar für die Familie Farnese tätig war) scheint am Rand erhalten zu sein.[13]

Die Handschrift, eventuell 6. Jahrhundert, enthielt ursprünglich wohl die *Aeneis*, wie vier Verse auf dem achten Blatt anzeigen. Das achte Blatt ist heute verloren, wurde jedoch von Jean Mabillon, einem berühmten frühen Paläographen, überliefert.[14] Der *Augusteus* ist in der Biblioteca Apostolica beheimatet, seit er im 19. Jahrhundert der Deutschen Staatsbibliothek abgekauft wurde *(Vaticanus Latinus 3256)*.

Es gibt zudem zwei fragmentarische Handschriften aus dem 8. Jahrhundert (sie werden mit Kleinbuchstaben bezeichnet, da sie jünger sind als die oben genannten). Die erste von diesen, *m (CLA ix 1327)*, aus Bindungen des 12. Jahrhunderts gerettet, befindet sich in München und bietet auf jeder Seite 33 Verse in spätantiken Kapitalen; sie war wahrscheinlich für den Hausgebrauch gedacht und ist in keinem besonders guten Zustand. Der älteste bekannte Aufenthaltsort dieser Handschrift ist das Kloster Tegernsee, ursprünglich könnte sie aus Norditalien stammen.[15]

Das zweite wichtige Fragment aus dem 8. Jahrhundert ist die *Pariser Handschrift (p)*. Die Handschrift wurde in Deutschland kopiert, mit je etwa 35 Versen pro Seite in zwei Spalten in einer sehr kleinen Schrift. Ein Fragment, das die ersten Verse der *Aeneis* enthält, wurde in Basel entdeckt. Die wichtigsten Varianten finden sich in den Teilen des vierten Buches der *Aeneis*, die in *p* überliefert sind.[16]

Es gibt noch mehrere weitere wichtige Handschriften aus dem 9. und 10. Jahrhundert, deren Übereinstimmungen man als ω zusammenfasst. Die wichtigste Handschrift aus dem 9. Jahrhundert ist der *Gudianus Latinus 2° 70*, bekannt als *Guelferbytanus* (γ). Diese Handschrift in Wolfenbüttel bedarf hier besonderer Beachtung, da sie einige im *Palatinus* unklare Lesarten bezeugt; γ könnte ein indirekter Nachkomme von *P* sein.

Im 9. Jahrhundert wuchs die Aufmerksamkeit, die man den Schriften der Antike und den Vergil-Handschriften zukommen ließ, und wurde zu einer Basis der späteren italienischen Renaissance. Allein schon durch ihre große Zahl zeigen diese Handschriften die Popularität, die Vergil innerhalb der intellektuellen Elite des Spätmittelalters genoss.

Unterschiedliche Lesarten

So wie der Historiker prüfen muss, welche historischen Zeugnisse überliefert sind, mittels derer er Aussagen über Vergils Leben treffen kann, so muss der Paläograph durch *recensio* der Handschriften den Vergil-Text rekonstruieren; zum Glück ist die Bandbreite und Qualität der paläographischen Zeugnisse, wenn sie auch komplex ist, doch prinzipiell verlässlicher als die Belege zu Vergils Biographie. Vielfach jedoch ist die *recensio* unzureichend, und mittels *emendatio* muss eine neue Lesart erreicht werden; die Neubewertung nur eines einzigen Wortes kann oftmals zu einem neuen Verständnis des Textes führen.

Seltsamerweise ist die beste Lesart manchmal ausgerechnet die unwahrscheinlichste. Karl Lachmann, der große Philologe des 19. Jahrhunderts und Herausgeber von Lukrez' *De rerum natura*, war einer der Ersten, die das editorische Prinzip *lectio difficilior, potior* angewendet hat (d. h., paradoxerweise, »Die schwierigere Lesart ist die wahrscheinlichere«). Dieses Prinzip fußt auf der Annahme, dass eine solche Lesart wahrscheinlicher ist, weil Kopisten tendenziell immer versuchten, komplizierte Lesarten zu vereinfachen. Obgleich dies keinesfalls eine erschöpfende Methodik darstellt, insbesondere im Falle der Dichtung, wo metrische Zwänge eine große Rolle spielen, ist es nichtsdestotrotz ein wichtiges editorisches Prinzip. Ein weiteres solches Prinzip ist *lectio brevior, potior* (»Die kürzere Lesart ist die wahrscheinlichere«), doch auch hier gilt: Der markante Spruch kann höchstens eine Richtschnur sein, keine Regel. Wir wollen jetzt einige Beispiele betrachten, bei denen diese Maxime angewendet werden kann (oder eben nicht).[17]

Ekloge 4.62–63
Ekloge 4, ein Gedicht, dass vollständig in *R* und teilweise in *P* erhalten ist, beschreibt die Geburt eines Kindes, das der Welt Frieden bringen soll; unter den Kommentatoren ging es indes weniger friedlich zu, wenn von Vers 62 die Rede war. Martin L. West zitiert gerade diesen Vers als einen Fall einer frühen textlichen Korruptele, Eduard Norden hingegen spricht lediglich von der Komplexität dieses Verses, die er in einer langen Fußnote ausführt.[18] R. A. B. Mynors' Ausgabe (Oxford Classical Texts) liest:

6. Kapitel

>*qui* non risere *parenti,*
>nec deus hunc mensa, dea nec dignata cubili est. (4.62–63)

>*Diejenigen, die* ihr *Elternteil* nicht angelächelt haben, hält weder ein Gott für seines Tisches noch eine Göttin für ihres Bettes würdig.

Die Handschriften P und R lesen *parentes* (also »Eltern«) statt des Singulars *parenti*, für den sich Mynors entschieden hat. Die obige Lesart ist die gegenwärtige *communis opinio* (zumindest unter angelsächsischen Forschern) und setzt sich über die Handschriften hinweg, um stattdessen den Dativ *parenti* zu bevorzugen – die einfachere und sinnvollere Lesart. Dennoch hat vor Mynors Otto Ribbeck *qui non risere parentes* vorgezogen, obwohl dies bedeutete, dass er die gewöhnliche Bedeutung des Verbs *ridere* anpassen musste. Remigio Sabbadini hat dasselbe getan, mit einer langen Anmerkung in seinem kritischen Apparat.

Man könnte diese Lesart einfach akzeptieren, gäbe es nicht bestimmte Zeugnisse außerhalb der Handschriften. Genau diese Stelle zitiert nämlich der antike Grammatiker Quintilian als Beispiel für *figura et in numero*, ein Stilmittel, bei dem ein Substantiv im Plural auf einen vorgeschalteten Singular folgt (*Institutio Oratoria* 9.3.8.1–5). Quintilian nimmt *qui* (»diejenigen«) als Nominativ Plural und Subjekt des Verbs *(risere)* und sieht es als irregulären Plural in Bezug zum Adressaten im Singular, dem »kleinen Jungen« *(parve puer)*, an.

R. A. B. Mynors, Eduard Norden und andere ignorieren Quintilians Zitat aus dem Text, doch sie akzeptieren seine Erklärung für den Wechsel von Singular zu Plural, indem sie *parentes* zu *parenti* emendieren. Doch wenn man *parentes* als Objekt des Verbs *risere* ansieht, muss man die lexikographische Überlieferung außer Acht lassen, die diesem Verb eher die Bedeutung »auslachen« als »anlächeln« zuweist, wenn es mit dem Akkusativ steht. Megan Williams argumentiert für eine Emendation von *parentes* zum Dativ Singular *parenti*, indem er das Verb *risere* mit dem Bild des Kindes, das seine Mutter anlächelt, in Vers 60 verbindet (*incipe, parve puer, risu cognoscere matrem* [»Fang an, kleiner Junge, deine Mutter mit einem Lächeln zu erkennen«]). Zwar ist dies plausibel, aber ein offensichtlicher Einwand wäre, dass Quintilians Text dann ebenfalls emendiert werden müsste. Außerdem würde Quintilians *figura et in numero* dann ein wenig seltsam erscheinen: Aus einem einzelnen Jungen *(parve puer)* würde auf einmal eine Gruppe von Kindern *(qui risere)*, die ein einzelnes Elternteil anlächeln. All diese Überlegungen gründen auf der Annahme, dass Quintilians Lesart der Passage richtig ist – und seine Interpretation ebenso.[19]

Eine weitere Möglichkeit, die von der handschriftlichen Überlieferung unterstützt wird, wäre jedoch, *qui* als Äquivalent des Dativs *cui* anzusehen, mit *parentes* als Subjekt von *risere*. Die Handschriften *P*, *R* und γ lesen hier alle *qui*, Quintilian hingegen liest *cui*. Möglicherweise schrieb Vergil, wie Lukrez, der vorsätzlich Archaismen verwendete, *quoi;* die Tatsache, dass *R* zahlreiche solcher Archaismen enthält, könnte dadurch erklärt werden, dass der Dichter zu dieser Praxis tendierte. Tatsächlich kommt Mario Geymonat in seiner kritischen Ausgabe von 1973 zu diesem Schluss; er folgt Remigio Sabbadini und Jacques Perret darin, *parentes* stehen zu lassen, und er führt die archaische Form *quoi* für *cui* ein. Der Haupteinwand gegen diese Möglichkeit ist, dass wenn man *qui* als Dativ ansieht, die Eltern auf einmal das Kind anlächeln – ein Szenario, das manchen Forschern zu offensichtlich erscheint, als dass Vergil es beschrieben hätte.[20]

Die Möglichkeit, dass *qui* Dativ ist, antwortet auf das Lächeln des Kindes in Vers 60, und vor allem macht es keine große *emendatio* notwendig, denn *qui* als Äquivalent von *quoi* anzusehen, ist nicht allzu weit hergeholt. Die Handschrift γ, deren Lesarten oft besser sind als ihr relatives junges Alter vermuten lassen, liest *cui*. Ein Zweig der handschriftlichen Überlieferung unterstützt diese Lesart also, während ein anderer (zugegebenermaßen älterer) Zweig *qui* hat, von dem Remigio Sabbadini und Mario Geymonat annehmen, dass es für *quoi* steht, die archaisierende Variante von *cui*. Wenn wir dies akzeptieren, nehmen wir also an, dass Vergil die archaische Form von *cui*, also *quoi*, verwendete, die die Kopisten dann zu *qui* änderten. Dafür spricht das frühe Zeugnis von Servius, der diese Lesart bewahrt.

Was machen wir aber nun mit Quintilians seltsamer *figura et in numero?* Quintilian hat entweder den Vers falsch gelesen – was möglich wäre, wenn der Wechsel von *quoi* zu *cui* etwa 100 Jahre vor Quintilian stattgefunden hat –, oder er hat Singular und Plural durcheinandergebracht. Auch Grammatiker machen Fehler.[21]

Wenn wir also Quintilian einen Fehler zugestehen, ist die beste Lesart dieses Verses, dass *qui* in der Handschrift für den angenommenen Urtext *quoi* (also *cui*) steht, bezogen auf *ridere*, ein Verb, das gemäß Wendell Clausen (ad loc.) den Dativ benötigt, wenn es »anlächeln« bedeuten soll und nicht »auslachen«. Eine solche Interpretation bedeutet außerdem, dass es möglich ist, dass hier nur eine einzige Familie gemeint ist (zwei Elternteile und ein Kind anstatt mehrerer Kinder), eine Konstellation, die sich besser in den Kontext dieses Gedichts einfügt, bei dem es ja um die einzigartige Geburt eines ganz besonderen Kindes geht.

6. Kapitel

Georgica 4.415

In *Georgica* 4 will die Nymphe Kyrene ihren Sohn Aristaeus beruhigen, nachdem sie ihn angewiesen hat, Proteus einzufangen und von ihm zu lernen, wie man verlorene Bienen wiederholt. Sie begießt ihn mit dem Duft von Ambrosia:

> haec ait et liquidum ambrosiae defundit odorem,
> quo totum nati corpus perduxit; at illi
> dulcis compositis spiravit crinibus aura
> atque habilis membris venit vigor. (415–18)

Dies sagt sie, und sie gießt auf ihn den flüssigen Duft von Ambrosia, mit dem sie den ganzen Körper des Sohnes bedeckte; jenem aber fuhr ein süßer Hauch in das geordnete Haar, und Geschick und Kraft fuhren in seine Glieder.

Keines der zwei Hauptverben, *defundit* und *perduxit*, hat allen Kopisten oder Redaktoren der Handschriften gefallen. Die späteren Handschriften *d, e, h* und *v* sowie der frühere St. Gallen-Codex lesen zum Beispiel *defundit* (also Präsens), während andere Textzeugen des 9. und 10. Jahrhunderts *(a* und *t)* *defudit* lesen (also Perfekt) und die Handschrift in Oxford *(f)* die Präsensform eines anderen Verbs bietet, *defendit*. Die Handschriften *M, b, c, r* und *γ* haben *diffundit*, *P* hat *perfundit*. Dazu kommt, dass *M* am Ende ein Substantiv im Ablativ nennt *(honore)*. Der *Codex Romanus* geht wiederum in eine ganz andere Richtung; er liest *depromit* und ändert das Verb in Vers 416 von *perduxit* zu *perfudit*. Man sieht schon auf den ersten Blick, dass diese Verse ein ernstes Problem darstellen.

Die Bedeutungen der Verben weichen deutlich voneinander ab – »gießen«, »abwehren«, »entnehmen« etc. Umso wichtiger ist es, festzustellen, welche Wörter Vergil tatsächlich verwendet hat. R. A. B. Mynors sieht *defundit* als *lectio difficilior* an, da es nicht gut mit dem Perfekt des folgenden Verses, *perduxit*, korrespondiert. Der *Codex Romanus* zeigt, wie sich der Kopist abmühte, in die unglückliche Tempus-Koordination dieser Verse einen Sinn hineinzubringen. Auch wenn Mynors' Wahl der *lectio difficilior* die beste Lösung zu sein scheint, so werden wir doch in diesem Fall unsicher bleiben müssen, wie Vergils Urtext lautete.

Aeneis 8.223

Im achten Buch der *Aeneis* beschreibt Euander das Monster Cacus, das entsetzt Herkules ansieht. In dieser Szene zeigt Cacus' Blick, wie verstört es ist:

tum primum nostri Cacum videre timentem
turbatumque *oculis;* fugit ilicet ocior Euro
speluncamque petit, pedibus timor addidit alas. (8.222–4)

Dann sahen die Unsrigen zum ersten Mal Cacus ängstlich und *in den Augen* verstört; er flieht schneller als der Eurus und läuft zu seiner Höhle, die Furcht hat seinen Füßen Flügel verliehen.

In der Handschrift *M* ist die Endung *-is* von *oculis* kaum lesbar, da der Vers auf einem der am schlechtesten erhaltenen Blätter der Handschrift steht. Allein Handschrift γ bietet eine alternative Lesart: *oculos*. Falls man die Lesart *oculi*, von der Servius sagt, »andere« hätten sie bewahrt, akzeptiert (was Sabbadini tut), dann ist die Frage: Um wessen Augen geht es hier? Denn in dem Fall würde man *oculi* auf *nostri* beziehen. Dazu Servius: »Andere lesen ›oculi‹ und akzeptieren [die Lesart] von denen, die vor ihnen kamen, ›[unsere] Augen sahen ihn, verstört‹« (Servius, ad 8.223). Der Akkusativ *oculos* kann auch nicht vollkommen ausgeschlossen werden, auch wenn nur γ diese Lesart bewahrt. Alle anderen relevanten Handschriften lesen *oculis*, was entweder ein Ablativ der Spezifizierung ist oder ein Dativ des Bezugs. Meine eigene Autopsie des *Mediceus* unterstützt *oculis* in dieser Handschrift.

Nach Abwägen all dieser Beweise muss man eine Entscheidung treffen. Insofern, als die Szene mit Herkules und Cacus das Aufeinandertreffen von Aeneas und Turnus im Finale vorwegnimmt, scheint mir die Lesart *oculi* (in Bezug auf den Blick des Publikums) doch die beste zu sein. Dennoch kann man die *lectio difficilior* (*oculos*) genauso wie die Lesart *oculis*, die sich in der Mehrzahl der Handschriften findet, so auch im *Mediceus*, nicht ganz ausschließen.

Aeneis 10.558
Aeneis 10.558 ist ein besonders interessanter Fall. Dieser Vers, für den es zwei wichtige Textvarianten gibt, liest sich in den Ausgaben von R. Sabbadini, M. Geymonat, J. Perret und R. A. B. Mynors wie folgt:

istic nunc, metuende, iace. non te optima mater
condet humi patrioque onerabit membra sepulcro:
alitibus linquere feris, aut gurgite mersum
unda feret piscesque impasti vulnera lambent. (10.557–60)

Dort liege nun, Furchteinflößender. Keine edle Mutter wird dich
bestatten und deine Glieder <u>mit einem Grabmal nach Sitte der Vorfahren
beschweren</u>:
Du bleibst liegen für die wilden Vögel, oder du wirst vom Strudel heruntergezogen
und von einer Welle fortgespült, und hungrige Fische lecken an deinen
Wunden.

Aeneas triumphiert über den Leichnam des Tarquitus, der ihn, wie so viele Opfer seiner Wut in Buch 10, vergeblich um Gnade angefleht hatte. Aeneas sagt Tarquitus, seine Mutter werde ihn nicht in der Erde begraben, und dann fügt er noch etwas hinzu, was in dem fraglichen Vers steht. Liest man ihn wie oben, dann will Tarquitus' edle Mutter seine »Glieder mit einer väterlichen Grabstätte beschweren«, was nur dann Sinn ergibt, wenn wir die gesamte Formulierung als tautologisch zu *condet humi* (»in der Erde begraben«) ansehen.

Um zu dieser Lesart zu kommen, muss der Herausgeber die Lesart der Handschriften *M* und *f* akzeptieren, bei denen das Adjektiv *patrio* (»väterlich«) das Substantiv *sepulchro* (»Grabstätte«) modifiziert. *P¹* liest *patrique*, während die Redaktoren von *P²* und diverse andere Codices, darunter auch γ, *patriove* lesen. Beide behalten *mater* als Subjekt des Verbs *onerabit*. Auf der Basis der Lesart von *P* hat Gent vorgeschlagen, dem Verb *oneravit* in *P* die Lesart *patria atque* hinzuzufügen. Beachten wir im Moment einmal nicht das Tempus des Verbs, so deutet diese Lesart entweder auf einen Subjektwechsel hin, oder sie fasst *patria* als *mater* beigefügt auf. Doch auch wenn die Verbindung »Mutter« und »Heimat« grammatikalisch funktioniert, ist sie doch weniger befriedigend, was den Sinn des Textes angeht. Aeneas' Prahlerei fällt um einiges geringer aus, wenn er zu Tarquitus' Leichnam sagt, dessen Heimat werde ihn nicht (oder hat ihn nicht) begraben. Denn sicherlich erreicht diese Passage ihre Tiefe dadurch, dass der Mutter das Recht auf ein ordnungsgemäßes Begräbnis des eigenen Sohns verwehrt wird.

Dass sich drei der wichtigsten Ausgaben über den Abschnitt des Verses, der mit *patrioque* beginnt, einig sind, bietet nur geringen Trost hinsichtlich der Unterschiede zwischen den anderen Handschriften. Auch das Verb macht Ärger, wie die gerade angeführte Lesart von *P* zeigt und Mario Geymonats umfangreicher Apparat bezeugt. Die Wolfenbütteler Handschrift liest *honeravit*, was von einem späteren Redaktor (γ¹) zu *honoravit* geändert wurde, während ein Fragment aus der Sammlung D'Orville eine sinnvollere Lesart desselben Verbs im Futur bietet: *honorabit*.

Es könnte bei diesem Vers weiterhelfen, eine Stelle bei Homer zu Rate zu ziehen, wo Achilleus mit dem sterbenden Hektor spricht. Hektor bettelt Achilleus an und weist darauf hin, dass man eine Belohnung für seinen Leichnam zahlen würde:

> Ich beschwöre dich bei meiner Seele, bei deinen Knien und bei meinen Eltern,
> lass mich nicht zum Fraß der Hunde der Danaer werden bei ihren Schiffen,
> stattdessen nimm so viel du willst vom Erz und vom glänzenden Gold,
> Geschenke, die dir *mein Vater und meine Mutter* geben werden,
> und gestatte, dass mein Körper wieder nach Hause gebracht wird,
> dass *die Troer und ihre Frauen* meinen Leichnam aufs Feuer werfen können.
> (*Ilias* 22.338–43)

Hektors Bitte gründet darauf, dass seine beiden Elternteile sich wünschen würden, dass sein Leichnam nach Hause gebracht würde. Achilleus antwortet voller Zorn, und auch in seiner Antwort werden beide Elternteile erwähnt:

> Du Hund, beschwöre mich nicht bei meinen Knien oder den Eltern!
> …
> Nicht einmal, wenn sie zehn- oder zwanzigfache Sühne zahlten,
> es herbrächten und abwögen und mit danach noch mehr versprächen,
> nicht einmal wenn *Priamos, der Sohn des Dardanos, dich in Gold aufwiegen wollte;*
> *deine Mutter wird dich niemals aufs Leichenbett legen*
> *und den beklagen, den sie selbst geboren hat,*
> sondern Hunde und Vögel werden dich ganz und gar auffressen.
> (*Ilias* 22.345, 349–54)

Achilleus' Blick richtet sich auf beide Eltern – den Vater, der Lösegeld zahlt, und die Mutter, die klagt –, was das Pathos der Situation für Hektor noch erhöht. Zudem bietet die einzelne Nennung der Mutter und des Vaters einen Kontrast zu den Hunden und Geiern, die sich statt ihrer um den Leichnam des Sohns kümmern werden und ihn zerfleischen. Im Licht des homerischen Vorbilds wäre es schöner, wenn nicht geradezu notwendig, dass in Vergils Text beide Eltern genannt werden.

In seinem Apparat merkt M. Geymonat an, dass der Zustand des *Codex Veronensis* bezüglich dieser Stelle zweifelhaft ist. Meine eigene Betrachtung dieser Handschrift mit UV-Licht – auch wenn das Pergament zugegebenermaßen in noch schlechterem Zustand ist als bei Geymonats Untersuchung Mitte der 1960er Jahre – weist darauf hin, dass es zumindest möglich ist, dass die Verse 557–58 folgendermaßen rekonstruiert werden könnten:

> non te optima mater
> condet humi *paterve honorabit* membra sepulcro

> Deine edle Mutter wird dich nicht bestatten *oder dein Vater* deine Glieder durch ein Grabmal *ehren*.

Auch wenn die Autopsie von V zugegebenermaßen wenig beweiskräftig ist, scheint diese Rekonstruktion doch die bessere, da sie das homerische Vorbild treffender widerspiegelt, indem sie beide Elternteile nennt. Bei dieser Rekonstruktion finden wir sowohl die »beste Mutter« (557), die ihren Sohn begraben möchte, es aber nicht kann, als auch den Vater, der seinen Sohn mit einem Grabmal ehren könnte, aber daran gehindert wird.

Diese *emendatio* verlangt nicht nur eine paläographische Analyse, sondern eine kritische und komparative Untersuchung des Kontexts. Der Philologe, der sich mit solch einer textlichen Herausforderung konfrontiert sieht, muss eine andere Art von Code knacken als der gemeine Leser. Dennoch betrifft die Arbeit des Paläographen letzten Endes auch den unbedarfteren Leser.

Fazit

Im ersten Kapitel dieses Buches haben wir gesehen, dass Vergil den epischen Code, den er übernommen hat, für seine Zwecke angepasst und personalisiert hat. Vergils großer Beitrag zum epischen Code ist, dass er ihn ausgeweitet hat und die dauerhaften klassischen Vorbilder mit alexandrinischem Flair kombiniert hat. In den 300 Jahren nach seinem Tod wurden seine 17 Bücher mit Dichtung in Codices übertragen, durch deren Kollation kritische Ausgaben entstehen, auf die wir uns stützen müssen, um den »ursprünglichen« lateinischen Text lesen zu können, und auf deren Grundlage Übersetzungen angefertigt werden.

Eine solche Übersetzung ist einerseits natürlich weit, weit entfernt vom Vergil'schen Autograph; doch diese Lücke kann geschlossen werden, wenn der Leser dem idealen Leser nahekommt und ein Verständnis des epischen Codes entwickelt, des spätantiken Codex, der Bewahrung und Verbreitung mittelalterlicher Handschriften, der Komplexität der Herstellung einer kritischen Ausgabe, der Interpretation einer kritischen Ausgabe durch Philologen und schließlich der Arbeit des modernen Übersetzers.

Der Leser, der den Vergil, der im Text steckt, besser kennenlernen möchte, begibt sich insofern auf eine Odyssee, die weitaus wilder ist als Aeneas' Irrfahrten. Wir sind nun zur letzten Station auf dieser Reise gekommen, der Art und Weise, wie Vergils Werk zu verschiedenen Zeitpunkten im Laufe dieses Prozesses rezipiert und immer wieder neu interpretiert wurde – das, was wir als Vergils »Nachleben« bezeichnen, soll im Folgenden kurz skizziert werden.

7. Kapitel

Vergils Vermächtnis

> Wenn wir uns einem Dichter ohne Vorurteile nähern, merken wir oft, dass nicht nur in den besten, sondern in den meisten Teilen seines Werks tote Dichter, seine Vorgänger, ganz lebhaft ihre Unsterblichkeit zur Schau stellen.
> (T. S. Eliot, *Tradition and Individual Talent*, 74)

> Vergils Vermächtnis ist die westliche Literatur.
> (Gian Biagio Conte, *Latin Literature: A History*, 284)

Im ersten Kapitel dieses Buches haben wir die Bedeutung des Turcius Rufius Apronianus für die Vergil-Überlieferung erwähnt. Er hat die Vergil-Handschrift, die man als *Codex Mediceus* kennt, sorgfältig ediert und interpungiert. Seine Arbeit hat in vielerlei Hinsicht zum Vermächtnis Vergils beigetragen, von der Bewahrung des Textes bis zur Weiterentwicklung der Klassischen Philologie in der Spätantike, als ein »heidnischer« Autor wie Vergil mit Leichtigkeit von christlichen Texten verdrängt werden konnte. Doch Apronianus hatte, wie wir uns erinnern, Interesse an Roms Vergangenheit und schätzte die Fülle und Schönheit der Vergil'schen Dichtung. Auch wenn Apronianus nicht die erste Person ist, die wir mit der Bewahrung von Vergils Vermächtnis in Verbindung bringen, sollte sein Name dennoch nicht in Vergessenheit geraten.

Zahlreiche Bücher sind über die Vergil-Rezeption geschrieben worden, daraus hervor sticht der kürzlich erschienene Band von Jan Ziolkowski und Michael Putnam. So umfangreich es ist, behandelt das Buch dennoch lediglich die ersten 1500 Jahre der Vergil-Rezeption; verschiedene Werke zu diesem Thema haben bereits zuvor diverse Aspekte von Vergils Nachleben nach der Renaissance untersucht. Dieses Kapitel wird nicht über diese detaillierten Untersuchungen hinausgehen, sondern soll einfach anhand ausgewählter Beispiele aus Kunst und Literatur demonstrieren, wie weit Vergils Einfluss reicht.

Tanya Caldwell hat kürzlich die These vertreten, dass Vergils Popularität oftmals damit zusammenhing, wie sehr man seine Botschaften auf aktuelle Ereignisse einer bestimmten Epoche übertragen konnte. Dementsprechend war die *Aeneis*, ein Gründungsepos mit nationalistischen Werten, dessen Fokus auf einem einzelnen Helden ruht, im England des 18. Jahrhunderts äußerst beliebt. In der amerikanischen Gesellschaft des 19. Jahrhunderts wiederum, die sich als demokratisch und egalitär verstand, war Vergil nicht so wohlgelitten.[1]

Auf den ersten Blick könnte man Craig Kallendorfs wichtigen Beitrag zu Vergil im Venedig des Cinquecento zitieren, um Caldwells These zu unterstützen.[2] Mit Sicherheit sah sich die venezianische Kultur des 16. Jahrhunderts als das neue Rom, und Kallendorf hat geschickt aufgezeigt, dass Vergils *Aeneis* von der Obrigkeit für Venedigs politische und soziale Agenda instrumentalisiert wurde. Seine weitverbreitete Beliebtheit zeigt, dass die Herrscherelite in Venedig erkannte, dass sie das Gedicht hierzu verwenden konnte; Schulnotizen und Handschriftenmarginalien demonstrieren, dass sich eine solche Interpretation sogar auf die schulischen Lehrpläne erstreckte. Doch während Craig Kallendorf detailliert wiedergibt, wie sich die Venezianer den Text aneigneten, weist er doch nirgends darauf hin, dass eine solche Aneignung die Voraussetzung dafür ist, dass eine Rezeption der Vergil-Texte überhaupt stattfinden kann.

Die Qualität eines Werks wie der *Aeneis* liegt nicht darin, welche Rolle es in Politik, Gesellschaft oder sogar dem ästhetischen Empfinden spielt, sondern in dem Bewusstsein des Lesers, dass der Text auf universelle Wahrheiten verweist. Wie Gian Biagio Conte in *Virgilio: l'epica del sentimento* zeigt, vermittelt Vergils Dichtung Einblick in die Tiefen menschlicher Erfahrungen. Daher konnte von allen Dichtern der Antike allein Vergil, wie Conte schreibt, zwei koexistente wissenschaftliche Interpretationen entstehen lassen, die so stark voneinander abweichen wie die der Harvard-Schule und der Europäischen Schule.

T. S. Eliots berühmter Essay »What Is a Classic?« spricht diese transzendente Qualität an, und das Eliot-Zitat zu Beginn dieses Kapitels deutet auf das offene Ende des Vergil'schen Vermächtnisses hin, das im Folgenden, wenngleich nur auszugsweise, thematisiert werden soll.

Vergil in der Antike

Es ist nicht übertrieben zu sagen, dass alle epischen Dichter der Kaiserzeit im Schatten der *Aeneis* dichteten. Kein anderes dichterisches Werk hat die römische Literaturlandschaft dermaßen beeinflusst, und dieser Einfluss

Vergils und vor allem der *Aeneis* verlief auch nicht schritt- oder stufenweise. Innerhalb eines Vierteljahrhunderts stellten Ovids *Metamorphosen* nicht nur eine Antwort auf die *Aeneis* dar, sondern auf Vergils Gesamtwerk.

Man bräuchte mehrere Bücher und nicht nur eine kurze Passage in einem Kapitel, um Vergils Einfluss auf die *Metamorphosen* zur Gänze zu beleuchten. Einfach gesagt, antworten die *Metamorphosen* auf Vergil vor allem auf dreierlei Weise: Erstens sind die *Metamorphosen* wie das Lied des Silens in der sechsten *Ekloge* ein alexandrinisch-kosmologisches Epos, das aus mehreren narrativen Ebenen besteht, oft als Geschichte in der Geschichte oder mittels ähnlicher Kompositionstechniken erzählt. Zweitens antworten die *Metamorphosen* sozusagen spiegelbildlich auf die *Georgica* – die *Metamorphosen* sind vordergründig ebenfalls ein Lehrgedicht, doch anders als die *Georgica*, die aus mehreren Büchern mit Instruktionen bestehen, gefolgt von einem Epyllion, besteht Ovids Hauptwerk aus mehreren Büchern mit Epyllia, gefolgt von einer langen didaktischen Ausführung. Ovid behandelt den Aeneas-Mythos lediglich als ein Vorkommnis in der Weltgeschichte, die er von der Entstehung der Welt an darstellt. Wenn Aeneas in der *Aeneis* als Synekdoche stellvertretend für alle Römer steht, so ist er in den *Metamorphosen* lediglich eine Figur unter vielen.[3]

Lukans *Pharsalia* sind ebenfalls von der *Aeneis* beeinflusst. Lukan stellt eines der Schlüsselereignisse in der römischen Geschichte, Caesars Sieg über Pompeius bei Pharsalos, als Epos dar. Im Hinblick auf die geschichtlichen Ereignisse ähnelt Lukans Gedicht auf den ersten Blick eher der Ekphrasis des Schildes im achten Buch der *Aeneis* als der *Aeneis* als Ganzem. Es übernimmt die Protagonisten der *Aeneis* und kehrt ihre Rollen um. Caesar wird zu Aeneas' Nachfolger, aber er teilt nicht alle heroischen Qualitäten seines Vorläufers. Er ist eher ein neuer Achilleus, der die Schwächen teilt, die jene Figur bei Homer auszeichnen. Stattdessen ist Pompeius der tragische Held, ein echter und edler Charakter, ein stoischer Römer, dessen Darstellung der des Hektor bei Homer und Vergil ähnelt, neben Aeneas der größte Held Trojas. Caesar hingegen ist eine weniger überzeugende Figur; als er der Göttin Roma das Überschreiten des Rubikon schildert, sucht er nach pathetischen Entschuldigungen, die an Aeneas' kraftlose Ausreden gegenüber Dido in *Aeneis* 4 erinnern.

Auch Statius schuldet Vergil eine Menge, sowohl was die Verwendung Vergil'schen Materials in seinen Schlachtenszenen betrifft, als auch und insbesondere die Entwicklung Theseus' in seiner *Thebais* als selbstbewusster Held nach dem Vorbild des Aeneas. Dennoch: Während Aeneas in seiner Zögerlichkeit und seinem Pathos ein durchaus menschlicher Held ist, so ist Statius' Theseus, wie Philip Hardie gezeigt hat, so souverän, dass er als

»autarker ›Mann‹ des Epos«[4] gelten kann. Andererseits zeigt der Held der *Thebais* auch ganz klar einige Qualitäten des Aeneas, wie *pietas* und Mut.

Auch Valerius Flaccus' *Argonautica*, auch wenn sie ganz offensichtlich das gleichnamige Werk des Apollonios von Rhodos zum Vorbild nimmt, hat mit der *Aeneis* viel gemein; teilweise, weil Valerius die historische Signifikanz von Jasons Fahrt genauso in den Vordergrund stellt wie Vergil die Bedeutung der Fahrt des Aeneas für die Zukunft Roms. Valerius übernimmt einige narrative Elemente von Vergil, auch wenn er sie kongenial umarbeitet, indem er Rollen der Figuren aus der *Aeneis* borgt, diese aber zu komplett neuen Figuren und Charakteren ummodelt.

Von diesen kaiserzeitlichen Epen sind Silius Italicus' *Punica* in gewisser Hinsicht der wahrhaftigste »Nachfolger« von Vergils Gedicht. Die *Punica* und Vergils Epos verbindet das zentrale Motiv der Feindschaft Karthagos gegenüber Rom, die bei Didos Fluch in *Aeneis* 4 ihren Ausgang nimmt. Während Lukans *Pharsalia* eine zeitgenössische Neubewertung der finalen Auseinandersetzung zwischen Turnus und Aeneas in der *Aeneis* durch Caesar und Pompeius vornahmen, übernimmt in den *Punica* die Auseinandersetzung zwischen Scipio und Hannibal eine ähnliche Funktion. Durch die Verbindung mit Didos Fluch vollendet Silius' Epos dasjenige Vergils in gewisser Hinsicht besser als alle anderen Epen der Kaiserzeit.

Spätantike und *aetas Vergiliana*

Bereits vor Vergils Tod hielt ein gewisser Quintus Caecilius Epirota, enger Freund von Cornelius Gallus und Freigelassener von Atticus, Seminare über Vergils Werke ab (Sueton, *De grammaticis* 16). Nach seinem Tod wurde die *Aeneis* von Plotius und Tucca, zwei Freunden von ihm und Dichter wie er, herausgegeben. Die *Aeneis* wurde beinahe sofort ins schulische Curriculum aufgenommen. Gaius Iulius Hyginus, ein Freigelassener Caesars, der – wie wir aus Sueton wissen – der palatinischen Bibliothek des Augustus vorstand (*De grammaticis* 20), verfasste einen Vergil-Kommentar. Wie L. Reynolds und N. Wilson anmerken, wurde die Vergil-Forschung somit »durch einen jüngeren Zeitgenossen des Dichters selbst begründet«.[5] Wenige Jahre später kanonisierte der flavische Rhetorikprofessor Quintilian die *Aeneis* als das römische Epos schlechthin (*Institutio Oratoria* 10.85).

In einem der früheren Kapitel haben wir bereits den frühen Vergil-Kommentator Servius kennengelernt, der wie Hieronymus Schüler des Aelius Donatus war. Vor Servius waren bereits Vergil-Imitatoren aufgetaucht, die sich außerhalb der epischen Tradition bewegten. Ausonius (310–394

n. Chr.) schrieb beispielsweise *Eklogen* und Werke, die dem »Cento« zuzurechnen sind – einem Genre, das er selbst *opusculum ludicrum de seriis* (»Ein lustiges kleines Werk auf der Basis ernster [Werke]«) nannte. Ein Cento stellt einen »extremen Fall von Intertextualität«[6] dar: Es besteht aus Versen verschiedener anderer Werke, ohne dass die Imitation einen besonderen Grund erkennen lässt. In seinem kürzlich erschienen Buch über das Cento weist Scott McGill darauf hin, wie häufig Vergil-Verse ohne erkennbaren Sinn an anderem Ort eingebaut wurden, und zeigt auf, wie die Cento-Dichter Wörter, die der Dichter eigentlich anders gemeint hatte, mit »fremden Signifikanten« versehen.[7] Am Beginn der *Cento nuptialis* erklärt Ausonius, wie er ein Cento nach Vergil konstruiert. Die amüsante Aufgabe der Erinnerung, sagt Ausonius, sei es, die verstreuten Versatzstücke aus dem Vergil-Text zu verstehen und zu sammeln; die »Schuld« für diese Zerstückelung gibt er keinem Geringeren als Kaiser Valentinian, den er als Anhänger des Cento stilisiert.

Nicht alle Vergil-Imitationen hatten eine so humorvolle Note. Sedulius zum Beispiel, ein Dichter des 5. Jahrhunderts, imitiert Vergil auf eine etwas traditionellere Art und Weise; er übernimmt zahlreiche Vergil-Verse und stellt sie in einen christlichen Kontext. Wie bereits angemerkt, war Apronianus, der frühe Redaktor des *Codex Mediceus*, eng in die Veröffentlichung von Sedulius und Vergil eingebunden, eine Verbindung, die zum Teil auf der engen intertextuellen Verbindung dieser beiden Dichter beruht und auf Apronianus' eingehende Beschäftigung mit ihnen. Auch wenn kaum jemand der Meinung ist, dass Sedulius' Vergil-Imitationen besonders gut sind, so zeigen sie doch, welch hohen Stellenwert Vergil im christlichen Rom der ersten Hälfte des 5. Jahrhunderts immer noch hatte.

Sedulius' Beinahe-Zeitgenosse Claudian, dessen unvollendetes Epos *De raptu Proserpinae* Ende des 4. Jahrhunderts entstand, bezieht sich in ähnlicher Weise auf Vergil, mit vielen Imitationen – von der epischen Invokation bis zur Verwendung des Sturm-Bildes.[8] Die weite Verbreitung der Vergil-Handschriften gewährte Schriftstellern aus allen Teilen des Reiches Zugang zum Text, darunter Venantius Fortunatus (6. Jh.), dessen *Monumenta* über hundert Vergil-Referenzen enthalten, während sein Zeitgenosse Gregor von Tours Vergil in 40 Versen imitiert. Zur selben Zeit waren so wichtige Figuren wie Adomnán von Iona (der im fernen Irland wirkte) mit der Pflege der Vergil'schen Dichtung mittels Kommentaren und Analysen beschäftigt.[9]

Nicht ganz so weit von der Heimat entfernt zeigt Augustinus Einflüsse von Vergil, auch wenn er dies von sich weist, wenn er zum Beispiel beschreibt, wie seine fehlgeleiteten Gefühle ihn mit Dido mitleiden ließen, was dazu führte, dass er die Botschaft des Evangeliums zunächst nicht verstand (*Confessiones* 1.13.20). Dennoch gestaltet Augustinus seine Wanderungen in den *Confessiones* ganz klar nach dem Vorbild der Reisen des Aeneas, und seine Mutter Monica stilisiert er als eine Art Dido. Wie Sarah Spence angemerkt hat, ist »Monica die erfüllte Dido, nicht die zu kurz gekommene, frustrierte, die wir in der *Aeneis* finden«.[10]

Das 8. und das 9. Jahrhundert, die man manchmal als *aetas Vergiliana* bezeichnet, erlebten ein noch größeres Interesse an Vergil, vor allem bei Alkuin, Ermoldus, Nigellus, dem walisischen Gedicht *Cad Godden*, den *Carmina Cantabrigiensia* und Fulbert von Chartres.[11] Epische Motive, die auf Vergil zurückgehen, tauchten bald auch in französischen Romanen wie *Le Roman d'Enéas* (12. Jh.) auf. Etwa zur selben Zeit griff Dante auf Vergil zurück, nicht nur im *Inferno*, sondern in der gesamten *Commedia divina*. Als Figur in Dantes Text fungiert Vergil als Führer für den späten Dichterkollegen, genau wie die Sibylle es für Aeneas beim Abstieg in die Unterwelt in *Aeneis* 6 war. Als Figur und Autor ist Vergil für Dante also der einzige, der zeitliche und textliche Grenzen überschreiten kann, wodurch er zu einer Art lebendigem Intertext und literarischem Führer wird.

Weniger bekannt ist vielleicht der Einfluss, den Vergil auf Giovanni Boccaccio (1313–1375) hatte, einen um einiges jüngeren Zeitgenossen Dantes. In mancherlei Hinsicht stand Boccaccio in der gleichen Beziehung zu Dante wie Ovid zu Vergil. Genauso wie Dantes Epos (wie auch Vergils) die zielgerichtete Reise eines Helden zu einem gelobten Land ist, so ist Boccaccios Antwort darauf, auch wenn sie in Prosa geschrieben ist, wie Ovids Epos ein Werk, das überschäumt vor Sinnlichkeit und ein weniger deutlich definiertes Ziel hat. Boccaccio reagiert zugleich auf Dante und auf Vergil, sowohl in puncto Stil als auch, was den Inhalt betrifft. Man könnte hier auch Geoffrey Chaucer nennen, denn dieser war wiederum von Boccaccio beeinflusst und, natürlich, auch von Vergil, vor allem von dessen Darstellung der Dido.[12]

Bis zum Spätmittelalter verbreitete sich Vergils Einfluss noch weiter, vor allem dank der gewachsenen Zahl an Handschriften, und er erfreute sich allgemeiner Beliebtheit, vor allem in England, wovon zahlreiche englische Handschriften zeugen. In einer Handschrift aus dem 12. Jahrhundert aus Österreich findet sich eine Abbildung Aeneas' als mittelalterlicher Ritter mit Helm und Kettenpanzer, hoch zu Ross als Teilnehmer an einem Ritterturnier. Nicht nur hatte eine breite Leserschaft Aeneas für sich entdeckt, diese Leserschaft war auch bereit, dem Helden, in zeitgemäßem Outfit, Einzug in die Kultur des Mittelalters zu gewähren; dabei reitet er auf einem Pferd, was er bei Vergil niemals tut.[13]

Vergil in der Literatur von der Renaissance bis heute

Die Bedeutung Vergils für die Literatur der Renaissance ist äußerst vielfältig. In Venedig wurde die *Aeneis* zum Symbol für den erneuerten Staat, ähnlich wie David in derselben Epoche zur Symbolfigur von Florenz wurde. Im 15. Jahrhundert gab es eine interessante literarische Entwicklung: Im Gegensatz zum Ausdrucksmittel des Cento, bei dem die Vergil-Verse munter durcheinandergingen und neu zusammengesetzt wurden, überwanden Autoren wie Maffeo Vegio (1407–1458) die reine Imitation und erzählten die *Aeneis* dort weiter, wo der Dichter aufgehört hatte. Auch wenn ein Zeitgenosse Vegios ein ähnliches Projekt in Angriff nahm und nach Vegio sich weitere Dichter daran versuchten (z.B. Jan van Foreest und Simonet de Villeneuve, beide 17. Jh.), sticht Vegios *Supplementum* (auch »13. Buch der *Aeneis*« genannt) durch seine an Vergil gemahnende emotionale Kraft hervor. Auch wenn er es in sehr jungen Jahren verfasst hat – bei der Veröffentlichung war er erst 21 Jahre alt –, ist es doch von erstaunlich hoher Qualität. Es scheint sein Ziel gewesen zu sein, Aeneas als einen Helden von klassischer Tugend darzustellen. Obgleich diverse Renaissance-Schriftsteller antike Gedichte weiter ausführten (z.B. Ovids *Fasti*, Lukans *Pharsalia* und Valerius Flaccus' *Argonautica*), war doch niemand so erfolgreich wie Vegio mit seinem *Supplementum*. Es wurde kommentiert, illustriert, ist heute noch in zahlreichen Handschriften erhalten und wurde kurz nach seinem Erscheinen bereits in mehrere Sprachen übersetzt.[14]

Die *Aeneis* war nicht das einzige Werk Vergils, das Schriftsteller dieser Epoche nachahmen wollten. Ein anderer italienischer Dichter, Jacopo Sannazaro, schrieb *Eklogen* nach Vergils Vorbild und, was etwas bekannter ist, eine *Arcadia*, einen lyrischen Mix aus Prosa und Dichtung (1504).[15] Wie Vergils *Eklogen* ist dieses Werk geprägt von der Spannung zwischen Stadt und Land. Diese Spannung prägt vor allem Sannazaros Hauptfigur, Sincero, der zwischen der Stadt (Neapel) und dem Land hin und her reist. Der Tod spielt (typisch für die Literatur des Cinquecento) eine wichtige Rolle in diesem Werk, und »sogar in Arkadien« setzt man sich mit dem Tod auseinander.

Torquato Tasso (1544–1595) bedient sich ebenfalls bei Vergil für seine Beschreibung der Belagerung der Heiligen Stadt während des Ersten Kreuzzugs in *Gerusalemme liberata* (1574). Tasso bezieht sich in den Kampfszenen ganz deutlich auf *Aeneis* 7–12, für seine Figur Alecto stand Vergils gleichnamige Furie Pate. Ralph Nash hat in der Einleitung seiner Tasso-Übersetzung von 1987 angemerkt, dass während bei Dante auf jeder einzelnen Seite Vergil imitiert wird, Tasso einen weniger programmatischen und dafür eher eklektischen Zugang zu Vergil gefunden hat, wobei er sich größtenteils an die *Aeneis* hält. Der Held der *Gerusalemme*, Gottfried von Bouillon, hat mit seinem unerschütterlichen Pflichtgefühl ganz klar Aeneas zum Vorbild, auch wenn er ein Christ ist und dies, im Hinblick auf seine Berufung, mit Feuereifer.

In derselben Epoche wie Tasso verfasste der portugiesische Dichter Luís Vaz de Camões (1524–1580) das Epos *Os Lusíadas* (1572). Die *Lusíadas* stellen eine der zahlreichen portugiesischen Entdeckungsfahrten da, die im 15. und 16. Jahrhundert stattfanden. Camões definiert den portugiesischen Nationalismus teilweise im Kontrast mit den Sarazenen, und seine Darstellung des Schicksals des portugiesischen Volkes ist vergleichbar mit Vergils *Aeneis*. Camões spielt an vielen Stellen direkt auf die *Aeneis* an: Vasco da Gama, einer der wichtigsten Helden des Gedichts, wird im Prolog explizit mit Aeneas verglichen (*Canto* 1.12).

Die *Christias* des Marco Girolamo Vida aus Cremona (1535) passt verschiedene Motive aus Vergils *Aeneis* einem christlichen Verständnis an. Ein Beispiel für Vidas referenzielles Geschick findet sich in seiner Beschreibung, wie Jesus Pontius Pilatus übergeben wird (*Christias* 2.965–75):[16] Im zweiten Buch der *Aeneis* schafft es Sinon, welchen Hirten den Troern als Gefangenen überstellt haben, freizukommen, und er schafft Zerstörung durch seine Lügen; Jesus hingegen, dem »guten Hirten«, der gefesselt den römischen Machthabern präsentiert wird, glaubt man nicht (obgleich er die Wahrheit spricht), was zu seinem persönlichen Niedergang führt, aber zugleich zur Erlösung der Menschheit.

In *Paradise Lost* beschwört John Milton (1608–1674) den Heiligen Geist, damit er ihm helfe, »die Wege Gottes den Menschen gegenüber zu rechtfertigen« (*Paradise Lost* 1.26). Wie Craig Kallendorf in seinem Beitrag zu *Classics and the Uses of Reception* (Hrsg. Martindale und Thomas, 2006) ausführlich dargestellt hat, weist Miltons Epos sowohl psychologische als auch intertextuelle Bezüge zu Vergil auf. Colin Burrow (dessen Beitrag im Kapitel »Literaturhinweise« diskutiert wird) hat einige referenzielle Strategien Miltons aufgezeigt, David Quint ebenso. Zwei Beispiele bei Quint zeigen, wie Vergils Karthago in Rom in Miltons Pandämonium Eingang finden. Milton verwendet den Sturm aus *Aeneis* 1 für die Beschreibung des Höllensees in *Paradise Lost* 1 wie auch für die Erschaffung des Kosmos durch Christus (*Paradise Lost* 7).[17] Die fesselnde Darstellung Satans ist zumindest auf einem allgemeinen Level von Vergil beeinflusst, der auch jenen Figuren eine gewisse Sympathie angedeihen lässt, die auf den ersten Blick nicht sympathisch sind (wie Brooks Otis demonstriert hat). Auch wenn sich der Inhalt komplett von Vergils unterscheidet, zeigen doch die Zielsetzung und das Pathos von *Paradise Lost* in beeindruckender Weise Miltons Verständnis des *opus magnum* Vergils.

In der späten Renaissance und im Barock bezogen sich noch viele weitere Autoren auf Vergil, von François Rabelais bis Paul Scarron. Im frühen 19. Jahrhundert wurde Joel Barlows *Columbiad* veröffentlicht, ein Epos, das Columbus in die Fußstapfen des Helden Vergils treten lässt, als Entdecker der Neuen Welt.[18] Im 20. Jahrhundert blieb Vergils literarischer Einfluss unvermindert stabil, auch wenn er weniger breit gefächert war. Zu Beginn des Jahrhunderts bedienten sich populäre Schriftsteller wie Axel Munthe (1857–1949) bei Vergil, um ihr eigenes literarisches Programm aufzuwerten. Der Universalgelehrte und Leibarzt der schwedischen Königin Victoria verfasste einen quasi-autobiographischen Roman mit dem Titel *The Story of San Michele* (1929), worin Vergils Aeneas für den Protagonisten und seine Reise nach Capri Pate steht. Im Roman will Munthe, wie Aeneas, sein Zuhause wiederherstellen. Aeneas legt den Grundstein für die römische Kultur in Italien; Axel Munthe bringt seine eigene Kultur nach Italien, indem er sein Haus auf den Überresten einer antiken, kaiserzeitlichen Villa errichtet.

Vielleicht waren es die politischen und militärischen Ereignisse der 1930er Jahre, die dazu führten, dass man solche leichtfüßigen Anspielungen wie bei Munthe bald hinter sich ließ: Nur 15 Jahre nach Munthes Werk bezeichnete man Vergil wieder mit Nachdruck als Dichter *par excellence*. Auf dem Höhepunkt des Zweiten Weltkrieges gründete man in London die *Virgil Society*. Unter den Gründern befand sich der nach England ausgewanderte amerikanische Dichter T. S. Eliot. Eliot hielt beim Gründungsakt eine Rede, in der er Vergils Stil eine Tiefe und Universalität zusprach, die die römische Kultur definiere und transzendiere: »Die Reife von Vergils Geist und die Reife seines Zeitalters zeigen sich in einem Bewusstsein für die Geschichte.« In einem vielzitierten Ausspruch behauptete Eliot, Vergil sei »unser Klassiker, der Klassiker ganz Europas«.[19]

Zur selben Zeit machte der österreichische Schriftsteller Hermann Broch Vergil zum Protagonisten seines bekanntesten Werkes, *Der Tod des Vergil*; die englische Übersetzung erschien zur selben Zeit wie die Originalausgabe (1945). Als *stream of consciousness*, der Dichtung und Prosa vermischt, beschreibt der Roman die letzten Stunden im Leben Vergils. In Brundisium, der Stadt, wo der Dichter starb, erinnert sich Brochs Vergil an sein Leben, mit Fokus auf seinem Leiden – ein Blickwinkel, der Brochs persönlichen Erlebnissen geschuldet war, denn er kannte das Leid: Als Jude war Hermann Broch Ende der 30er Jahre vom Naziregime inhaftiert worden. Er bietet eine breitgefächerte Perspektive auf die Rolle der Literatur in der Kunst – eine Perspektive, von der er sich vorstellt, dass Vergil sie auch hatte, denn auch Vergil war jemand, der sich, wie Broch, an einem kulturellen Scheideweg befand.[20]

Ein Gedicht aus Robert Lowells Sammlung *The Mills of the Kavanaughs* mit dem Titel »Falling Asleep over the *Aeneid*« erschien kurz nach Brochs Roman und Eliots Aufsatz. Lowell konstruiert sein Gedicht um das Pallas-Begräbnis aus *Aeneis* 11 – eine Passage, zu der die Schläfrigkeit seiner Figur und die allgegenwärtige Vorahnung des Todes passen. Lowells Gedicht nimmt in mancherlei Hinsicht die spätere »Zwei-Stimmen«-Theorie vorweg (die manchmal als »Harvard-Schule« bezeichnet wird). Ralph Johnsons geistvolle Analyse zeigt Lowells Kampf mit dem großen Tribut, den der Krieg forderte, und mit seiner eigenen Besorgnis hinsichtlich eines amerikanischen »Imperialismus«, der den Dualismus bei Vergil widerspiegelt.[21]

Es würde allzu viel Raum in Anspruch nehmen, hier all die Werke aufzuzählen, die seit Mitte des vergangenen Jahrhunderts erschienen sind und in irgendeiner Weise von Vergil beeinflusst sind. Ein paar jüngere Werke stechen indes aus der Masse hervor: Wendell Berry, eine Art »moderner Vergil« der Landwirtschaftsdichtung, hat sich bei der Entstehung seines klugen Werkes *The Farm* (1995) sicherlich von der Weisheit der *Georgica* inspirieren lassen. Auch Vergils Figuren haben seinen eigenen Text überlebt: Kürzlich veröffentlichte Jo Graham einen Roman mit dem Titel *Black Ships* (2008), in dem Aeneas' Reise von Troja aus nacherzählt wird, während Ursula LeGuins *Lavinia* (2007) die Geschichte jener stillen Figur und ihrer Courage, Aeneas' Frau zu werden, erzählt. Abgesehen von solchen Adaptionen hat Vergil immer einen Platz in den Regalen der Buchhändler gefunden, dank neuer und zeitgemäßer Übersetzungen aller seiner Werke, und Colin Burrow hat sich in einem Essay mit der Bedeutung englischer Übersetzungen für die Verbreitung und Erhaltung Vergils beschäftigt.[22] David Ferrys Übersetzung (1999) der *Eklogen* ist lebhaft und fesselnd, und John Van Sickles neuer Band mit (englischer) Übersetzung und Kommentar zu den *Eklogen* ist ebenfalls ein wichtiger Beitrag. Janet Lembkes *Virgil's Georgics* (Yale 2005) ist eine anmutige Wiedergabe des Gedichts, und Christina Chew hat vor nicht allzu langer Zeit ebenfalls eine elegante Übersetzung abgeliefert (2002), genau wie Peter Fallon (2006). Unter allen modernen Vergil-Übersetzern ist jedoch ein Name besonders wichtig: der des bereits verstorbenen Robert Feagles. Seine Fassung der *Aeneis* ist in der Tat bemerkenswert; durch Feagles' dichterische Begabung wird sie als zeitgemäße englische *Aeneis*-Übersetzung noch viele Jahre Bestand haben.

Eine moderne deutsche Übersetzung der *Aeneis* haben Edith und Gerhard Binder vorgelegt; vorzüglich ist auch die Prosaübersetzung von Gerhard Fink. An deutschen Übersetzungen der *Eklogen* und der *Georgica* sind die Ausgaben von Otto Schönberger, Johannes und Maria Götte sowie Michael von Albrecht zu empfehlen

Am Schluss möchte ich noch eine Bemerkung anbringen, die zeigen soll, wie weit Vergils kultureller Einfluss reicht. In seiner Untersuchung ideologischer Vereinnahmung Vergils zeigt Jan Ziolkowski, dass Vergil von Mystikern, Ideologen, Faschisten und Christen instrumentalisiert wurde. In Marcello Gigantes Sammelband untersucht Kozue Kobayashi die Vergil-Rezeption in Japan.[23] Und erst kürzlich hat Gene Tsao in einem überraschenden Essay mit dem Titel »Comrade Aeneas« angemerkt, »wie sehr Chinas jüngste Geschichte der unglücklichen Lage der Troer glich! Troja wurde von den Griechen besiegt, das alte China von imperialistischen Mächten.«[24] Solche Beschreibungen zeigen, wie erstaunlich flexibel man im Umgang mit dem Vermächtnis Vergils ist.

Vergil in der Kunst

Wie bei allen Unterkapiteln in diesem Abschnitt könnte man auch über das Thema »Vergil in der Kunst« ein ganzes Buch verfassen – und wie bei den anderen Unterkapiteln hat das natürlich auch schon jemand getan. Ich meine die heute zugegebenermaßen ein wenig überholte Studie von Guy de Tervarent, auch wenn sie, wie andere ihrer Art, nur einen Bruchteil des weitreichenden Einflusses Vergils zu erfassen vermag.[25]

Betrachtete man nur die *Eklogen* und die *Georgica*, wäre dieses Thema von nicht ganz so großem Umfang. Die *Eklogen* wurden bereits als Handschrift illustriert, und man sieht, wie der Inhalt der einzelnen Gedichte die Künstler beflügelte: Man findet viele liebliche Landschaften mit Viehherden und singenden Hirten. In der späteren Kunst der Renaissance und des Barock finden sich zum Beispiel Nicholas Poussins Darstellung von Schafhirten in Arkadien (1638) im Louvre oder Guercinos berühmtes Gemälde *Et in Arcadia ego* (1546), das heute in der Galleria Borghese in Rom zu sehen ist. Darauf betrachten zwei junge Hirten einen Totenschädel, unter dem eingeritzt ist: *Et in Arcadia Ego* – das bedeutet, dass sogar in Arkadien der Tod zuhause ist. Dieses düstere Motiv geht auf das Pathos in Vergils *Eklogen* zurück. Der Brite Evelyn Waugh hat den Wortlaut ebenfalls bewahrt, nämlich als lateinischen Titel *(Et in Arcadia ego)* des ersten Kapitels seines Romans *Brideshead Revisited* (1945).

Die besten Illustrationen der *Georgica* beschreiben eine Episode, die ausgerechnet die auf den ersten Blick am wenigsten didaktische ist: die

Geschichte von Orpheus und Eurydike aus dem Aristaeus-Epyllion in *Georgica* 4. Im 18. Jahrhundert schuf Antonio Cavona eine großartige Statue der Eurydike, die ihre Abschiedsworte spricht, während sie in die Unterwelt zurückgezogen wird, ihre linke Hand in einer hoch emotionalen Geste ausgestreckt, die Handfläche nach oben (Museo Correr, Venedig). Giovanni Bellini, ein Künstler des 15. Jahrhunderts, hat Orpheus zum Thema eines seiner Gemälde gemacht – ein Motiv, das etwa ein Jahrhundert später von Peter Paul Rubens (1636) und Roelandt Savery (1628) wieder aufgenommen wurde.

Der *Aeneis*, die voll von Episoden ist, die geradezu nach einer bildlichen Darstellung zu verlangen scheinen, ist seitens der Bildenden Kunst am meisten Aufmerksamkeit zuteil geworden. Im vorigen Kapitel haben wir bereits gesehen, dass in einigen wichtigen Handschriften Illustrationen erhalten sind; ihre Prototypen kann man zum Teil bis in die severische Zeit (193–211) zurückverfolgen. Am bekanntesten ist wohl eine Illustration von Aeneas, der seine Eröffnungsrede im Sturm hält; eine weitere berühmte zeigt Dido auf ihrem Scheiterhaufen.

In der Renaissance wurden Figuren und Szenen aus der *Aeneis* vielfach dargestellt. Michelangelo (1475–1564) hat in seinem Deckengemälde in der Sixtinischen Kapelle eine Sibylle von Cumae abgebildet und so die christliche Gegenwart mit klassischen Vorbildern verknüpft. Die Sibylle blieb ein beliebtes Motiv in der Kunst, auch wenn die Art und Weise, wie sie dargestellt wurde, stark variiert. Domenichino zum Beispiel zeigt rund hundert Jahre nach Michaelangelo eine viel jüngere Sibylle, die belustigt schaut, in den Händen eine Rolle mit Notenschrift und ihr Orakelbuch. Weitere Darstellungen der Sibylle finden sich bei Francesco Maffei, der sie mit Aeneas in der Unterwelt zeigt (1650), sowie bei Joseph Turner, der Aeneas und die Sibylle am Averner See zeigt (ca. 1800).

Auch Aeneas stand viele Male im Zentrum von Gemälden, von Federico Baroccis *La fuga di Enea da Troia* (1598) bis zu Raffaels Darstellung auf dem Fresko *Incendio di Borgo* (Vatikan, 1514); im folgenden Jahrhundert schuf Simon Vouet ein ähnliches Bild.

Natürlich ist auch Dido eine Hauptfigur auf zahlreichen Gemälden von der Renaissance bis zur Moderne. Im 15. Jahrhundert zeigte Francesco di Giorgio beispielsweise auf einem Gemälde, wie sich Dido und Aeneas kennenlernen; wenige Motive waren in den folgenden zwei Jahrhunderten so populär wie Dido, auch weil sie zur Hauptfigur zahlreicher Opern avancierte. Künstler wie Rubens zeigen, wie sie nach der Jagd vom Pferd steigt, und im 19. Jahrhundert schuf John Atkinson Grimshaw ein packendes Porträt von Dido, die allein und leicht bekleidet vorm Altar steht, das düstere Karthago im Hintergrund. In der ersten Hälfte des 20. Jahrhunderts malte der deutsche Künstler César Klein ebenfalls ein Dido-Porträt.

Auch andere Motive aus der *Aeneis* finden sich in der Kunst wieder. Am bekanntesten ist wohl die hellenistische Laokoon-Gruppe vom Belvedere (ein Motiv, das in ähnlicher Weise auf einem Gemälde des 17. Jahrhunderts von El Greco dargestellt ist). Weitere Motive sind etwa Aeolus, der die Winde freilässt, Aeneas, der Turnus' Rüstung aufhängt (Französische Schule), das Trojanische Pferd oder auch der Tod des Turnus, zum Beispiel in einem Linolschnitt des schwedischen Künstlers Jan Thunholm von 2005.

Zahlreiche Motive aus der *Aeneis* finden sich auch in der Bildhauerei. Ein berühmtes Beispiel des Barock ist Gian Lorenzo Berninis Statuengruppe mit Aeneas, Anchises und Ascanius, zu sehen in der Galleria Borghese in Rom. Und zu Beginn des 18. Jahrhunderts hat Augustin Cayot eine ergreifende Darstellung des Selbstmords der Dido geschaffen (Abb. 4) – dank diesem Werk wurde er 1711 in die *Académie royale* aufgenommen. Heute steht diese barocke und emotionsgeladene Statue im Louvre und zeigt sehr schön das damalige Interesse an der dramatischen Dido-Episode.[26]

Vergil in der Musik

Praktisch jedes Referenzwerk weist den Leser darauf hin, dass Vergil selbst außer der Nennung der *fistula* (Panflöte, auch als *calami* bezeichnet) nirgendwo Musik erwähnt. Dennoch sind Vergil-Motive vielfach musikalisch vertont worden. Im 17. Jahrhundert gab es zwei wichtige Werke, die auf Vergil-Texte zurückgingen: Francesco Cavallis *La Didone* (1641) und Henry Purcells *Dido and Aeneas* (1689). Die zweite Hälfte von Hector Berlioz' *Les Troyens* (1859) mit dem Titel *Les Troyens à Carthage* hat ebenfalls Vergil, nämlich das vierte Buch der *Aeneis*, zum Vorbild.[27] Zwei Jahrhunderte vor Berlioz hatte bereits Cavalli Dido auf die Bühne gebracht, in *La Didone* (1641). Cavalli war ein begeisterter Anhänger klassischer Themen, wie man an seinen Opern sieht, in denen er zahlreiche Motive aus der Alten Geschichte und der antiken Literatur verarbeitet hat. *La Didone* war erst die dritte Oper, die Cavalli schrieb, viele weitere folgten; und es war seine erste nach Motiven aus Vergil. Noch mehr als seine früheren Opern mit ovidischen Themen katapultierte *La Didone* Cavalli ganz nach oben und ließ ihn zu einem der produktivsten Opernkomponisten des 17. Jahrhunderts werden.[28]

Kurze Zeit später führte der britische Komponist Henry Purcell zum ersten Mal seine Oper *Dido and Aeneas* (1689) auf. Purcells Opern, der

Abb. 4 Augustin Cayot (1667–1722), Didos Tod, Marmor.
Louvre, Paris. Foto: Erich Lessing / akg-images.

Höhepunkt einer kurzen, aber brillanten Karriere, stellten nur einen kleinen Teil seiner musikalischen Produktion dar. Auch wenn Giovanni Busenellos Libretto zu Cavallis *La Didone* eine wichtige Inspiration für *Dido and Aeneas* gewesen sein könnte, bezieht sich Purcell doch auch direkt auf den Vergil-Text und bietet eine anregende Alternative zu Vergils standhaftem Aeneas. In der Schlussszene von Purcells Oper kehrt Aeneas beispielsweise zu Dido zurück und teilt ihr mit, er wolle um ihretwillen in Karthago bleiben. Purcells Wiedergabe der abschließenden Klage Didos bietet so ebenfalls eine neue Interpretation und wirft ein neues Licht auf Vergils Heldin, auf ihren Edelmut und ihren Kummer: Dido wird Aeneas' reumütigen Auftritt nicht akzeptieren; stattdessen tritt sie, wie bei Vergil, erhobenen Hauptes dem Tod entgegen:

> Thy hand, Belinda, darkness shades me,
> On thy bosom let me rest,
> More I would, but death invades me;
> Death is now a welcome guest.
>
> When I am laid in earth, may my wrongs create
> No trouble in thy breast.
> Remember me, but ah! forget my fate.

Im 18. Jahrhundert entstanden ähnliche Werke; dabei kamen neue Impulse aus Italien, vom großen Dichter Pietro Metastasio und seiner *Didone abbandonata*, die 1724 von Domenico Sarro vertont wurde. Gegen Ende des Jahrhunderts gab es noch weitere Variationen dieses Themas,[29] unter anderem von Joseph Martin Kraus, der seinen *Aeneas i Cartago* eigens für die Eröffnung des königlichen Theaters in Stockholm im Jahre 1799 schrieb.

Auch danach nahm die Popularität Vergil'scher Motive nicht ab. Im folgenden Jahrhundert entstand Berlioz' brillante Oper *Les Troyens*. Berlioz kannte sich gut mit Vergils Werk aus – eine Folge seiner vielseitigen Ausbildung, die von Literatur über Medizin bis zur Musik reichte. *Les Troyens* ist eine Oper von epischen Dimensionen, die, wie einst die *Aeneis*, einen Kontrast zu den feineren Werken ihrer Epoche bildet, zum Beispiel zu Christoph Willibald Glucks *Orfeo ed Euridice*, das selbst von Vergils Wiedergabe des Mythos im vierten Buch der *Georgica* beeinflusst ist. Die Rückkehr zu einer einfacheren, weniger barocken Diktion in der italienischen Literatur des 17. Jahrhunderts, verkörpert durch die Institution *Accademia dell'Arcadia*, trug das Ihre zu einem Trend bei, der in Richtung eines eher »alexandrinischen« Stils ging; Berlioz' Oper (zu der Liszt ihn drängte) bildet hierzu einen zeitgenössischen Gegenpol. Dennoch ist Berlioz' episches Werk mehr als eine Vergil-Imitation; er macht Kassandra, die bei Vergil im Zusammenhang mit dem Untergang Trojas nur am Rande erwähnt wird, zur einer der Hauptfiguren.[30]

Auch heute noch ist Vergil in der Musik präsent. Die Popsängerin Dido scheint eine besondere Verbindung zum Vermächtnis des Dichters zu haben. Während sie auf den ersten Blick keine Verbindung zur Königin von Troja aufzuweisen scheint als nur ihren Namen, ist doch der vierte Song auf ihrem Album »No Angel« interessant. Darin singt sie von einer Frau, die ihren Geliebten verloren hat; und auch wenn sie meilenweit von Purcells Libretto entfernt ist, so vereint doch beide die Leidenschaft. Eine Passage aus dem Song, der passenderweise »My Lover's Gone« heißt, zeigt Dido als junge Vertreterin dieser Tradition (5–7):[31]

> Returns no more,
> I will not watch the ocean,
> My lover's gone,
> No earthly ships will ever
> Bring him home again.

Vergil im Film

Während Vergil in Bildender Kunst und Literatur außerordentlich gut repräsentiert ist, kann man dies bezüglich des Mediums Film nicht behaupten. Natürlich wäre es weder bei den *Eklogen* noch bei den *Georgica* einfach, sie für die Leinwand zu adaptieren. Viel erstaunlicher ist, dass es so wenige Verfilmungen der *Aeneis* gibt. Unter den wenigen Versuchen findet sich der schwach umgesetzte *La leggenda di Enea* (1962) von Giorgio Rivalta; in diesem Film, der in Deutschland als *Äneas* lief, spielte der damals berühmte Bodybuilder Steve Reeves den Aeneas.[32] Ein besserer Film, auch wenn er nur das zweite Buch der *Aeneis* behandelt, ist eine Produktion mit Namen *Troy* (2004) von Wolfgang Petersen nach einem Drehbuch von David Benioff. In diesem Film spielt Brad Pitt den Achilleus, und Aeneas wird von Frankie Fitzgerald verkörpert; zugegebenermaßen ist Aeneas hier eine eher kleine Rolle.

Nur einmal, vor fast 40 Jahren, hat die *Aeneis* im Film die Aufmerksamkeit erhalten, die ihr zukommt. Die sechs Stunden lange Fernsehproduktion aus Italien mit dem Titel *Eneide*, bei der Franco Rossi Regie führte und in der Giulio Brogi den Aeneas spielt, ist die beste filmische Adaption von Vergils Epos. Kein Versuch in englischer oder einer anderen Sprache reicht an die Qualität von Rossis Arbeit heran.

Vergil-Gesellschaften

Außerhalb der Kunst wird Vergils Gedächtnis in formaler Hinsicht durch zwei Gesellschaften am Leben erhalten. Die *Virgil Society* mit Sitz in England haben wir bereits weiter vorne in diesem Kapitel erwähnt. Dieser Verein, der sich im Zweiten Weltkrieg formierte, wurde auf der Basis der »Liebe zur Dichtung Vergils« gegründet, der »seinen Zeitgenossen in Rom vermitteln wollte, dass ... ein Volk mit einer großen Vergangenheit ein Volk ist, das große Verantwortung trägt und vorausblicken soll auf eine große Zukunft; und ... er wollte seine Landsleute an ihre ursprünglichen Tugenden erinnern.«[33]

Etwa sechs Jahre zuvor hatten Vergil-Anhänger in Italien und den USA die *Vergilian Society* gegründet, »um die Vergil-Forschung durch Vorlesungen, Konferenzen« und Ähnliches zu fördern; ihr erster Präsident war der gefeierte Archäologe Amedeo Maiuri aus Cumae; die *Vergilian Society* ist seither eine wichtige Institution zur Förderung des akademischen Austauschs zwischen amerikanischen und italienischen Wissenschaftlern und übt einen positiven Einfluss auf die wissenschaftliche Gemeinschaft wie auf die regionale Kultur in Kampanien aus.

Fazit

Auch wenn die *Aeneis*, Vergils letztes Werk, mit einem Todesfall endet, so blickt das Gedicht doch über den Tod hinaus auf die Gründung einer neuen Nation (Rom), voller Tatendrang und angetrieben von einem starken Gefühl für ihre Zielsetzung; diese Mission, der Dialog und die Weisheit sind die drei Hauptmotive in Vergils Dichtung. Eben diese Motive und der Stil, der sie stützt, voll Sympathie und mit zahlreichen intertextuellen Referenzen codiert – das ist es, was Vergils großartiges Vermächtnis ausmacht. Restaurants und Schiffe, die nach einer Vergil'schen Heldin benannt sind, sind für sich genommen noch nicht Beweis genug für dieses Vermächtnis, und Vergils Relevanz liegt auch nicht allein darin begründet, dass gelegentlich eine Kultur oder ein politischer Führer die *Aeneis* für ihre beziehungsweise seine Zwecke instrumentalisiert.[34]

Die letzten Worte, die Martin Luther schrieb, treffen das profunde Vermächtnis Vergils haargenau: »Kritisiere nicht diese göttliche *Aeneis*, sondern bewundere die Spuren, die sie hinterlässt. Wir sind Bettler, das ist wahr.«[35] Sogar die Tatsache, dass ein legendärer Football-Coach stets die *Aeneis* unter dem Arm trug, lässt kaum ermessen, welche Bandbreite Vergils Einfluss aufweist, wie mächtig sein Vermächtnis ist, wie groß seine Bedeutung für den menschlichen Geist war. Stattdessen liegt die Relevanz des Vergil'schen Gesamtwerks in der Art und Weise, wie seine drei Hauptmotive den Text überwinden und dem Leser ein bleibendes Gefühl für das Pathos und die Humanität Vergils vermitteln. Und dies ist nicht an Zeit und Raum gebunden.

Literaturhinweise

Dieses kurze Kapitel ist lediglich dazu gedacht, ausgewählte Forschungsliteratur aufzuzählen, die die Arbeit an diesem Buch beeinflusst hat und zur weiteren Beschäftigung mit Vergil geeignet ist. In Anbetracht des Umfangs der Vergil-Forschung werden diese ausgewählten Werke abschnittsweise statt *en masse* präsentiert.

Die Vergil-Forschung bietet zahlreiche grundlegende Werke. Viktor Pöschls *Die Dichtkunst Virgils: Bild und Symbol in der Äneis* (3. Aufl. 1977) beschäftigt sich mit einzelnen Charakteren und allgemein-menschlichen Fragen, während Brooks Otis' *Virgil: A Study in Civilized Poetry* (1963) ebenfalls auf diese Themen eingeht und zudem strukturelle Fragen beantwortet. Otis' Hauptbeitrag ist eine Erörterung des subjektiven Stils von Vergil. W. S. Andersons *The Art of the Aeneid* (1969, Nachdruck 1989) ist wenig umfangreich, doch gehaltvoll, während für eine umfassendere Darstellung G. N. Knauers *Die Aeneis und Homer* (Göttingen 1964) genannt werden sollte; Knauer untersucht genauestens den Einfluss beider homerischer Epen auf die *Aeneis*. Gordon Williams' *Tradition and Originality in Roman Poetry* (1968) analysiert die Kontextualisierung des Vergil'schen Werkes innerhalb der dichterischen Tradition Roms. Mittlerweile haben Forscher wie G. Karl Galinsky (*The Herakles Theme*, 1972) und Richard Monti (*The Dido Episode and the* Aeneid, 1981) sich darauf konzentriert, welchen Effekt einzelne Episoden auf das gesamte Gedicht ausüben.

Ende des 20. Jahrhunderts hat ein schmales Bändchen, herausgegeben von Charles Segal, der Englisch sprechenden Welt die Forschungsergebnisse des italienischen Wissenschaftlers Gian Biagio Conte nähergebracht. Die Studie *Memoria dei poeti e sistema letterario* (1974) erwies sich als Meilenstein, mit Konsequenzen nicht nur für Vergil, sondern für die lateinische Dichtung insgesamt. Contes Student Alessandro Barchiesi baute den italienischen Einfluss auf die Vergilforschung weiter aus, während Großbritannien ebenfalls gut vertreten ist, mit Beiträgen von Philip Hardie, S. J. Harrison, Nicholas Horsfall und R. A. B. Mynors, um nur ein paar Namen zu nennen. Zwei Forscher aus Neuseeland müssen ebenfalls genannt werden: Richard Thomas, dessen Arbeit, vor allem zu den *Georgica*, höchst einflussreich ist, und Denis Feeney; seine Studie *Gods in Epic* ist von großem Wert für die Betrachtung der *Aeneis*, genau wie sein Aufsatz »The Taciturnity of Aeneas«, *CQ* 33 (1983), 204–19, der, wie nur wenige zuvor, neue Einblicke in den Charakter von Vergils Held bietet. Zum Schluss sei Karl Galinskys *Augustan Culture* (1996) genannt, das einen längst überfälligen Überblick über das kulturelle Milieu zu Vergils Lebzeiten gewährt. Dazu sollte ich noch die bibliographische Arbeit von George E. Duckworth, Alexander G. McKay und Shirley Werner erwähnen. Zu nennen ist schließlich auch die lebendig geschriebene Monographie *Vergil. Der Dichter und sein Werk* von Niklas Holzberg (2006). Dies sind lediglich ein paar der Arbeiten, die den Grundstein für diese Studie gelegt haben.

Kapitel 1

Die folgenden Arbeiten sollten (zusätzlich zu den in den Fußnoten zitierten) berücksichtigt werden für meine Gedanken im einleitenden Kapitel. Im Großen und Ganzen ist Niklas Holzbergs *Vergil* (2006) eine wertvolle Ressource und hat mir viele Denkanstöße gegeben. Jasper Griffins *Virgil* (1986) hatte eine ähnliche Wirkung.

Über die Vergil-Codices siehe die Literaturhinweise zu Kapitel 7; zum Schicksal Vergils in den Händen der Christen sind die Beiträge von Cameron, Shelton, Grafton und anderen wertvoll, die in den Endnoten zitiert sind. Von fundamentaler Wichtigkeit ist Homers Bedeutung für Vergil. Während Lansings knappe Analyse der ersten 48 Wörter des *Aeneis*-Prologs (*Vergilius* [2008] 3–8) im einführenden Kapitel besprochen wird, ist die Unterscheidung von homerischer Primär-Epik und Vergils Sekundär-Epik, über die man sich in C. S. Lewis *A Preface to Paradise Lost* (1961) informieren kann, vielleicht noch wichtiger. In diesem Zusammenhang bleibt Milman Parrys *The Making of Homeric Verse* (1971) von großer Bedeutung für die Untersuchung homerischer Dichtung.

Bezüglich verschiedener anderer Einflüsse auf Vergil tut der Leser gut daran, Ingo Gildenhards Aufsatz »Virgil vs. Ennius, or: The Undoing of the Annalist«, in William Fitzgeralds und Emily Gowers' Buch *Ennius Perennis* (2007), zu Rate zu ziehen. Gemäß Porcius Licinius (wiedergegeben in Gellius, *Noctes Atticae* 17.21.44) rühmte sich als Erster Naevius, die griechische Muse (sprich: homerische Muse) aus Griechenland nach Italien gebracht zu haben; vgl. S. J. Harrison (Hrsg.), *A Companion to Latin Literature* (London 2005), 23. Für spätere Einflüsse auf Vergil ist R. O. A. M. Lyne, »The Neoteric Poets« (*CQ* [1978], Nachdruck in Julia Haig Gaisser, *Oxford Readings: Catullus [2007]*, 109–40), sehr nützlich. Über Lukrez und Vergil gibt es mehrere wichtige Arbeiten, darunter Philip Hardie, *Virgil's Aeneid: Cosmos and Imperium* (1986), 157–240, Joseph Farrell, *Vergil's Georgics and the Traditions of Ancient Epic* (1991), 169–206 und Monica Gale, *Virgil on the Nature of Things* (2000). Spezifisch zu Lukrez-Referenzen siehe Julia Dysons Aufsatz »Dido the Epicurean«, *ClAnt* 15 (1996), 203–21 und Leah Kronenberg, »Mezentius the Epicurean«, *TAPA* 135 (2005), 403–31. Über Epikureismus und Vergil im Allgemeinen vgl. die wichtigen Beiträge von Daniel Delattre und Marcello Gigante in der Sammlung *Philodemus, Vergil and the Augustans* von D. Armstrong, J. Fish, P. A. Johnston und M. B. Skinner.

Zu Vergils Einfluss auf Ovid ist Philip Hardies Aufsatz »Ovid's Theban History«, *CQ* 40 (1990), 224–35 immer noch ein wichtiger Beitrag. Man kann auch meine 1997 in Michigan erschienene Monographie hinzuziehen sowie Sophia Papaioannous etwas neueres Werk *Epic Succession and Dissension: Ovid, Metamorphoses 13.623–14.582 and the Reinvention of the Aeneid* (2005). Zum Einfluss der griechischen Tragödie auf Vergil siehe die erst vor Kurzem erschienene Studie von Vassiliki Panoussi mit dem Titel *Greek Tragedy in Vergil's Aeneid* (2009).

Zur »Harvard-Schule« kann man in Robert A. Brooks' Aufsatz »*Discolor aura.* Reflections on the Golden Bough«, *AJPh* 76 (1953) erste Orientierung finden: »Die *Aeneis* ist ein Netz antithetischer Symbole, Spannungen und Widersprüche, die niemals wirklich aufgelöst worden sind« (276). Adam Parry (1963) brachte die Diskussion ebenso voran wie Wendell Clausen mit seinem Aufsatz »An Interpretation of the *Aeneid*«,

HSCP (1964). Man sollte auch M. C. J. Putnams *The Poetry of the* Aeneid (1965) beachten. W. R. Johnson hat überzeugend dargestellt (2004), dass der Ursprung der »zwei Stimmen« in Robert Lowells Gedicht »Falling Asleep over the *Aeneid*«, veröffentlicht 1947, zu finden ist. Außerdem siehe Ernst Schmidt, »The Meaning of Vergil's *Aeneid*: American and German Approaches«, *CW* 94 (2001), 145–71 und insbesondere Gian Biagio Conte, *The Poetry of Pathos: Studies in Virgilian Epic*, Hrsg. S. J. Harrison (Oxford 2007), 150–69.

Zum »idealen Leser« siehe Conte (1986), 30 f. und R. A. Smith, *Poetic Allusion and Poetic Embrace in Ovid and Virgil* (1997), 17–24. Zur dichterischen Rivalität der Telchinen siehe K. Spanoudakis, »Poets and Telchines in Callimachus' *Aetia*–*Prologue*«, *Mnemosyne* 54 (2001), 425–41. Zur Wichtigkeit der *Argonautika* für die *Aeneis* siehe den grundlegenden Beitrag von Damian Nelis: *Vergil's* Aeneid *and the* Argonautica *of Apollonius Rhodius* (2001).

Kapitel 2

Für die Beschäftigung mit antiken Vergil-Biographien ist die Arbeit von Brugnoli und Stok *Vitae Vergilianae Antiquae* (1997) von fundamentaler Bedeutung. Nicholas Horsfall bietet eine inhaltsreiche Diskussion in seinem bei Brill erschienenen *Companion to the Study of Virgil* (2000). T. Franks *Vergil: A Biography* (1922) kann ebenfalls zu Rate gezogen werden, wenngleich es einen verständigen Leser voraussetzt. Über die Hintergründe der späten Republik siehe zum Beispiel Marcel Le Glay, Jean Louis Voisin, Yann Le Bohec, *Histoire romaine* (2002). Speziell über die Lex Iulia von 90 v. Chr. und die Lex Plautia Papiria von 89 v. Chr. siehe T. Robert S. Broughton, *The Magistrates of the Roman Republic*, Bd. 2 (99 BC – 31 BC) (1984). Für die Datierung von Vergils frühen dichterischen Werken siehe Kumanieckis »Quo ordine Vergilii eclogae conscriptae sint«, *Eos* 29 (1926), 69–79 sowie H. J. Rose, *The Eclogues of Vergil* (1942), 251 f. Zu Sullas *foedus* und zum italischen Wahlrecht siehe Edward Bishpam, *From Asculum to Actium: The Municipalization of Italy from the Social War to Augustus* (2007) 194.

Eine Primärquelle über die Enteignungen von Ländereien in Norditalien ist Appian, *Emphylia* 5.2.12–17; siehe auch Michael Winterbottom, »Virgil and the Confiscations«, *G&R 23 (1976)*, 55–9 sowie Cary und Scullard, *A History of Rome* (1975), 290 f.

Für die Beziehung zwischen Marcus Antonius und Kleopatra ist immer noch die Arbeit von Starr (*The Emergence of Rome as Ruler of the Western World* [1955], 45–47) nützlich; vgl. auch T. R. Holmes, *The Architect of the Roman Empire*, Bd. 1 (1928), 227–31. Beide streifen Mark Antons Verhalten als junger Mann, wie auch mein *Vergilius*-Artikel (2007), insbes. 59–63, wo mehrere Fußnoten weitere Literatur nennen.

Zu Augustus' *inscriptio* seiner *Res gestae* sollte man P. A. Brunt und J. M. Moore, *Res Gestae Divi Augusti: The Achievements of the Divine Augustus* (1967) zu Rate ziehen; außerdem F. W. Shipley, *Velleius Paterculus: Compendium of Roman History and the Res Gestae Divi Augusti* (1924). Zum Patronat ist zusätzlich zu Peter White (in den Fußnoten zu diesem Kapitel zitiert) Clarkes Aufsatz »Poets and Patrons at Rome«, *G&R* 25 (1978), 46–54 nützlich. Zu Vergils Haus auf dem Esquilin ist immer noch Witherstine, »Where the Romans Lived in the First Century B.C.«, *CJ* 21 (1926), 566–79 relevant.

Vgl. auch Horsfall (2000), 8f. Wichtige Veröffentlichungen zu Vergils Verbindung zu Maecenas und wie Maecenas möglicherweise in Ungnade gefallen ist, sind Gordon Williams, »Did Maecenas ›Fall from Favor‹ ? Augustan Literary Patronage«, in Kurt Raaflaub und Mark Toher, *Between Republic and Empire* (1990), 258–75 und Peter White, »Maecenas' Retirement«, *CP* 86 (1991), 130–38. Vgl. auch E. S. Lowell Bowditch, »Horace's Poetics of Political Integrity: *Epistle* 1.18«, *AJPh* 115 (1994), 409–26.

Die Inschrift zu Gallus' Situation findet man in Hermann Dessau, *Inscriptiones Latinae Selectae* (Nachdruck 1979), III.2.8995 [= *CIL* III.14147, 5]. J.-P. Boucher, *Caius Cornelius Gallus* (1966), 45 sieht die Stele als Verkündung Octavians' politischer Agenda an. Außerdem erörtern Vergils Beziehung zu Gallus u. a.: W. B. Anderson, »Gallus and the Fourth *Georgic*«, *CQ* 27 (1933), 36–45, Robert Coleman, »Gallus, the *Bucolics*, and the Ending of the Fourth *Georgic*«, *AJPh* 83 (1962), 55–71, J. Hermes, »C. Cornelius Gallus und Vergil. Das Problem der Umarbeitung des vierten Georgica-Buchs« (Diss., 1980) sowie Annic Loupiac, »Orphée-Gallus, figure de l'évolution morale et poétique de Virgile des ›Bucoliques‹ a ›l'Énéid‹«, *REL* 79 (2001), 93–103. Harriet I. Flower, deren Arbeiten stets lesenswert sind, untersucht die Gallus betreffende *damnatio memoriae* in *The Art of Forgetting* (2006).

Kapitel 3

Grundlegend als Untersuchung der Art und Weise, wie Vergil seine *Eklogen*-Sammlung angefertigt hat, ist J. Van Sickles gründliche Studie *The Design of Virgil's* Bucolics (2. Aufl. 2004). Niklas Holzberg (2006), 87 sieht das Arrangement der Sammlung als dreimal drei Gruppen an, mit dem 10. Gedicht als Coda. Andere wichtige Studien sind Michael Putnam, *Virgil's Pastoral Art* (1970), Eleanor Leach, *Virgil's Eclogues: Landscapes of Experience* (1974), Paul Alpers, *The Singer of the* Eclogues (1979), David Halperin, *Before Pastoral* (1983), H. Seng, *Vergils Eklogenbuch* (1999), Brian Breed, *Pastoral Inscriptions* (2006), T. Saunders, *Bucolic Ecology* (2008) sowie Contes klassische Untersuchung der *Ekloge* 10 in *Memoria dei poeti e sistema letterario* (1974). Über den Titel der *Eklogen* vgl. Nicholas Horsfall, »Some Problems of Titulature in Roman Literary History«, *BICS* 28 (1981), 103–14 und M. Geymonat, »Ancora sul titolo delle Bucoliche«, *BICS* 29 (1982), 17f.

Zur Frühzeit des daktylischen Hexameter siehe Henry M. Hoenigswald, »*Lipous' androteta,* Elision, and Prosody«, in Farrell und Rosen (Hrsg.), *Nomodeiktes: Greek Studies in Honor of Martin Ostwald* (1993), 459–66. Über Genres im Allgemeinen siehe E. A. Schmidt, *Poetische Reflexion* (1972), 46, der das amoebische (dialogische) Format der Sammlung untersucht.

Über die philosophischen Impulse und den interessanten Aspekt der Zahl(en) bezüglich der Sammlung siehe die gehaltvolle Darstellung bei Van Sickle (2004), 209–13 *et passim*. Frühere interessante, aber eher spekulative Studien sind u. a.: P. Maury, »Le secret de Virgile et l'architecture des Bucoliques«, *Lettres d'Humanité* 3 (1944), 71–147 und Jacques Perret, *Virgile* (1965). Man sollte auch das jüngere Werk von Antonio La Penna, *L'impossibile giustificazione della storia* (2005), hinzuziehen, das davor warnt, den Text zu sehr mit philosophischen Assoziationen (z. B. einer Nähe zum Stoizismus) zu beladen (297).

In diesem Kapitel kurz angeschnittene Titel, die den Dualismus der *Eklogen* betreffen, sind u. a.: T. K. Hubbard, »Intertextual Hermeneutics in Vergil's Fourth and Fifth *Eclogues*«, *CJ 91* (1995/6), 11–23 sowie zwei Artikel von Charles Segal: »*Tamen cantabitis, Arcades:* Exile and Arcadia in *Eclogues* 1 and 9«, *Arion* 4 (1965), 237–66 und »Pastoral Realism and the Golden Age: Correspondence and Contrast Between Virgil's Third and Fourth *Eclogues*«, *Philologus* 121 (1977), 158–63. Daneben zu nennen sind Artikel von Ernst A. Schmidt, »Freedom and Ownership: A Contribution to the Discussion of Vergil's First *Eclogue*«, *PLLS* 10 (1998), 185–201, E. Leach, »Nature and Art in Vergil's Second *Eclogue*«, *AJPh* 87 (1966), 427–45, MacDonald, »Dueling Contests: Theocritus and Vergil's Third and Seventh *Eclogues*«, in Deroux (Hrsg.), *Studies in Latin Literature and Roman History* 11, Collection Latomus 272 (2003), 199–207, Barry Powell, »*Poeta Ludens*: Thrust and Counter-Thrust in *Eclogue 3*«, *JCS* 1 (1976), 113–21, Nisbet, »Virgil's Fourth *Eclogue*: Easterners and Westerners«, *BICS* 25 (1978), 59–78, Paschalis, »*Semina ignis*: The Interplay of Science and Myth in the Song of Silenus«, *AJPh* 122 (2001), 201–22, Sullivan, »*Et eris mihi magnus Apollo*: Divine and Earthly Competition in Vergil's Seventh *Eclogue*«, *Vergilius* 48 (2002), 40–54, Baudy, »Hirtenmythos und Hirtenlied: Zu den rituellen Aspekten der bukolischen Dichtung«, *Poetica* 25 (1993), 282–318 und Philip R. Hardy, »Vergil's Epitaph for Pastoral: Remembering and Forgetting in *Eclogue 9*«, *Syllecta Classica* 2 (1990), 29–38.

Wendell Clausen (ad 40) bietet einen Einblick in Damoeras Kenntnis der Mathematiker: Infrage kommen u. a. der Astronom Hipparch aus dem 2. Jahrhundert, der die Bewegungen des Mondes und der Sonne erklärte, Euktemon, Euklid und sogar Hesiod. Siehe auch Edwin L. Brown, »*Numeri Vergiliani*: Studies in ›Eclogues‹ and ›Georgics‹«, Collection Latomus (1963), 88–92 und Wormell, »The Riddles in Virgil's Third *Eclogue*«, *CQ* 54 (1960), 29–32. Über Siegerpokale ähnlich den in *Ekloge* 3 genannten siehe Ann L. Kuttner, *Dynasty and Empire in the Age of Augustus: The Case of the Boscoreale Cups* (1995). Eine gute Untersuchung von Rätseln findet sich bei Keith Dix, »Vergil in the Grynean Grove: Two Riddles in the Third Eclogue«, *CP 90* (1995), 256–62. Über Rätsel in der römischen Komödie siehe Eduard Fraenkel, *Plautinisches im Plautus* (2000).

Für *Eklogen* 1 und 9 bietet Ronald Syme, *The Roman Revolution* (1939), 153–56 einiges an Hintergrundinformationen, ebenso Karl Galinsky, »Vergil and *libertas*«, *Vergilius* 52 (2006), 3–19. Zum Motiv der Reise in die Stadt und aus ihr heraus vgl. Van Sickle (2004), 184, M. Putnam (1970), 294, E. Leach (1974), 205. Vgl. auch Andrew Becker, »Poetry as Equipment for Living: A Gradual Reading of Vergil's Ninth *Eclogue*«, *Classics Ireland* 6 (1999), 1–22 sowie Solodow, »*Poeta impotens*: The Last Three *Eclogues*«, *Latomus* 36 (1977), 757–71, der mit Recht anmerkt, dass in *Ekloge* 9 »das Ländliche mehr ist als bloß das Ziel der Flucht aus der Stadt: Es ist ein potenzielles Opfer von ihr« (764). Auch wichtig ist Philip Hardy (1990), oben zitiert, und Brenks Aufsatz »War and the Shepherd: The Tomb of Bianor in Vergil's Ninth *Eclogue*«, *AJPh* 102 (1981), 427–30 sowie Sophia Papaioannou, »Losing my Mind: Memory Loss as Reflection of Political Insecurity in Vergil's *Eclogues*«, *La Parola del Passato* 61 (2006), 11–20.

Über Theokrits 7. *Idyll* als Übergang zu einem neuen bukolischen Genre siehe Kathryn Gutzwiller, *A Guide to Hellenistic Literature* (2007), 171. M. Fantuzzi und R. L. Hunter sehen in *Tradition and Innovation in Hellenistic Poetry* (2004) die Bourina-Quelle als »parallel zu Hesiods Hippokrene« an (147) und merken an, dass dabei Nymphen die Musen ersetzen (153–54). Siehe auch N. Krevans, »Geography and Literary Tradition in Theocritus 7«, *TAPA* 113 (1983), 201–20. Vgl. K. Spandouakis, »Callimachus Fr. 1.9–12 Again«, *ZPE* 121 (1998), 59–61. Theokrits Figur Simichidas unterscheidet Nymphen und Musen in *Idyll* 7.92–5. Am Ende des *Idylls* (7.154) werden eher Nymphen als Musen angesprochen. Zum Tityrus-Modus vgl. Van Sickle (2004), 187f.

Zu *Eklogen* 2 und 8 siehe Breed (2006), Putnam (1970) und Perutelli, in Horsfall (2000), Van Sickle (2007), 154 und Clausen (1994), 233–36; weitere Studien: David Mankin, »The Addressee of Virgil's Eighth *Eclogue*: A Reconsideration«, *Hermes* 116 (1988), 63–76 und Glenn W. Bowersock, »The Addressee of the Eighth *Eclogue*: A Response«, *HSCPh* 82 (1978), 201f. Van Sickle (2004), 134–5 ist der Ansicht, dass Vergil sich in *Ekloge* 8 mittels tragischer Modi innerhalb der Grenzen des bukolischen Genres vom Pastoralen zum Epischen hin bewegt; vgl. Van Sickle, 183.

Zum Namen Alexis vgl. Van Sickle (2004), 125, Anm. 61 und besonders James O'Hara, *True Names: Vergil and the Alexandrian Tradition of Etymological Wordplay* (1996), 246; außerdem DuQuesnay, in *Creative Imitation and Latin Literature* (Hrsg. West und Woodman, 1979),44.

Zu *Eklogen* 3 und 7 siehe M. Bettini, »Corydon, Corydon«, *Studi classici e orientali* 21 (1972), 261–76. Van Sickle (2004), 177f. schlägt vor, dass Corydons Poetik die restlichen *Eklogen* beherrscht. Es scheint so, als erhebe die Anspielung auf Theokrit Corydon auf den Level von Daphnis. Siehe auch Hubbard (1998), 101 und Putnam (1970), 251f.

Aus der breiten Masse an Literatur zu *Ekloge* 4 kann Alpers (1979), 183 herausgegriffen werden, der diese *Ekloge* mit der *Aeneis* in Verbindung bringt: »Falls sie nicht prophetisch von der Geburt Christi kündet, so nimmt sie doch zumindest die *Aeneis* vorweg, indem sie große, selbstbewusste Kunstfertigkeit« zeige. Alpers sieht das Kind als generelles Symbol für das neue Zeitalter an. Eleanor Winsor Leach, *Vergil's Eclogues: Landscapes of Experience* (1974) sieht das Kind als »eine Abstraktion, ein Bindeglied, das die visionäre und die reale Welt verknüpft« (225); siehe auch Andreas Luther, *Historische Studien zu den* Bucolica Vergils (2002), 16f. Über das Gefühl der Bestimmung, das das Gedicht ausstrahlt, siehe Eduard Norden, *Die Geburt des Kindes: Geschichte einer religiösen Idee* (1924), 61–64. Über das Zeitalter, in welchem das Kind geboren werden würde, siehe Putnam (1970), 153–55; Leach (1974), 222 schreibt: »Das neue Zeitalter bringt ein eindeutiges Zeichen der Übereinstimmung zwischen Natur und Mensch hervor.«

Über die Verbindung zur Ara Pacis siehe David Castriota, *The Ara Pacis Augustae and the Imagery of Abundance in Later Greek and Early Roman Imperial Art* (1995), 122, 134; zu *colocasia* merkt Servius an, dass Vergil »will, dass es so scheint, als sei diese Pflanze, die in Rom bekannt wurde, nachdem er [Augustus] Ägypten erobert hatte, Augustus zu Ehren gekeimt« (Servius, ad 4.20.2–5). Vgl. die Untersuchungen bei Alpers (1979), 187 und Barbette Spaeth, »Ceres in the Ara Pacis and the Carthage Relief«, *AJA* (1994), 65–100. Galinsky (1996), 106 sieht die Figur als »durch zahlreiche Assoziationen charakterisiert.« Außerdem zur Polysemie bei Vergil siehe Richard Thomas, »A Trope by Any Other Name: ›Polysemy,‹ Ambiguity and *Significatio* in Vergil«, *HSCP* 100 (2000), 381–407. Siehe auch Karl Galinskys Aufsatz »Reading Roman Poetry in the 1990's«, *CJ* 89 (1994), 297–309.

Zur Beziehung zwischen *Eklogen* 4 und 5 vgl. Thomas K. Hubbard, »Intertextual Hermeneutics in Vergil's Fourth and Fifth Eclogues«, *CJ* 91 (1995), 11–23. Über die Assoziation von Pales mit Rom vgl. Vinzenz Buchheit, *Der Anspruch des Dichters in Vergils* Georgika (1972), 90–92.

Zu *Eklogen* 6 und 10 siehe G. Williams (1968), 234 f. Weiteres zu Orpheus bei Gutzwiller (2007), 171 und in Gian Biagio Contes klassischen Ausführungen in *Memoria dei poeti e sistema letterario* (engl.: *The Rhetoric of Imitation*, Hrsg. Ch. Segal [1986], 120–23).

Kapitel 4

Zusätzlich zu den in den Endnoten zitierten haben u. a. folgende allgemeine Studien mein Verständnis der *Georgica* geprägt: Otis, *Virgil: A Study in Civilized Poetry* (1964), Wilkinson, *The* Georgics *of Virgil* (1969); Boyle, *The Chaonian Dove: Studies in the Eclogues, Georgics, and Aeneid of Virgil* (1986); Putnam, *Virgil's Poem of the Earth: Studies in the* Georgics (1979), Miles, *Virgil's* Georgics (1980), Ross, *Virgil's Elements: Physics and Poetry in the* Georgics (1987), Farrell, (1991), Llewelyn Morgan, *Patterns of Redemption in Virgil's* Georgics (1999), Gale (2000), Horsfall (2000), Christopher Nappa, *Reading after Actium* (2005), Holzberg (2006), von Albrecht, *Vergil:* Bucolica, Georgica, Aeneis, *Eine Einführung* (2006).

Vergil spielt in Buch 1 und in den gesamten *Georgica* auf Lukrez an. Zu den intertextuellen Referenzen zu den Prologen von *DRN* 3 und 5 siehe Gale (2000), 26 f. Zu weiteren intertextuellen Referenzen, wie Vergils Verwendung von Eratosthenes' *Hermes* oder seiner Adaptation der Prosa Varros, vgl. Richard Thomas, »Prose into Poetry: Tradition and Meaning in Virgil's Georgics«, *HSCP 91* (1987), 229–60 sowie seinen wichtigen Aufsatz »Virgil's *Georgics* and the Art of Reference«, *HSCP* 90 (1986), 171–98.

Ein Teil der Zwischenüberschrift »*Georgica 2: in vino civitas*« ist mit freundlicher Genehmigung der Herausgeberin Patricia Johnston meinem Aufsatz »*In uino ciuitas:* The Rehabilitation of Bacchus in Virgil's *Georgics*«, *Vergilius* 53 (2007), 53–87 entnommen. Zur Zweischneidigkeit des menschlichen Fortschritts, die in diesem Abschnitt erörtert wird, vgl. C. G. Perkell, »A Reading of Virgil's Fourth *Georgic*«, *Phoenix* 32 (1978), 211–21. Zur Schelte der Weinreben siehe Ross (1987), 128–30.

In meiner Analyse von *Georgica* 3 folge ich mehreren Forschern, von Ross (1987), der ähnliche Beobachtungen getätigt hat, bis Heinz Hofmann, »Ovid's *Metamorphoses: Carmen Perpetuum, Carmen Deductum*«, *Papers of the Liverpool Latin Seminar* 5 (1985), 223–42, der über die Verwendung des Verbs *deducere* als codierten Ausdruck schreibt. Siehe auch Stephen Hinds, *The Metamorphosis of Persephone: Ovid and the Self-Conscious Muse* (1987), 126 f. Über den Prolog von Buch 3 als Ganzes siehe Thomas (1988), ad 3.1–48. Kallimachos ist für diesen Abschnitt von besonderer Bedeutung, wie Thomas in »Callimachus, the *Victoria Berenices,* and Roman Poetry«, *CQ 33* (1983), 92–113 zeigt. Dieser Beitrag und weitere wichtige Artikel von Thomas finden sich in *Reading Virgil and His Texts* (1999). Zur Formulierung »Caesar ... in der Mitte« siehe Kytzler, »In medio mihi Caesar erit‹ III: zu den Zentren der Eclogen Vergils«, *Journal of Ancient Civilization* 9 (1994), 75–81, Thomas (1988), ad 3.7–8, Wilkinson (1969), 170 f., und Kofler, *Aeneas und Virgil* (Heidelberg 2004), 47–9. Zur Überwindung der Grenze zwischen Mensch und Tier in Buch 3 siehe Thomas (1988), ad 215 f. Holzberg (2006), 113–15 bietet ebenfalls eine gehaltvolle Analyse der Tiere im dritten Buch; über ihren Tod schreiben G. Williams (1968), 676–79 und David West, »Two Plagues: Virgil, *Georgics* 3.478–566 and Lucretius 6.1090–1286«, in West und Woodman, *Creative Imitation and Latin Literature* (1974), 71–88. Zu den wichtigen Beiträgen zu Buch 4 gehören Christine Perkells oben zitierter Aufsatz von 1978 und »On the Corycian Gardener of Vergil's Fourth *Georgic*«, *TAPA* III (1981), 167–77 sowie Thomas, »The Old Man Revisited«, *MD* 29 (1992), 35–70. Weiteres zu Orpheus als Nachtigall findet sich bei Emily Katz Anhalt, »A Matter of Perspective: Penelope and the Nightingale in *Odyssey* 19.512–534«, *CJ* 97 (2001), 145–59. Zur Unwahrscheinlichkeit, dass der Aristeus-Abschnitt in *Georgica* 4 ursprünglich Gallus gewidmet war, vgl. G. P. Goold, »Servius and the Helen Episode«, *HSCP* 74 (1970), 137. Zum Ausdruck »Fenster‹-Anspielung« siehe Thomas (1986). Die Beobachtung, dass die vier Fenster in *Georgica* 4 eine »buchstäbliche« Referenz darstellen, verdanke ich Sophia Papaioannou.

Kapitel 5

Es gibt eine ganze Reihe herausragende Studien zur *Aeneis.* Unter den allgemeinen Beiträgen ragt Holzbergs kürzlich erschienene knappe, aber solide Behandlung heraus, ebenso wie die von Horsfall (2000) und Perkells Sammlung *Reading Virgil's* Aeneid: *An Interpretive Guide* (1999). Neben diesen gibt es ein weites Feld weiterer Untersuchungen, eine kleine Kostprobe davon wird unten besprochen beziehungsweise in den Fußnoten des Kapitels.

Ich eröffne meine Erörterung, indem ich darauf hinweise, wie sich der Anfang der *Aeneis* auf ihr Ende bezieht; zur Teleologie des Gedichts siehe Klingner, *Virgil: Bucolica, Georgica, Aeneis* (Stuttgart 1967), 383; vgl. Heinze (1993), 384 f. Wenn ich mir Aeneas als leidenden Helden vorstelle, denke ich dabei an die Ideen von L. R. Lind, *Vergil's Aeneid* (1963), XV, Francis Sullivan, »Virgil and the Mystery of Suffering«, *AJPh* 90 (1969), 161–77 sowie den Beitrag von Philip Hardie, »The *Aeneid* and the *Oresteia*«, *PVS* 20 (1991), 29–45.

Zu Aeneas' Gefühlslage und Charakter vgl. Viktor Pöschl, *The Art of Vergil: Image and Symbol in the* Aeneid (1962), 40 f., 93, Anderson (Nachdruck 1989), 21, Galinsky, »The Anger of Aeneas«, *AJPh* 109 (1988), 321–48, R. O. A. M. Lyne, »Vergil and the Politics of War«, *CQ 33* (1983), 188–203 und Eve Adler, *Vergil's Empire: Political Thought in the* Aeneid (2003), 77–101.

Die Ekphrasis des Juno-Tempels in Buch 1 enthält eine Menge epischen Hintergrund. Zu diesem Thema siehe Putnam, *Virgil's Epic Designs: Ekphrasis in the* Aeneid (1998) und Fowlers vielzitierten Aufsatz »Narrate and Describe: The Problem of Ekphrasis«, *JRS* 81 (1991), 25–35; vgl. auch Fowlers »Deviant Focalization in Vergil's *Aeneid*«, *PCPS* 216 (1990), 42–63 sowie Putnam, »Daedalus, Virgil, and the End of Art«, *AJPh* 108 (1987), 173–98 und auch meine eigenen Überlegungen zur Ekphrasis in meiner Monographie von 1997, 26–43.

Über die Bankettszene in Didos Palast und den Austausch von Geschenken dort vgl. Roy K. Gibson, »Aeneas as *Hospes* in Vergil, Aeneid 1 and 4«, *CQ* 49 (1999), 184–202; über die Bedeutung des Tauschens in der *Aeneis* allgemein siehe die exzellente neue Studie von Neil Coffee, *The Commerce of War: Exchange and Social Order in Latin Epic* (2009), 39–114.

In Buch 2 evoziert Vergil die Beschreibung Trojas in der *Ilias*, vgl. Erik Wistrand, »Virgil's Palaces in the *Aeneid*«, *Klio* 38 (1960), 146–54. Zur Beschreibung des Priamos als Parallele zum Schicksal des Pompeius vgl. Servius, der (zu *Aeneis* 2.557.2 f.) vorschlägt, dass *ingens* (»riesengroß«) ein Wortspiel mit *Pompeius Magnus* (Pompeius »der Große«) ist. Vgl. O'Hara (1996), 134 und Williams (1983), 196.

Zur Authentizität der Helena-Episode in Buch 2 vgl. Heinze (1993), 25 f.; Gian Biagio Conte, *Memoria dei poeti e sistema letterario* (engl.: *The Rhetoric of Imitation*, Hrsg. Ch. Segal [1986]), 196–207; Jeffrey Fish, »Anger, Philodemus' Good King, and the Helen Episode of *Aeneid* 2.56 7–89«, in D. Armstrong, J. Fish, P. A. Johnston und M. B. Skinner, *Vergil, Philodemus and the Augustans* (Austin 2004), 110–38.

Zu Buch 3 ist Horsfalls Kommentar (2006) von größter Wichtigkeit. Bezüglich der Macht der Erinnerung an Vergangenes im Buch siehe David Quint, »Painful Memories: *Aeneid* III and the Problem of the Past«, *CJ* 78 (1982), 30–8 und sein Buch *Epic and Empire: Politics and Generic Form from Virgil to Milton* (1993), 53–65 sowie Grace Starry West, »Andromache and Dido«, *AJPh* 104 (1983), 257–67. Zum Spiel mit Namen in diesem Buch vgl. H. Morland, »Zu den Namen in der Aeneis«, *SO* 36 (1960), 21–9 und O'Hara (1996), 142. Zum ersten Omen in Italien (den vier weißen Pferden) siehe Neil Coffee, *The Commerce of War: Exchange and Social Order in Latin Epic,* (2009), 39–41 sowie Sarah Spence, »The Polyvalence of Pallas in the *Aeneid*«, *Arethusa* 32 (1999), 149–63. Die disjunktive Aufteilung von Buch 4 wurde bereits vor über einem Jahrhundert von A. J. Bell in »Virgil and The Drama«, *The School Review* 13 (1905), 458–74 festgestellt. Jüngere Ergebnisse dazu in Niklas Holzberg, *Vergil: Der Dichter und sein Werk* (2006), 65, 150 f., und Lee Fratantuono, *Madness Unchained: A Reading of Virgil's Aeneid* (2007), 99. Ein brillanter Aufsatz zu den Flammen in Buch 2 und 4 ist Bernard Knox, »The Serpent and the Flame: The Imagery of the Second Book of the *Aeneid*«, *AJPh* 71 (1950), 379–400. Ein hilfreicher Beitrag zu Annas Eingreifen und der Unterbrechung von Aeneas' Mission ist Steven Farron, »The Aeneas-Dido Episode as an Attack on Aeneas' Mission and Rome«, *G&R* 27 (1980), 34–47. Zur Möglichkeit, dass Aeneas Didos Bitte nach mehr Zeit hätte erfüllen können, siehe Sergio Casali, »Staring at the Pun: ›Aeneid‹ 4.435–6 Reconsidered«, *CJ* 95 (2000), 103–18.

Zu Aeneas' nationaler Identität und ihrem Bezug zu seinem Weg in Richtung Latium siehe den ergiebigen Beitrag von Joel Thomas, *Structures de l'imaginaire dans l'Eneide* (Paris 1981), 270 f. Zu den Namen und den Familien in Buch 5 siehe O'Hara (1996), 159 f., und Kevin Muse, »Sergesthus and Tarchon in the *Aeneid*«, *CQ* 57 (2007), 586–605, der Vergils Namensgebung in Buch 5 mit Varros *De familiis Troianis* in Verbindung setzt (591 f.); vgl. W. Nicoll, »Chasing Chimeras«, *CQ* 35 (1985), 134–39 und

Wilhelm Schultze, *Zur Geschichte lateinischer Eigennamen* (1904), 424. Servius sagt zu 117.3, dass die *gens Gegania* sich auf Gyas berief. Nicoll (1985), 138 f., schlägt eine Verbindung zu Marcus Antonius vor. Zum Mangel an nationaler Herkunft in den letzten Wettkämpfen auf Sizilien vgl. Williams (1972), ad 492. Jay Reed, *Virgil's Gaze* (2007), erörtert die Vermischung ethnischer Identitäten, während Michael Paschalis' Beitrag über Eigennamen ebenfalls wertvoll ist (*Virgil's* Aeneid: *Semantic Relations and Proper Names*, 1997), insbes. 197–201. Weitere Studien u. a.: C. Weber, »Some Double Entendres in Ovid and Vergil«, *CP* 85 (1990), 209–14, James J. O'Hara, »Etymological Wordplay in Apollonius of Rhodes, *Aeneid* 3 and *Georgics* 1«, *Phoenix* (1990), 370–6. Zu generellen etymologischen Fragen vgl. O'Hara (1996), 71–3. Georgia Nugent, »Vergil's Voice of the Women in *Aeneid* V«, *Arethusa* 25 (1992), 255–92 sieht Frauen als das »quintessenzielle andere« an, das von Männern missverstanden wird. Bezüglich Vergils Bezügen zu Euripides' *Troades* vgl. den mittlerweile sehr alten Beitrag von May Johnson, »Vergil's Debt to the *Hemba* and *Troades* of Euripides«, *CW* 3 (1909), 50–52. Die Darstellung des Todes des Palinurus in der *Aeneis* ist problematisch; vgl. Aldo Setaioli, »Palinuro: genesi di un personaggio poetico«, *BStudLat* 27 (1997), 56–81, Frederick Brenk, »*Unum pro multis caput*: Myth, History, and Symbolic Imagery in Vergil's Palinurus Incident«, *Latomus* 43 (1984), 776–801. Zum Namen des Palinurus vgl. Philip Ambrose, »The Etymology and Genealogy of Palinurus«, *AJPh* 101 (1980), 449–57.

Von den vielen wissenschaftlichen Werken zu Buch 6 nenne ich hier lediglich einige wenige. J. E. G. Zetzels Beitrag »Romane Memento: Justice and judgment in *Aeneid* 6«, *TAPA* 119 (1989), 263–84 ist wichtig für die gesamte *katabasis*. Zu den seltsam allusiven Worten des Aeneas, als er Dido in der Unterwelt sieht, siehe meinen Aufsatz von 1993, insbes. 310–13 sowie Susan Skulsky, »›Inuitus, Regina …‹: Aeneas and the Love of Rome«, *AJPh* 106 (1985), 447–55 und Suzanna Braund, »Speech, Silence and Personality: The Case of Aeneas and Dido«, *PVS* 23 (1998), 129–47. Es würde den Rahmen dieser Studie sprengen, versuchte man, all die philosophischen und theologischen Stränge zu entwirren, die Vergil verwoben hat, um seine eigene Version der Reinkarnation zu erschaffen. Einige Arbeiten seien genannt, so J. Bews, »Philosophical Revelation and Its Function in *Aeneid* 6«, in Bonanno und Vella (Hrsg.), *Laurea Corona: Studies in honour of Edward Coleiro* (1989), 91–98, Susanna Morton Braund, »Virgil and the cosmos: religious and philosophical ideas«, in Martindale (Hrsg.), *The Cambridge Companion to Vergil* (1997), 204–21, John Ferguson, »Vergil and Philosophy«, *PVS* 19 (1988), 17–29, Thomas Habinek, »Science and Tradition in *Aeneid* 6«, *HSCP* 92 (1989), 223–55, Joseph Kivuila-Kiaku, »Poésie, prophétie et rêve dans l'*Eneide* VI ou La ›philosophie du destin romain‹ dans l'imaginaire virgilien«, *LEC* 65 (1997), 49–64. Zur Präzedenz der Monarchie als Herrschaftsform in Rom vgl. Francis Cairns, *Virgil's Augustan epic* (Cambridge 1989), 61 f. Zur Frage nach dem Tor, durch das Aeneas die Unterwelt verlässt, vgl. Williams (1972), ad 893–94 sowie Robert Brooks' Aufsatz in *AJPh* (1953), 260–80, oben zitiert. Andersons *The Art of the* Aeneid (1969; Nachdruck 1989), liefert weiterhin gute Einsichten (vgl. 62).

Die Forschung zu Buch 7 ist weniger produktiv als diejenige zum sechsten Buch. Holzbergs kürzlich erschienenes Werk (2006) ist wichtig, denn er misst der Teilung des Gedichts in eine *Odyssee-* und eine *Ilias*-Hälfte weniger Gewicht bei und weist stattdessen darauf hin, dass Aeneas im ganzen Gedicht als odysseusähnliche Figur auftritt. Hinsichtlich Vergils Wahl der Inspiration für die zweite Hälfte spottet Servius (ad 7.37), es sei Erato, »pro Calliope«; siehe Sara Mack, »The Birth of War: A Reading of *Aeneid* 7«, in Perkell (1999), 129. Zu Celaeno vgl. O'Hara, *Death and Optimistic Prophecy in Virgil's* Aeneid (1990), 25.

Die Ekphrasis von Buch 8 und der Herkules-Mythos haben beide eine Menge Forschungsliteratur angeregt. Zur Geschichte von Herkules und Cacus siehe Galinsky, »The Herkules-Cacus Episode in *Aeneid VIII*«, *AJPh* 87 (1966), 18–51. Zum homerischen Vorbild für den Schild siehe Knauer (1964).

Der Fokus der Forschung zu Buch 9 tendiert zur Nisos-und-Euryalos-Episode; zur Interpretation ihrer homerischen Echos durch hellenistische Kommentatoren vgl. Robin Schlunk, *The Homeric Scholia and the* Aeneid: *A Study of the Influence of Ancient Literary Criticism on Virgil* (1974), 59–81. Vgl. auch Alessandro Barchiesi, *La traccia del modello* (1984), 43–52 und Steven Farren, *Vergil's* Aeneid: *A Poem of Grief and Love* (Leiden 1993), 19–24.

Eine Schlüsselbedeutung innerhalb der Forschung zu Buch 10 kommt Stephen Harrisons bemerkenswertem Kommentar (1991) zu. Zu Juno und Jupiter (und des Letzteren Sorge um Macht und Ansehen) siehe Julia Hejduk, »Jupiter's *Aeneid*: *Fama* and *Imperium*«, *CA* 28 (2009), 279–327; zu Turnus' Verfolgung des Pallas vgl. Barchiesi (1984), 11–16. Die fünf homersichen Löwen-Gleichnisse, die Mezentius beschreiben, entstammen *Ilias* 3.23–28, 12.299–301, 17.61 f., *Odyssee* 6.130–40, 22.402–8; dazu siehe Harrison (1991), ad 723–29.

Die beste allgemeien Untersuchung zu Buch 11 ist diejenige von W. S. Anderson, »*Aeneid* 11: The Saddest Book«, in Perkell (1999), 195–209. Andere Untersuchungen verschiedener Ereignisse im Buch sind u. a.: Dennis Pausch, »*hi nostri reditus exspectatique triumphi?* Die Heimkehr des Pallas zwischen pompa funebris und pompa triumphalis (Verg. Aen. 11.1–99)«, in Helmut Krasser, Dennis Pausch, Ivana Petrovic (Hrsg.), *Triplici invectus triumpho: Der römische Triumph in augusteischer Zeit* (2008), 239–64. Vgl. Conte (2007), 45. Zu den Reden im Buch vgl. Elaine Fantham, »Fighting Words: Turnus at Bay in the Latin Council (*Aeneid* 11.234–446)«, *AJPh* 120 (1999), 259–80, Anderson (Nachdruck 1989), 89 f. und meine eigene Monographie von 2005, 135 f. Zu Camillas fatalem Fehler siehe Hardie (1994), 26; vgl. Valeria Viparelli, »Camilla: A Queen Undefeated, Even in Death«, *Vergilius* 54 (2008), 9–23, insbes. 22 f.

Trotz Vergils sympathischer Darstellung des Turnus und dem mitunter brutalen Verhalten Aeneas' auf dem Schlachtfeld erreicht Buch 12 schließlich das im Prolog von *Aeneis* 1 angelegte *telos* und versorgte Rom so durch Turnus' Tod mit einem klaren Gründungsmythos. Zu diesen Themen siehe Hardie, *Virgil's* Aeneid: *Cosmos and Imperium* (1986), 154 und Smith (2005), 128–75. Zu Lavinias Auftreten siehe R. Todd, »Lavinia Blushed«, *Vergilus 26* (1980), 27–33, Julia Dyson, »Lilies and Violence: Lavinia's Blush in the Song of Orpheus«, *CP* 94 (1999), 281–88; R. O. A. M. Lyne, »Lavinia's Blush: Virgil *Aeneid* 12.64–70«, *G&R* 30 (1983), 55–64, Dorothea Woodworth, »Lavinia: An Interpretation«, *TAPA* 61 (1930), 175–94. Zur Verfolgung des verwundeten Aeneas durch Turnus siehe Barchiesi (1984), 91–122. Für eine aufschlussreiche Untersuchung der rituellen Aspekte des Kampfs zwischen Aeneas und Turnus siehe Dyson (2001), 196 f. *et passim*.

Zum Terminus »Kollektivgedicht« vgl. Edgar Martini, »Ovid und seine Bedeutung für die römische Poesie«, 165–94, in *Epitymbion, Heinrich Swoboda dargebracht* (1927), 167–8 und Brooks Otis, »Ovid and the Augustans«, *TAPA* 69 (1938), 188–229.

Kapitel 6

Die beste Arbeit in englischer Sprache über Manuskripte ist immer noch *Scribes and Scholars: A Guide to the Transmission of Greek and Latin Literature* (3. Aufl. 1991) von L. D. Reynolds und N. G. Wilson. Siehe auch Colin H. Roberts und T. C. Skeet, *The Birth of the Codex* (1983). Über die Schreibweisen von Vergils Namen sollte man sich zunächst bei Poliziano (*Miscellenea* 1.77) informieren. Zur Forschungsdebatte gehören: Pedro Martín Baños, »De Virgilius a Vergilius: Poliziano y la Bibliografía de Antonio de Nebrija«, *Revista de Filología Española* 87 (2007), 79–102, Manlio P. Stocchi, »Polizano«, in *Virgilio: Enciclopedia Virgiliana*, Hrsg. Francesco della Corte (1984), 172, Anthony Grafton, »On the Scholarship of Politian and Its Context«, *Journal of the Warburg and Courtauld Institutes* 40 (1977), 150–88. Siehe auch Holzberg (2006), 12 f.

Zum Übergang von der Schriftrolle zum Codex siehe Reynolds und Wilson (1991), 22–34, die darauf hinweisen, dass Paulus sich in 2 Tim 4.13 offensichtlich auf den Codex bezieht. Siehe auch Roberts und Skeet (1983), 35. Zu den Manuskriptseiten vgl. C. R. Gregory, »The Quires in Greek Manuscripts«, *AJPh* 7 (1886), 27–32. Die besten lateinischen Vergil-Editionen sind diejenigen von R. A. B. Mynors, *P. Vergili Maronis Opera* (1969) und Geymonat (1973), der einen ausführlichen kritischen Apparat bietet. Andere wichtige Editionen sind: Ribbeck, *Prolegomena critica ad P. Vergili Maronis opera maiora* (1866), Sabbadini (1930/31) und E. Saint-Denis und R. Lesueur, *Virgile:* Bucoliques (1999), dies., *Virgile:* Georgiques (1995) und Jacques Perret und R. Lesueur, *Virgile:* Eneide (2002, 3 Bde.). Zu Emendationen und *recensiones* siehe Fredrick Hall, *A Companion to Classical Texts* (Nachdruck 1988), 108–98.

Zum wiedererwachenden Interesse an klassischen Texten seitens der intellektuellen Elite der Renaissance vgl. Julia Haig Gaisser, *Catullus and his Renaissance Readers* (1993); Craig Kallendorf, *Virgil and the myth of Venice: Books and readers in the Italian Renaissance* (1999) und seinen Band *In Praise of Aeneas: Virgil and Epideictic Rhetoric in the Early Italian Renaissance* (1989).

Zur bekannten Pose des Theseus in der pompejanischen Wandmalerei vgl. Smith (2005), 152 f. Vgl. A. Van Buren, »A Medallion of Antoninus Pius«, *JRS* 1 (1911), 187–95.

Kapitel 7

Zu Vergils Nachleben ist das jüngst erschienene Werk von M. C. J. Putnam und Jan M. Ziolkowski, *The* Virgilian Tradition: the First Fifteen Hundred Years (2008), von allergrößter Wichtigkeit. Man sollte auch den wertvollen Beitrag von Theodore Ziolkowski, *Virgil and the Moderns* (1993), beachten.

Zu Vergil in der Antike siehe Siegmar Döpp, »Vergilrezeption in der Ovidischen ›Aeneis‹«, *RhM* 134 (1991), 327–46, ders., *Virgilischer Einfluß im Werk Ovids* (1968),

Sophia Papaioannou, *Redesigning Achilles: »Recycling« the Epic Cycle in the »Little Iliad«* (*Ovid*, Metamorphoses 12.1–13.622) (2007), Smith, *Poetic Allusion and Poetic Embrace in Ovid and* Virgil (1997) sowie Hardie, *The Epic Successors of Virgil* (1993). Dazu, wie bestimmte Figuren in späteren Epen auf Vergils Originalen wie Theseus und Aeneas basieren, vgl. J. Burgess, *»Pietas* in Virgil and Statius«, *PVS* 11 (1971–72), 48–61. Weiterführendes zum Cento findet sich bei Hans Armin Gartner und Wolf-Lüder Liebermann, »Cento«, *Neuer Pauly* 3 (2008) und Scott McGill, *Virgil Recomposed* (2005), *passim.*

Zu Sedulius und Vergil siehe Antonino Grillo, »La presenza di Virgilio in Sedulio, poeta parafrastico«, in R. Chevallier (Hrsg.), *Présence de Virgile: Actes du colloque des 9, 11 et 12 Décembre 1976* (1978), 185–94. Zum Vermächtnis Vergils bei Augustinus siehe Carol Ramage, »The Confessions of St. Augustine: The *Aeneid* Revisited«, *PCPh* 5 (1970), 54–60, Sabine MacCormack, *The Shadows of Poetry: Virgil in the Mind of Augustine* (1998), 97–99, James J. O'Donnell, *Augustine: A New Biography* (2005) sowie ders., *The Confessions* (1992), zu V. 8.15, 307 f. Zu Tassos Bezug zu Vergil siehe Torquato Tasso, *Jerusalem Delivered: An English Prose Version,* übers. von Ralph Nash (1987), xii. Siehe auch Vladimiro Zabughin, *Vergilio nel Rinascimento Italiano da Dante a Torquato Tasso: Fortuna – studi – imitazione – traduzione e parodie – iconographia,* 2 Bde. (2000). Zu Vergils Einfluss auf Spenser siehe John Watkins, *The Specter of Dido: Spenser and Virgilian Epic* (1995). Zu Milton und Vergil siehe David Quint, *Epic and Empire: Politics and Generic Form from Virgil to Milton* (1993) und Colin Burrow, *Epic Romance: Homer to Milton* (1993) sowie Burrows Aufsatz »Virgils, from Dante to Milton«, in Martindale (1997), 79–90; außerdem sei auf den herausragenden Beitrag von Kallendorf verwiesen, »Allusion as Reception: Virgil, Milton, and the Modern Reader«, in Martindale und Thomas (Hrsg.), *Classics and the Uses of Reception* (2006), 67–79.

Zu Vergil und Rabelais siehe Lucienne Deschamps, »Virgilio nell'opera di Rabelais«, in Marcello Gigante (Hrsg.), *La fortuna di Virgilio* (1986), 195–206. Zu Vergil und Paul Scarron siehe Luigi de Nardis, »Virgilio ›deriso‹ in Francie nel xvii secolo«, in Gigante (1986), 196 f. Zu Neumen in Virgiltexten des Mittelalters siehe Jan Ziolkowski, *Nota bene: Reading Classics and Writing Melodies in the Early Middle Ages* (2007).

Zu Vergil in der Bildenden Kunst sollte man das hilfreiche Werk von Jane Reid, *The Oxford Guide to Classical Mythology in the Arts, 1300–1990s* (Oxford 1993) zu Rate ziehen.

Anmerkungen

1. Kapitel: Vergils Leitmotive: Dialog, Weisheit, Mission

[1] Vgl. Giancarlo Abbamonte und Fabio Stok, »Intuizioni esegetiche di Pomponio Leto nel suo commento alle *georgiche* e all'*Eneide* di Virgilio«, in Carlo Santini und Fabio Stok (Hrsg.), *Esegesi dimenticate di autori classici* (2008), 135–210, insbes. 176–201. Vgl. auch M. Geymonat, »The Transmission of Virgil's Works in Antiquity and the Middle Ages«, in Nicholas Horsfall (Hrsg.), *Companion to the Study of Virgil* (Leiden, 2. Aufl. 2000), 305.

[2] Meine Transkription hält sich an diejenige von Alexander Riese, *Anthologia Latina sive Poesis Latinae Supplementum, Pars Prior: Carmina in Codicum Scripta* (Leipzig 1869); siehe auch die Anmerkungen in F. Schoell, *Histoire abrégée de la littérature romaine* (Paris 1815) und A. H. M. Jones, J. R. Martindale und J. Morris, *The Prosopography of the Later Roman Empire*, Bd. 2 (Cambridge 1980), 173; Ralph W. Mathisen, *People, Personal Expression, and Social Relations in Late Antiquity: Selected Latin Texts from Gaul and Western Europe* (Ann Arbor 2003), 18–21; zu Turcius Apronianus vgl. Michele Renée Salzman, *The Making of a Christian Aristocracy: Social and Religious Change in the Western Empire* (Cambridge, MA 2002), 74–81; zu lat. *fratris*, »meines Bruders«, siehe Jones u. a. (1980), 173. Zur Schreibweise von *sed* (»aber«) vgl. W. M. Lindsay, »The Lost ›Codex Optimus‹ of Nonius Marcellus«, *CR* 10 (1896), 16, Anm. 2.

[3] Die Handschrift wurde mithin vor dem 21. April 494 kopiert. Vgl. M. Geymonat, »Codici«, in *Virgilio: Enciclopedia Virgiliana* (Rom 1984), 832; Karl Zangemeister und Wilhelm Wattenbach, *Exempla Codicum Latinorum Litteris Maiusculis Scriptorum* (Heidelberg 1876), 3. Vgl. auch H. R. Fairclough, »Observations on Sabbadini's Variorum Edition of Virgil«, *TAPA* 63 (1932), 223.

[4] Siehe James L. Butrica, »Propertius on the Parilia (4.4.73–8)«, *CQ* 50 (2000), 473, Anm. 4. Siehe auch A. T. Grafton und N. M. Swerdlow, »The Horoscope of the Foundation of Rome«, *CP* 81 (1986), 148–53.

[5] K. J. Shelton, »The Esquiline Treasure: The Nature of the Evidence«, *AJA* 89 (1985), 148–51; Alan Cameron, »The Date and the Owners of the Esquiline Treasure«, *AJA* 89 (1985), 144.

[6] Meint »Bruder« einen anderen Christen oder lediglich einen engen Freund und Bewunderer Vergils? Vgl. L. D. Reynolds und N. G. Wilson, *Scribes and Scholars: A Guide to the Transmission of Greek and Latin Literature* (Oxford 1968; 3. Aufl. 1991), 41.

[7] Gian Biagio Conte, *The Rhetoric of Imitation: Genre and Poetic Memory in Virgil and Other Latin Poets*, Hrsg. Charles P. Segal (Ithaca 1986), 30.

[8] So bei Mathisen (2003), 20.

[9] J. K. Newman, *The Concept of Vates in Augustan Poetry* (Brüssel 1967); siehe Stephen Harrison, *Generic Enrichment in Vergil and Horace* (Oxford 2007), 22–33; Niklas Holzberg, *Vergil: Der Dichter und sein Werk* (München 2006), 24 f. Siehe auch Wilhelm

Kroll, *Studien zum Verständnis der römischen Literatur* (1924), 202–24. Zur Imitation vgl. Arno Reiff, »*Interpretatio, imitatio, aemulatio*. Begriff und Vorstellung literarischer Abhängigkeit bei den Römern«, Diss. Köln 1959.

[10] Standardwerke zur Referenz sind u. a. Conte (1974) und Richard Thomas, »Virgil's Georgics and the Art of Reference«, *HSCP* 90 (1986), 171–98. Vgl., früher, Rudolf Pfeiffer, »The Future of Studies in the Field of Hellenistic Poetry«, *JHS* 75 (1955), 69.

[11] Vgl. Peter Bing, »A Pun on Aratus' Name in Verse 2 of the *Phainomena*?«, *HSCP* 93 (1990), 281; zu einer ähnlichen spielerischen Referenz vgl. Mario Geymonat, »Spigolature Nicandree«, *Acme* 23 (1970), 137–43.

[12] R. A. Smith, »Pindar's *Olympian* 14: A Literal and Literary Homecoming«, *Hermes* 127 (1999), 261 f.

[13] M. R. Mezzabotta, »Jason and Orpheus: Euripides *Medea* 543«, *AJP* 115 (1994), 48; siehe auch Philip Vellacott, *Ironic Drama: A Study of Euripides' Method and Meaning* (Cambridge 1975), 23–52 und 106–13.

[14] James J. Clauss, »Vergil and the Euphrates Revisited«, *AJP* 109 (1988), 309–20.

[15] Ruth S. Scodel und Richard F. Thomas, »Virgil and the Euphrates«, *AJP* 105 (1984), 339.

[16] Joseph Farrell, *Vergil's Georgics and the Traditions of Ancient Epic: The Art of Allusion in Literary History* (Oxford 1991), 165–6; siehe auch Thomas, *Georgics*, Bd. 1, ad 509; vgl. auch Richard Jenkyns, »Virgil and the Euphrates«, *AJP* 114 (1993), 115–21.

[17] Zum Spannungsverhältnis zwischen dem hellenistischen Stil des Apollonios gegenüber Kallimachos siehe Damien Nelis, *Vergil's Aeneid and the Argonautica of Apollonius Rhodius* (Leeds 2001), 393–95; siehe dazu auch Philip Hardie, *Virgil's Aeneid: Cosmos and Imperium* (Oxford 1986), 50.

[18] R. A. Smith, »Ov. Met. 10.475: An Instance of ›Meta-allusion‹«, *Gymnasium* 97 (1990), 458–60; siehe auch Stephen M. Wheeler, »Ovid's Use of Lucretius in *Metamorphoses* 1.67–8«, *CQ* 45 (1995), 200–3; Reinhold F. Glei, »Der interepische poetologische Diskurs: Zum Verhältnis von *Metamorphosen* und *Aeneis*«, in Hildegard L. C. Tristram (Hrsg.), *New Methods in the Research of Epic: Neue Methoden der Epenforschung* (Tübingen 1998), 89; Llewelyn Morgan, *Patterns of Redemption* in Virgil's Georgics (Cambridge 1999), 226, Anm. 17; Smith (1997), 71–74.

[19] Thomas (1986), 171–98.

[20] Vgl. Reiff (1959), *passim;* siehe dazu auch Conte (1974), 34.

[21] Adam Parry, »The Two Voices of Virgil's *Aeneid*«, *Arion* 2 (1963), 66–80.

[22] R. O. A. M. Lyne, »Scilicet et tempus ueniet: ... Vergil G. 1.463–514«, in seinen *Collected Papers on Latin Poetry* (Oxford 2007), 58; vgl. Karl Galinsky, Rez. zu M. C. J. Putnam, *Virgil's Poem of the Earth: Studies in the Georgics, CP* 76 (1981), 329.

[23] Ich danke Sophia Papaiaonnou für die ergebnisreiche Diksussion zu diesem Punkt.

[24] Zum Beispiel Michael von Albrecht, *Vergil: Bucolica, Georgica, Aeneis: Eine Einführung* (Heidelberg 2006), 86.

[25] D. M. Halperin, *Before Pastoral: Theocritus and the Ancient Tradition of Bucolic Poetry* (New Haven 1983), 227. Halperin unterscheidet zwischen Vergils Verwendung von Hesiod und Homer und sieht Vergils Beziehung zu Hesiod als größtenteils der epischen Inversion geschuldet, einer Art der intertextuellen Referenz, bei der epische

Motive ins Quasi-Komische übertragen werden: »Hesiod scheint die ästhetischen Ideale der Alexandriner vorweggenommen zu haben« (246).

[26] Geymonat (1970), 137–43, insbes. 139 f.; Brown (1963), 111.

[27] Gordon Williams (*OCD*, 2. Aufl. 1970), 720 erörtert die Möglichkeit, dass fr. 23 in Morel, *Fragmenta poetarum Latinorum epicorum et lyricorum praeter Ennium et Lucilium* (Leipzig 1927) solch einen Inhalt widerspiegelt. Siehe die umfangreiche Erörterung bei A. S. Pease, *Publi Vergili Maronis Aeneidos Liber Quartus* (Cambridge, MA 1935), 18–23. Vgl. Gian Biagio Conte, *Latin Literature: A History*, übers. von Joseph Solodow (Baltimore 1994), 45.

[28] Bing (1990), 281–85; Kathryn Gutzwiller (Malden 2007), 42 f. Das Wort *leptós* wird im Lateinischen wiedergegeben mit *tenuis*; vgl. David O. Ross, *Backgrounds to Augustan Poetry: Gallus, Elegy and Rome* (Cambridge 1975), 26 f., 76. J.-M. Jacques, »Sur un acrostiche d'Aratos«, *REA* 62 (1960), 48–61; vgl. Farrell (1991), 81–83. D. C. Feeney und D. Nelis, »Two Vergilian Acrostics: Certissima Signa?« *CQ* 55 (2005), 644–6 sehen diese Formulierung eher als Eigenreferenz denn als Anpielung auf Aratos. Siehe die fruchtbare Erörterung bei Thomas, ad loc. Eine eher skeptische Sichtweise bietet M. Hendry, »A Martial Acronym in Ennius?« *LCM* 19 (1994), 7 f.

[29] Vgl. 393–423; vgl. Owen M. Ewald, »Virgilian End Rhymes (*Geo.* 1.393–423)«, *HSCP* 93 (1990), 311–13; siehe Alexei Grishin, »*Ludus in undis*: An Acrostic in Eclogue 9«, *HCSP* 104 (2008), 237–40 zu einem ähnlich cleveren Akrostichon. Siehe zudem Edwin L. Brown, *Numeri Vergiliani. Studies in »Eclogues« and »Georgics«*, Coll. Latomus 631 (Brüssel 1963), 102 f.; vgl. R. F. Thomas, *Virgil: Georgics 1* (Cambridge 1988), ad 1.427–37; kürzlich dazu Feeney und Nelis (2005), insbes. 645, Anm. 8.

[30] Vgl. Eva Crane, *The World History of Beekeeping and Honey Hunting* (London 1999), 204.

2. Kapitel: Publius Vergilius Maro: Eine Präambel

[1] Servius gibt an, Vergil habe Ciceros Formulierung übernommen, um in *Aeneis* 12.168 Ascanius zu beschreiben. Siehe auch Stephen Hinds, »Petrarch, Cicero, Virgil: Virtual Community in *Familiares* 24.4«, *MD* 52 (2004), 168 f.; R. A. Smith, *The Primacy of Vision in Virgil's Aeneid* (Austin 2005), 105 f.; M. L. Clarke, »Rhetorical Influences in the *Aeneid*«, *G&R* 18 (1949), 14–27. Falls keine *Eklogen*-Prototypen im Umlauf waren, ist die Anekdote hochproblematisch.

[2] S. v. »Atrium Libertatis«, in Larry Richardson Jr., *A New Topographical Dictionary of Ancient Rome* (Baltimore 1992), 41; J. C. Anderson Jr., *The Historical Topography of the Imperial Fora*, Collection Latomus 182 (Brüssel 1984), 21–26; F. Castaglioni, »Atrium Libertatis«, *RendLinc* 8 (1946), 276–91; M. Bonnefond-Coudry, »Le Senat republicaine dans l'atrium Libertatis?« *MEFRA* 91 (1979), 601–22; A. Barchiesi, *The Poet and the Prince: Ovid and Augustan Discourse* (Berkeley 1997), 87–89. Zu Augustus' Diktion vgl. Suetonius, *Divus Augustus*, 28.3. Siehe Karl Galinsky, *Augustan Culture: An Interpretive Introduction* (Princeton 1996), 141–224.

[3] Richard Heinze, »Auctoritas«, *Hermes* 60 (1925), 349 f.; Galinsky (1996), 15–17, 204. Siehe auch Paul Zanker, *The Power of Images in the Age of Augustus*, übers. von

Alan Shapiro (Ann Arbor 1988), 98–100; Richardson (1992), s. v. *Ianus Geminus*, 207 f.

[4] Coleman, zu *Ekloge* 6.7. Horsfall (2000), 29 f.; siehe auch John Van Sickle, »A Reader Challenged Theoretically Wonders, ›Where's the Book?‹ A Review of Brian W. Breed, *Pastoral Inscriptions: Reading and Writing Virgil's Eclogues*«, *Vergilius* 53 (2007), 154; Wendell Clausen, *Virgil: Eclogues* (Oxford, 1994), 233–36. Obgleich Clausen *Ekl.* 8 als Octavian gewidmet ansieht, akzeptieren doch die meisten Pollio als Adressaten. Elaine Fantham, *Roman Literary Culture: From Cicero to Apuleius* (Baltimore 1996), 70 weist darauf hin, dass beide gemeint sein könnten.

[5] Peter White, *Promised Verse: Poets and the Society of Augustan Rome* (Cambridge 1993), 35–39.

[6] Octavian wird evoziert in *Georgica* 1.25 und 503 sowie *Georgica* 2.170.

[7] Michael Swan, »The Consular Fasti of 23 BC and the Conspiracy of Varro Murena«, *HSCP* 71 (1966), 235–47, Ronald Syme, *The Roman Revolution* (Oxford 1939), 333–43; Gordon Williams, »Did Maecenas ›Fall from Favor‹? Augustan Literary Patronage«, in Kurt Raaflaub und Mark Toher (Hrsg.), *Between Republic and Empire* (Berkeley und Los Angeles 1990) ist ebenfalls ein Befürworter der Verschörungsthese.

[8] Hermann Dessau, *Inscriptiones Latinae Selectae* (Nachdruck Chicago 1979), III.2.8995 [= *CIL* 111.14147, 5]. Vgl. J.-P. Boucher, *Caius Cornelius Gallus* (Paris 1966), 45, der die Stele als Verkündung von Octavians' politischer Agenda ansieht. Bruce Gibson, »Horace: *Carm.* 3.30.1–6«, *CQ* 47 (1997), 313. Ausführlich zur Inschrift Friedhelm Hoffmann, Martina Minas-Nerpel, Stefan Pfeiferr, Die dreisprachige Stele des C. Cornelius Gallus, Berlin 2009.

[9] Erich S. Gruen, »The Expansion of the Empire under Augustus«, in Alan K. Bowman, Edward Champlin und Andrew Lintott (Hrsg.), *Cambridge Ancient History*. Bd. 10: *The Augustan Empire 43 BC–69 AD* (Cambridge 1996), 148.

[10] White (1993), 139.

3. Kapitel: *Eklogen*-Dialoge

[1] Vgl. Kathryn Gutzwiller, »The Evidence for the Theocritaean Poetry Books«, in M. A. Harder, R. F. Regtuit und G. C. Wakker (Hrsg.), *Theocritus* (Groningen 1996), 119–48.

[2] Charles Martindale, »Green politics: the *Eclogues*«, in *The Cambridge Companion to Virgil*, Hrsg. Charles Martindale (Cambridge, 1997), 120.

[3] Brian W. Breed, *Pastoral Inscriptions: Reading and Writing Virgil's Eclogues* (London 2006), 156. Siehe auch C. Gallazzi, »P. Narm. inv. 66,362: Vergilius, Eclogae VIII 53–62«, *ZPE* 48 (1982), 75. M. Geymonat, »Ancora sul titolo delle Bucoliche«, *BICS* 29 (1982), 19 stellt die papyrologischen Hinweise darauf heraus, dass die einzelnen Eklogen Namen hatten, die unabhängig von ihrer Reihenfolge waren; James E. G. Zetzel, »Servius and Triumphal History in the *Eclogues*«, *CP* 79 (1984), 141; Joseph Farrell, »Asinius Pollio in Vergil *Ecloge* 8«, *CPh* 86 (1991), 204–11.

[4] John Van Sickles gründliche Studie *The Design of Vergil's Bucolics* (London, 2. Aufl. 2004), 209–13 *et passim*.

[5] Mehrere Verweise auf Orpheus, den legendären Sänger, der in den Hades hinabstieg,

um seine geliebte Eurydike vor dem Tod zu bewahren, könnten einer orphisch-pythagoreischen Verbindung vorauseilen, wobei Vergil sich durch pythagoreische Ideen von Orpheus seinen Platz im Stammbaum der Dichter sichert. Der erste Vers der Sammlung könnte ein Hinweis sein: Die Kombination der ersten beiden Wörter, *Tityre, tu ...* ist eventuell ein leichtes Echo des Wortes *tetraktys*.

[6] Mario Geymonat, *Il Grande Archimede* (Bologna 2008), 24, 105 f.

[7] Jeffrey Wills, *Repetition in Latin Poetry* (Oxford 1996), 461–72; vgl. Van Sickle (2004), 222 f.

[8] Wendy Steiner, *The Colors of Rhetoric* (Chicago 1982), 42. Siehe auch W. T. J. Mitchell, *Iconology: Image, Text, Ideology* (Chicago 1986), 99.

[9] Michael C. J. Putnam, *Virgil's Pastoral Art: Studies in the* Eclogues (Princeton 1970), 35; Paul Alpers, *The Singer of the* Eclogues: *A Study of Virgillian Pastoral. With a New Translation of the* Eclogues (Berkeley 1979), 114.

[10] So Solodow (1977): »Die Wellen, die auf den Strand treffen, repräsentieren das Gegenteil des Pastoralen, den unaufhörlichen Trubel des politischen Lebens« (764); das Verb *sinere* (»lassen«) würde also die Missachtung dieser Zielsetzung suggerieren. Das Bild der Wellen, die auf einen Strand treffen, könnte auch erotisch konnotiert sein.

[11] Breed (2006), 47 f.; vgl. Coleman, ad 66 f.

[12] Eleanor Winsor Leach, *Virgil's Eclogues: Landscapes of Experience* (Ithaca 1974), 178 fasst die Tiere als symbolisch für die Dichter auf. Zur Assoziation von Tiergröße mit Genre siehe Holzberg (2006), 113. Siehe auch Clausen, ad loc.

[13] Zum Beispiel Michael C. J. Putnam, »The Riddle of Damoetas (Virgil *Ecl. 3.104–105*)«, *Mnemosyne* 18 (1964), 150–54; D. E. W. Wormell, »The Riddles in Virgil's Third Eclogue«, *CQ* 54 (1960), 29–31.

[14] Bruno Snell, *The Discovery of the Mind: The Greek Origins of European thought*, übers. von T. G. Rosenmeyer (Cambridge, MA 1953), 283. Vgl. Gibert Highet, *Poets in a Landscape* (New York 1967), 50 f.

[15] Vgl. S. J. Harrison, *Generic Enrichment in Vergil and Horace* (Oxford 2007), 60–65.

[16] Van Sickle (2004), 70.

[17] Gordon Williams, *Tradition and Originality in Roman Poetry* (Oxford und New York 1968), 277.

[18] Gerhard Binder, »Lied der Parzen zur Geburt Octavians: Vergils vierte Ekloge«, *Gymnasium* 90 (1983), 119; siehe auch Holzberg (2006), 48. Caesar hat Kommentare zu seinen militärischen Leistungen veröffentlicht; falls der Sohn Octavian sein sollte, würde auch der Hinweis passen, der Sohn könne die Taten seines Vaters nachlesen (26 f.).

[19] Van Sickle (2004), 62–65 bietet eine sorgfältige Analyse der Struktur der ersten zehn Verse.

[20] Vgl. Harrison (2007), 62–64, der Gallus als elegischen Liebhaber auffasst, der hier in die bukolische Welt eingeführt wird.

[21] Zu *surgo* in Ovid's *Metamorphoses*, siehe Stephen Hinds, *The Metamorphosis of Persephone: Ovid and the Self-conscious Muse* (Cambridge 1987), 21–24.

4. Kapitel: *Georgica*: Festmahl der Weisheit

[1] Pindar, *Pythische Ode* 4.34–41. Vgl. Richard Thomas, »Virgil's Pindar?« in Peter E. Knox und Clive Foss (Hrsg.), *Style and Tradition: Studies in Honor of Wendell Clausen* (Stuttgart 1998), 99–120.

[2] Angemerkt von Thomas (1988), ad 95 f., aber nicht von Mynors (1990), ad 96; vgl. Don Folwer, »Subject Reviews: Latin Literature«, *G&R á8 (1991)*, 240.

[3] Thomas merkt an (ad 104): »Der Kampf Vergils richtet sich gegen die Natur.«

[4] Ruth S. Scodel und Richard F. Thomas, »Virgil and the Euphrates«, *AJPh* 105 (1984), 339; vgl. Kapitel 1; J. Bayet, »Les Premieres Georgiques de Virgilen (39–37 av. J.C.)«, *RPhil* 4 (1930), 139 f.; Mynors (1990), ad 1.509.

[5] *Historia plantarum* 4.2–11. Zu Theophrast vgl. Richard Thomas, »Prase into Poetry: Tradition and Meaning in Virgil's Georgics«, *HSCP* 9 1 (1987), 229–60.

[6] Thomas (1987), 230.

[7] Cato, as cited in C. Iulius Solinus, *Collecteana rerum mirabilium* 2.2; Varro, *RR* 1.2.3–6; Sophokles, *Oedipus at Colonus* 668–719; siehe Richard Thomas, *Virgil: Georgics*, Bd. 2 (Cambridge 1988), 230.

[8] E. H. Warmington, *Remains of Old Latin*, Bd. 1 (Cambridge, MA 1935), 402, Epigramm 10, *Nemo me lacrimis decoret nec funera fletu/faxit. Cur? Volito vivos per ora virum;* vgl. G. Williams (1968), 451.

[9] Niklas Holzberg, *Vergil: Der Dichter und sein Werk* (München 2006), 113 f.; zu *mollis* vgl. Hinds (1987), 21–23, 127, 141 Anm. 58.

[10] *Georgica* 3.322–38. Siehe Gerhard Schonbeck, *Der locus amoenus von Homer bis Horaz* (Heidelberg 1962); außerdem Ernst Robert Curtius, *European Literature and the Latin Middle Ages*, übers. von W. R. Trask (New York 1953), 195–200.

[11] Vgl. Servius, *ad Georgica* 4.2 19.13–16 und Varro, *De re rustica* 3.16.5. Vgl. Jasper Griffin, »The Fourth ›Georgic‹, Virgil, and Rome«, *G&R 26 (1979)*, 61–80 und Monica Gale, »Man and Beast in Lucretius and the Georgics«, *CQ* (1991), 415 *et passim*. Vgl. Thomas (1988), ad 3.215–16.

[12] Richard Hunter, »Winged Callimachus«, *ZPE* 76 (1989), 1. Zu Vergils Alexandrianismus siehe M. M. Crump, *The Epyllion from Theocritus to Ovid* (Oxford 1931), 195–242; David O. Ross Jr., *Backgrounds to Augustan Poetry: Gallus, Elegy and Rome* (Cambridge 1975), 26 f., 76.

[13] Eva Crane, *World History of Beekeeping and Honey Hunting* (London 1999), 278.

[14] Das Zwölftafelgesetz war das wichtigste Element des altrömischen Rechts. Vgl. Nevio Zorzelli, »Poetry and the City: The Case of Rome«, *CJ* 86 (1991), 313, 323. Siehe auch A. H. F. Lefroy, »Rome and Law«, *Harvard Law Review* 20 (1907), 606–19; Thomas Habinek, »Sacrifice, Society, and Vergil's Ox-Borne Bees«, in *Cabinet of the Muses: Essays on Classical and Comparative Literature in Honor of Thomas G. Rosenmeyer*, Hrsg. Mark Griffith und Donald J. Mastronarde (Atlanta 1991), 209–23.

[15] Horsfall (2000), 86–89; vgl. W. B. Anderson, »Gallus and the Fourth *Georgic*«, *CQ* 27 (1933), 36–45. Vgl. Putnam *Vilgil's Poem of the Earth: Studies in the Georgics* (Princeton 1979), xi; Thomas (1988), 1: 15–16; Farrell (1991) 253–56; David O. Ross Jr., *Virgin-Elements: Physics and Poetry in the Georgics* (Princeton 1987), 229.

[16] Smith Palmer Bovie, »The Imagery of Ascent-Descent in Virgil's *Georgics*«, *AJP* 77

(1956), 337–58. Vgl. Julia T. Dyson, »*Caesi Iuuenci* and *Pietas Impia* in Virgil«, *CJ* 91 (1996), 277–86. Dyson analysiert diese Vignette der Regeneration wohldurchdacht: »Geschlachtete Ochsen ..., wie Dido in der Unterwelt, sagen viel durch ihr Schweigen. Es ist charakteristisch für Vergils Kunst, dass ein und dieselbe Formulierung sowohl Harmonie als auch Zwietracht ausdrückt, sowohl Triumph als auch Mord« (285).

[17] Jasper Griffin, »The Fourth ›Georgic‹, Virgil and Rome«, *G&R* 18 (1979), 72. Siehe auch R. G. Austin, »*Ille ego quidam quondam* ...«, *CQ* 18 (1968), 107–15.

5. Kapitel: *Aeneis*: Mission und *telos*

[1] Zum griechischen Konzept des *telos* siehe Z. Philip Ambrose, »The Homeric and Early Epic *Telos*«, *DA* 24 (1964), 20–22. Weiteres zu den Unterschieden zwischen Homer und Vergil bei C. S. Lewis, »Virgil and the Subject of Secondary Epic«, in Steele Commager (Hrsg.), *Virgil: A Collection of Critical Essays* (Englewood Cliffs 1966), 62–67.

[2] Der Titel *Ab urbe condita* wird oft übersetzt mit »von der Gründung der Stadt (d. h. Roms) an«. Zu Augustus' Interesse an Gründungsmythen über Apollo siehe Heinze, *Virgil's Epic Technique* (London 1993), 70, 382.

[3] Augustus' Admiral und Vertrauter Agrippa fungierte in den 30ern und 20ern auch als kaiserlicher Ädil (Bauherr). Vgl. Frederick W. Shipley, *Agrippa's Building Activities in Rome* (St. Louis 1933), 19–34, 61–64; siehe auch Stefan Grundmann, *The Architecture of Rome* (Fellbach 1998), 49. Der Boden der Piazza ist über einen Meter höher als der antike Vorhof. Siehe auch Kjeld de Fine Licht, *The Rotunda in Rome: A Study of Hadrian's Pantheon* (Kopenhagen 1968), 26–32. John W. Stamper, *The Architecture of Roman Temples: The Republic to the Middle Empire* (Cambridge, 2007), 186 schlägt vor, Agrippas Gebäude könnte einen runden Keller gehabt haben.

[4] Zur Erinnerung an vergangene Prozesse bei Aristoteles siehe zum Beispiel *An. Post.* 99b38–100 a9; außerdem zur Erinnerung vgl. Martin Jay, *Songs of Experience: Modern American and European Variations on a Universal Theme* (Berkeley 2005), 16 f.

[5] Juan Luis de la Cerda, *P. Virgilii Maronis priores sex libri Aeneidos augumentis, explicationibus et notis illustrati* (Lyon 1612), ad loc. Siehe James J. O'Hara, *True Names: Virgil and the Alexandrian Tradition of Etymological Wordplay* (Ann Arbor 1996), 132; Bernard M. W. Knox, »The Serpent and the Flame«, *AJP* 71 (1950), 390; vgl. W. S. Anderson, *The Art of the* Aeneid (1969; Nachdruck Wauconda 1989), 33 f.

[6] Vgl. Rebekah M. Smith, »Deception and Sacrifice in *Aeneid* 2.1–249«, *AJP* 120 (1999), 503–23.

[7] Zu einer solchen griechischen Vase vgl. *LIMC* s. v. »Aineias«, 89. Auf einer Amphore aus Nola, ca. 500 v. Chr. (Museum Neapel), transportiert Aeneas Achates, gefolgt von einem Kind (Ascanius) und einem Bogenschützen; ihnen voraus gehen ein Bediensteter und eine Frau (Creusa). Vgl. Fulvio Canciani, *LIMC* s. v. »Aineias«, 79. Canciani (395 f.) merkt an, dass die Form der Geschichte von Aeneas' Flucht vor Vergil nicht voll ausgebildet war; vgl. Nicholas Horsfall, s. v. »Erica«, *Enciclopedia Virgiliana*, Bd. 2 (Rom 1996), 227; Canciani, *LIMC* 1 »Aineias«, Nr. 395; zu antoninischen Münzen vgl. Canciani, *LIMC* 1, »Aineias«, Nr. 132, 136.

[8] C. F. Saylor, »Toy Troy: The New Perspective of the Backward Glance«, *Vergilius* 16 (1970), 26–8. Siehe auch M. Di Cesare, *The Altar and the City: A Reading of Vergil's Aeneid* (New York 1974), 67–8; R. E. Grimm, »Aeneas and Andromache in *Aeneid* III«, *AJP* 88 (1967), 151–62. Brooks Otis, *Virgil: A Study in Civilized Poetry* (Oxford 1964), 260 f. Buthrotum (heute: Butrint) liegt in der Nähe der albanisch-griechischen Grenze.

[9] George Sanderlin, »Aeneas as Apprentice: Point of View in the Third Aeneid«, *CJ* 71 (1975), 53–56; vgl. Eve Adler, *Vergil's Empire: Political Thought in the* Aeneid (Lanham 2003), 291–99.

[10] Zum Epikureismus vgl. Julia T. Dyson, »Dido the Epicurean«, *ClAnt* 15 (1996), 203–21.

[11] Denis C. Feeney, »The Taciturnity of Aeneas«, *CQ 33* (1983), 205. Einen anderen Standpunkt vertritt Gordon Williams, *Tradition and Originality in Roman Poetry* (Oxford 1968), 378–83; siehe auch R. C. Monti, *The Dido Episode and the* Aeneid: *Roman Social and Political Values in the Epic*, Mnemosyne Suppl. 66 (Leiden 1981), 45–48.

[12] Williams (1972), 4.601–3; vgl. Cicero, *De lege Monilia* 22.5–7; Ovid, *Met.* 6.424–674.

[13] Gian Biagio Conte, *The Poetry of Pathos: Studies in Vergilian Epic*, ed. S. J. Harrison (Oxford, 2007), 34.

[14] Eve D'Ambra, *Roman Women* (Cambridge 2007), 37; vgl. Amy Rose, »Vergil's Ship-Snake Simile (*Aeneid* 5.270–81)«, *CJ* 78 (1983), 115–21.

[15] Servius, ad 117.3 sagt, die *gens Gegania* habe für sich beansprucht, von Gyas abzustammen.

[16] Williams (1960), ad 759 f. sagt: »Vergil könnte das Epitheton *Idalia* einfach deshalb gewählt haben, weil es einer der berühmtesten Orte ist, der mit Venus in Verbindung gebracht wird.« Vergils Bestimmung dieses Tempels als desjenigen der Venus vom Ida spiegelt das Verschmelzen der Kulturen wider, ein zentrales Motiv in Buch 5, das durch niminale Korrekturen erreicht wird: *Idalia* ist als Homophon zu *Italia* zu sehen und könnte so auf die in geographischer Hinsicht nahe italische Zukunft des anderen Sohns der Venus, Aeneas, hindeuten.

[17] Vergils Bericht über den Tod des Palinurus ist schwierig; weiteres dazu siehe Kapitel 8.

[18] Agnes K. Michels, »The *insomnium* of Aeneas«, *CQ* 31 (1981), 146 Anm. 18.

[19] Hardie (1994), ad 448–9: »Die Kommentatoren streiten sich über die Präzise Referenz von ... *pater Romanus* (Augustus, der aktuelle *princeps*, Vater Jupiter, der Senat); vielleicht ist es schlauer, dies nicht einzugrenzen.« Vgl. Gordon Williams, *Technique and Ideas in the* Aeneid (New Haven 1983), 205.

[20] Vgl. Julia Hejduk, »Jupiter's *Aeneid: Fama* and *Imperium*«, *CA* 28 (2009), 298–302, die den Austausch zwischen Jupiter und Herkules relativiert, mit einem weit weniger optimistischen Blick auf diese Passage.

[21] Vgl. Neil Coffee, *The Commerce of War: Exchange and Social Order in Latin Epic* (Chicago 2009), 98–111. Eine andere Perspektive auf die Versöhnung zwischen Jupiter und Juno siehe Hejduk (2009). Zu Jupiters Macht vgl. Philip Hardie, *Virgil's* Aeneid: *Cosmos and Imperium* (Oxford 1986), 314 *et passim*.

[22] Man könnte Aeneas mithin sogar als Hund des Hades sehen (vgl. den suggestiv-ominösen Namen des Atrius Umber in Livius 28.28.4).

[23] G. Williams (1983), 173 merkt an, dass Vergils Ton didaktisch klingt. Weiteres zu Vergils Verwendung lukrezischer Grenzsteine bei Dyson (1996), 203–21.
[24] Michael C. J. Putnam, »The Hesitation of Aeneas«, in Putnam (1995), 165 f. Zwei wichtige Beiträge zu diesem Thema sind die von M. C. J. Putnam, »Anger Blindness and Insight in Virgil's Aeneid«, in Putnam (1995), 172–200 und Karl Galinsky, »The Anger of Aeneas«, AJPh 109 (1988), 321–48.
[25] Anderson (Nachdruck 1989), 98 f.; Conte (2007), 150–69.
[26] M. C. J. Putnam, »Aeneid 12: Unity and Closure«, in Reading Virgil's Aeneid: An Interpretive Guide (Norman 1999), 226.

6. Kapitel: Vergil-Handschriften: Vom Codex zur kritischen Ausgabe

[1] Edmund Thomas, Monumentality and the Roman Empire: Architecture in the Antonine Age (Oxford 2007), 169.
[2] E. M. Thompson, A Handbook of Greek and Latin Palaeogaphy (London 1901; Nachdruck Chicago 1980), 54–61; Fabrizio Pesando, Libri e Biblioteche (Rom 1994), 17–22; Anthony Grafton und Megan Williams, Christianity and the Trnnsformation of the Book: Origen, Eusebius, and the Library of Caesarea (Cambridge, MA 2006), 10.
[3] L. D. Reynolds und N. G. Wilson, Scribes and Scholars: A Guide to the Transmission of Greek and Latin Literature (Oxford 1968, 3. Aufl. 1991), 22–34. 2. Timotheus 4:13. Vgl. Colin H. Roberts und T. C. Skeet, The Birth of the Codex (Oxford 1983), 35.
[4] Die Handschrift beginnt bei E. 6.48. Vgl. H. R. Fairclough, »Observations on Sabbadini's Variorum Edition of Virgil«, TAPA 63 (1932), 216. Mario Geymonat, »Codici«, EV 1 (1984), 833. L. D. Reynolds, »Virgil«, in Reynolds (Hrsg.), Texts and Transmission: A Survey of the Latin Classics (Oxford 1984), 433–6. Zu M als auf Vergils Autograph basierend vgl. Geymonat (1984), 833. Fabio Stok und Giancarlo Abbamonte, »Intuizioni escgctichc di Pomponio Leto nel suo commento alle georgiche e all'Eneide di Virgilio«, in Esegesi dimenticate di autori classici, Hrsg. Carlo Santini und Fabio Stok (Pisa 2008), 135–210 behandeln ausführlich Letos Redaktion der Vergil-Texte.
[5] Vgl. Armando Petrucci, »Virgilio nella cultura scritta Romana«, in Virgilio e noi, Hrsg. Franceso Della Corte (Genova 1981), 65–69.
[6] Robert Marichal, »Quelques apports à la tradition ancienne du texte de Virgile«, REL 35 (1957), 81–84.
[7] Geymonat (1984), 834 f.; vgl. Guglielmo Cavallo, »La cultura a Ravenna tra Corte e Chiesa: Le sedi della cultura nell'Emilia Romagna«, L'alto medioevo 1 (1983), 29–51. Vgl. auch Geymonat (2000), 306.
[8] Am ausführlichsten Erwin Rosenthal, The Illuminations of the Vergilius Romanus (Cod. Vat. Lat. 3867): A Stylistic and Iconographic Analysis (Zürich 1972), 43–88; vgl. Geymonat (1984), 834.
[9] Geymonat (1984), 835 f.; außerdem Pierre de Nolhac, »Les peintures des manuscrits de Virgile«, MEFR 4 (1884), 305–33. Carolus Zagemeister und Guilelmus Wattenbach, Exempla Codicum Latinorum Litteris Maiusculis Scriptorum (Heidelberg 1876), 3. Zu Pontano siehe Letizia Panizza, »The Quattrocento«, in Peter Brand und Lino Pertile, The Cambridge History of Italian Literature (Cambridge 1996), 150. Zu Bembo siehe

Carol Kidwell, *Pietro Bembo: Linguist, Lover, Cardinal* (Montreal 2004), 257. Bembo erwarb auch einen Teil der Kunstsammlung Pontanos; vgl. Beatrice Cacciotti, »La tradizione degli ›Uomini Illustri‹ nella collezione di Don Diego Hurtado de Mendoza ambasciatore tra Venezia e Rorna (1539–1553)«, in *De Martino: Occidente e alterita*, Hrsg. M. Massenzio und A. Alessandri (Rom 2005), 232 Anm. 97.

[10] Vgl. Mario Geymonat, *I Codici G e V di Virgilio* in Memorie dell'Istituto Lombardo 29.3 (Mailand 1966), wo die Lesarten der Handschrift wiedergegeben werden. Ich habe die Handschrift mittels UV-Licht untersucht; vielen Dank an Mons. Piazzi für die freundliche Unterstützung.

[11] Für präzise Zitate siehe Geymonat (1984), 834–35. E. A. Lowe, *Codices Latini antiquiores* IV, Italy: Perugia-Verona (Oxford 1947), Nr. 498, xxv und 27. Mario Geymonat, »Arithmetic and Geometry in Ancient Rome: Surgeons, Intellectuals, and Poets«, noch nicht erschienen; vgl. Fabio Troncarelli, »Thrice-born Boethius: The Last of the Romans from Late Antiquity to Renaissance«, in *Thrice-born Latinity*, Hrsg. Brian P. Copenhaver (Turnhout, noch nicht erschienen).

[12] Geymonat (2000), 307; Reynolds (1984), 43 6. Die ursprüngliche lateinische Phrase war *explicitus est liber* oder *explicitum est volumen*, was bedeutet: »Das Buch (bzw. die Schriftrolle) ist abgewickelt« (Anthony Gratton, »On the Scholarship of Politian and Its Context«, *Journal of the Warburg and Courtauld Institutes* 40 [1977], 151; Thompson [1980], 59). Als konjugierte Verbform existiert *explicit* nicht, denn *explicare* ist ein a-Stamm; also müsste »hier endet« eigentlich *explicat* heißen, doch wurde es analog zu *incipit liber* (dem Ausdruck, der anzeigt, das ein Buch beginnt) als *explicit* geschrieben. Zum Inhalt des Sangalliensis: Dort findet man *G.* 4.345–419, mit Ausnahme der Verse 363, 382 und 401. Andere erhaltene Teile: *G.* 4.535–66, *Aen.* 1.381–418, 685–722; 3.191–227 (ohne Vers 209), 457–531 ohne Vers 475, 494 und 513; *Aen.* 4.1–37 ohne Vers 19; *Aen.* 6.655–9, 674–724 ohne Vers 685–87.

[13] Geymonat (1984), 836; Reynolds (1984), 4 36. Außerdem siehe A. Pratesi, »Osservazione paleografiche (e non) sui Codices Vergiliani antiquiores«, in *Atti del convegno mondiale scientifico su Virgilio, 19–24 sett. 1981* (Mailand 1984), 223.

[14] Carl Nordenfalk, *Vergilius Augusteus* (Graz 1976). Geymonat (1984), 836 schlägt eine Datierung ins frühe 6. Jahrhundert vor; siehe auch Geymonat (1984), 836.

[15] Siehe Geymonat (1984), 836 und Geymonat (2000), 310; siehe auch B. Bischoff, »Die alten Namen in lateinischen Schriftarten«, in Mittelalterliche Studien I (Stuttgart 1966), 1–5.

[16] Geymonat (2000), 310; siehe auch Geymonat (1984), 837.

[17] Ein weiteres Beispiel hierzu bei Gian Biagio Conte, *Poetry of Pathos: Studies in Virgilian Epic*, Hrsg. S. J. Harrison, übers. von Elaine Fanrharn und Glenn Most (Oxford 2007), 212–18.

[18] Martin L. West, *Textual Criticism and Editorial Technique Applicable to Greek and Latin Texts* (Stuttgart 1973) 11; Eduard Norden, *Die Geburt des Kindes: Geschichte einer religiösen Idee* (Leipzig/Berlin 1924), 62 Anm. 2. Vgl. Chiara Guadagno, »Riflessioni su Virg. *Ecl.* 4.60–63«, *Vichiana* 9 (2007), 41–53.

[19] Norden (1924), 62–3; Vgl. Ethel Mary Stuart, »Qui non risere parenti«, *CR* 40 (1926), 156. R. D. Williams, »Virgil *Eclogues* 4. 60–63«, *CP* 71 (1976), 119–21. Siehe Clausen, ad 62, 144. E. Coleiro, *An Introduction to Vergil's Bucolics with a Critical Edition*

of the Text (Amsterdam 1979), 321 akzeptiert *parentes* als Akkusativ. Williams (1976), 119–20; Reynolds und Wilson (1991), 219.

[20] Diese Möglichkeiten werden genau erklärt bei Williams (1976), 119–21; vgl. Clausen, ad 62 und Coleiro (1979), 321–22; siehe auch Clausen, ad 62; J. P. Postgate, »An Early Corruption in Virgil«, *CR* 16 (1902), 36–7.

[21] Vgl. C. J. Fordyce, *Catullus* (Oxford 1961), ad 1.1 und D. F. S. Thomson, *Catullus* (Toronto 1997), ad 1.1. Fordyce (1961), 84 erörtert die Veränderung von *quoi* zu *cui*. Sabbadini, ad loc., erscheint überrascht, dass Quintilian vergisst, dass er *quoi* als *cui* geschrieben gesehen hat (vgl. Quintilian 1.7.27).

7. Kapitel: Vergils Vermächtnis

[1] Tanya M. Caldwell, *Virgil Made English: The Decline of Classical Authority* (New York 2008), 216 et passim.
[2] Craig Kallendorf, *Virgil and the myth of Venice: Books and readers in the Italian Renaissance* (Oxford 1999), insbes. 31–38.
[3] Philip Hardie, *The Epic Successors of Virgil: A Study in the Dynamics of a Tradition* (Cambridge 1993), 4–13.
[4] Hardie (1993), 48.
[5] L. D. Reynolds und N. G. Wilson, *Scribes and Scholars: A Guide to the Transmission of Greek and Latin Literature* (Oxford 1968, 3. Aufl. 1991), 27.
[6] Hans Armin Gärtner und Wolf-Lüder Liebermann, *DNP* 3, s. v. »Cento«, 115.
[7] Scott McGill, *Virgil recomposed: The mythological and secular centos in antiquity* (Oxford 2005), 18; zu Valentian, 6.8.
[8] Vgl. Kevin Tsai, »Hellish Love: Genre in Claudian's *De raptu Prosperpinae*«, *Helios* 34 (2007), 46–48, 52 f.
[9] Louis Holtz, »La survie de Virgile dans le haut moyen âge«, 111 R. Chevallier (Hrsg.), *Présence de Virgile: Actes du colloque des 9, 11 et 12 Décembre 1976* (Paris 1978), 215–19.
[10] Sarah Spence, *Rhetorics of Reason and Desire: Virgil, Augustine, and the Troubadours* (Ithaca 1988), 59.
[11] L. Traube, *Vorlesungen und Abhandlungen II: Einleitung in die lateinische Philologie des Mittelalters*, Hrsg. P. Lehmann (München 1911), 113. Siehe auch Jan M. Ziolkowski und Michael C. J. Putnam (Hrsg.), *The Virgilian Tradition: The First Fifteen Hundred Years* (New Haven 2008), 96–107.
[12] Lao Paoletti, »Virgilio e Boccaccio«, in R. Chevallier (Hrsg.), *Présence de Virgile: Actes du colloque des 9, 11 et 12 Décembre 1976* (Paris 1978), 249–63. Vgl. Ziolkowski und Putnam, 418 f. und (zu Chaucer) 145 f.; siehe auch Craig Kallendorf, *The Virgilian tradition: book history and the history of reading in early modern Europe* (Aldershot 2007), 40–42.
[13] Christopher Baswell, *Virgil in medieval England: Figuring the Aeneid from the twelfth century to Chaucer* (Cambridge 2006), 23, 285–308.
[14] M. C. J. Putnam und James Hankins (Hrsg.) *Maffeo Vegio: Short Epics* (Cambridge, MA 2004). Vgl. Craig Kallendorf, »Maffeo Vegio: Short Epics, ed. and trans.

M. C. J. Putnam wih James Hankins« (Rezension), *Vergilius* 50 (2004), xix, 216. Holzschnitte waren erstmals in der Ausgabe von Brant-Güninger (1502) zu finden und wurden dann in der 1529 erschienenen Ausgabe von Crespini nachgedruckt; Nachdruck in Stefano Bonfanti mit C. Bo, *Maffeo Vegio: Supplementum: Libro XIII dell'Eneide* (Mailand 1997), *passim*. Siehe auch Kallendorf (2004), 217.

[15] Giuseppe Gerbino, »The Madrigal and Its Outcasts: Marenzio, Giovannelli, and the Revival of Sannazaro's ›Arcadia‹«, *Journal of Musicology* 21 (2004), 17 f.

[16] Bemerkt, aber nicht erklärt von Hardie (1993), 28 Anm. 21.

[17] David Quint, »The Virgilian Coordinates of *Paradise Lost*«, *MD* 52 (2004), 177–97.

[18] Vgl. John C. Shields, *The American Aeneas: Classical Origins of the American Self* (Knoxville 2001), 255–58. Shields' Arbeit ist wichtig, da er über Barlow hinaus mehrere Kontaktstellen zwischen Vergils Held und der Konstruktion der amerikanischen Psyche herausarbeitet.

[19] T. S. Eliot, *What is a classic? An address delivered before the Virgil Society on the 16th of October 1944* (London 1945), 20, 31; außerdem siehe Ziolkowski (1993), 132 f.

[20] Luciano Zagari, »Hermann Broch e l'antimito di Virgilio«, in Marcello Gigante (Hrsg.), *La Furtuna di Virgilio* (Neapel 1986), 317–90; M. M. Sarrabezolles, »Hermann Broch, ›Der Tod des Vergil‹ ou ›L'Éneide‹ en autriche a l'époque de l'Anschluss (Une psychanalyse vraisembable du genie de Virgile)«, in Chevallier (1978), 443–55; Charles-Marie Ternes, »Le dialogue entre le prance et le poète dans ›Der Tod des Vergil‹ de Hermann Broch«, in Chevallier (1978), 457–68; Fiona Cox, *Aeneas Takes the Metro: The Presence of Virgil in Twentieth-Century French Literature* (Oxford 1999), 29–56. Eine detaillierte Analyse von Broch und Virgil findet sich in Theodore Ziolkowski, *Virgil and the Moderns* (Princeton 1993), 203–22, insbes. 220: »Broch wusste wenig über den historischen Vergil und benutzte ihn lediglich als Figur, auf die er seine eigenen Standpunkte und Ziele projizieren konnte.« Siehe auch Michèle Lowrie, »Blanchet and the Death ofVirgil«, *MD* 52 (2004), 211 f., die sich mit Blanchots Ansichten über Vergil auseinandersetzt, insbesondere im Hinblick auf Broch.

[21] W. R. Johnson, »Robert Lowell's American Aeneas«, *MD* 52 (2004), 227–39; vgl. Ziolkowski (1993), 181.

[22] Colin Burrow, »Virgil in English Translation«, in Charles Martindale (Hrsg.), *The Cambridge Companion to Virgil* (Cambridge 1997), 21–37.

[23] Kozue H. Kobayashi, »Virgil in Japan«, in Marcello Gigante (Hrsg.), *La fortuna di Virgilio* (Neapel 1986), 507–23. Siehe Ziolkowski (1993), 27–56.

[24] Gene C. Tsao, *Aeneas from China* (Bloomington 2005).

[25] Guy de Tervarent, *Présence de Virgile dans l'art* (Brüssel 1967) konzentriert sich auf die französische Malerei des 16. und 17. Jahrhunderts, darunter ausgewählte bukolische Bilder, die auf den *Eklogen* basieren, und die bekannteren Gemälde in der Galerie d'Énée im Palais Royal; siehe auch Peter Grau und Hans Ludwig Oertel, *Carmina Illustrata: Zur Veranschaulichung von* Odyssee, Aeneis *und* Metamorphosen (Bamberg 2004).

[26] Michael Levey, *Painting and Sculpture in France, 1700–1789* (New Haven 1995), 76.

[27] Eine allgemeine Untersuchung bei Warren Anderson, T. J. Mathiesen und Robert Anderson, s. v. »Virgil«, in *Oxford Music* (Oxford 2007, die aktualisierte Fassung des *Grove Dictionary of Music and Musicians*, New York 1920). Siehe auch die detaillierte

Untersuchung von David Cairns, »Berlioz and Virgil«, *Proceedings of the Royal Musical Association* 45 (1968–9), 97–110.

[28] Simon Towneley Worsthorne, *Venetian Opera in the Seventeenth Century* (Oxford 1954, Nachdruck 1984), 152.

[29] Zu diesen Komponisten zählten Albioni, Galuppi, Porpora, Jommelli, Piccinni, Paisiello und Rossini. Vgl. Anderson, Mathiesen und Anderson (2007); im 19. Jahrhundert führten die Opern von Paer (18 10), Mercadante (1823) und Reißiger (1824) diese Tradition fort.

[30] David Cairns, »*Les Troyens* and the *Aeneid*«, *Responses: Musical Essays and Reviews* (New York 1973), 88–110. Siehe auch William Fitzgerald, »*Fatalis Machina*: Berlioz's *Les Troyens*«, MD 52 (2004), 206–7.

[31] R. A. Smith, »Dido as Vatic Diva: A New Voice for the Persona of the Lost Lover«, CJ 98 (2003), 435 f.

[32] Jon Solomon, *The Ancient World in the Cinema* (New Haven 2001), 129.

[33] Aus dem Vorwort: »The Virgil Society«, H. E. Bulter, T. S. Eliot, J. W. Mackail, A. Moncrieff, R. W. More, V. Sackville-West und R. Spaeight in Eliot (1945), 3. Vgl. www.virgilsociery.org.uk. Zur *Vergilian Society* siehe www.vergil.clarku.edu.

[34] Ein solches Restaurant ist »Elyssa Dido«, 85 Orchard Street, New York. Das Schiff ist der *AA Class Cruiser* »HMS Dido« der Royal Navy aus dem Zweiten Weltkrieg, der 1939 bis 1958 auf See war. Beim Football-Coach handelt es sich um Joe Paterno, den Trainer der *Penn State Nittany Lions*; Paterno schreibt darüber, wie wichtig die *Aeneis* für ihn ist, in *Paterno: By the Book* (New York 1989).

[35] »Hanc tu ne divinam Aeneida tenta, sed vestigia pronus adora. Wir sein pettler; hoc est verum.« Siehe Carl P. E. Springer, »Arms and the Theologian: Martin Luther's Adversus Arinatum Virum Cochlaeum«, IJCT 10 (2003), 41.

Register

Achilleus 26, 56, 76, 90, 113, 122, 124, 127, 141, 153, 157, 160, 165, 179, 184, 197, 213
Actium 19, 41–44, 78, 136, 151–152, 163
adynata 67
Aegon 71
aemulatio 56, 107, 216
Aeneas 20–21, 25, 34–35, 41, 69, 118–152, 154–165, 168, 177, 181, 184–185, 187–194, 196–197, 205–211, 213, 221–222
Agrippa 42–43, 47, 120, 151, 221
Aischylos 17, 24
Akronym 119
Akrostichon 28–29, 110, 217
Alba Longa 119, 123, 143, 148, 161
Alexandria 24–25, 29, 42, 48, 142, 220
alexandrinisch 17, 19–21, 23, 25–28, 30–31, 55, 57, 81, 90, 93–94, 105, 107, 110, 112, 114, 116, 118–120, 142, 164, 180, 184, 196, 217, 220
Alphesiboeus 65–66, 68–70
Amaryllis 59, 61–62, 65, 68–69, 72
amicitia 46
Ammianus 14
Amor 67, 69, 85
Anagnorisis 124
Anapher 100
Anchises 121, 127–131, 135–136, 138, 140, 143–144, 157, 194
Aphrodite 122, 137; *siehe auch* Venus
Apollo 73, 76, 80–81, 84, 95, 104, 108, 110, 128, 140–141, 143, 150, 221
Apollonios von Rhodos 25, 28, 121, 124, 131, 137, 145, 150, 185, 210, 216
Apostrophe 67, 81, 131, 145
apparatus criticus 167, 174
Appendix Vergiliana 44

Apronianus, Turcius Rufus 12, 14–16, 169, 182, 186, 201, 215
Ara Pacis 77, 206
Aratos von Soloi 25, 28–29, 92, 110, 217
Archimedes 55, 73
Ariadne 26, 66, 133
Arion 67
Aristaeus 26, 30–31, 33, 112–115, 176, 193
Aristie 150, 153
Aristoteles 24, 112, 221
Arkadien 21, 54, 64, 72, 74–75, 85, 148, 150, 155, 188, 192; arkadisch 53–54, 137
Ascanius 34, 123, 125, 127, 129–130, 132, 134, 139, 143, 146–147, 153, 194, 217, 221; *siehe auch* Julus
Asinius Pollio 41, 45, 218
Asopichos 17–18
Athenaios 17
Äthiopien 85
Atrium Libertatis 41, 217
Augustinus 11, 186–187, 213
Augustus 20, 27, 43–44, 47–49, 91, 113, 123, 136, 143–144, 146, 149, 151–152, 155, 164, 185, 203, 206, 217, 221–222; *siehe auch* Octavian

Bacchus 42, 80, 89, 93–94, 99–100, 110–111, 143, 207; *siehe auch* Dionysos; Vater Lenaeus; Liber
Berenike 55, 105, 142
Berufung 35, 189
Bildsprache 24, 41–42, 51, 54–56, 59, 67, 77
bukolisch 11, 23–24, 45, 51–52, 54–55, 57, 61–64, 66, 71, 76–76, 80–81, 83–86, 206, 219, 226
Buthrotum 128–130, 135, 140, 222

Cacus 148–149, 176–177, 211
Calvus 26–27, 30
Capitalis quadrata 171–172
Capitalis rustica 169–170, 172
capsa 168
carmina 15, 66, 68, 187
Cassius Dio 47–48
Catilina 37, 136, 151
Cato 25–27, 30, 34, 91, 96, 220
Catull 26, 30, 38–39, 55, 57–58, 69, 82, 85, 94–95, 101, 133, 142, 153
Ceres 80, 88–89, 91–92; *siehe auch* Demeter
Chiron 109
Cicero 25, 27, 34, 37, 39–40, 42, 151, 217, 222
Cinna 26, 30, 62, 182
Code 11–12, 15–17, 23, 27–30, 35, 86, 105, 107, 116, 120, 165, 180
Codex 11–13, 15, 35, 167–172, 179, 181–182, 186, 212
cognomen 43
Cornificius 26
Corydon 65–67, 70, 74–75, 206
Crassus 38–39
crux, -ces 167
Cupido 125

Daktylischer Hexameter 11, 26, 51, 55, 204
damnatio memoriae 48, 204
Damoitas 54–55, 57, 71–73
Damon 65–67, 69–70, 189
Daphnis 21, 54–55, 64, 66, 68–71, 74–75, 79–80, 206
Demeter 90–91, 147; *siehe auch* Ceres
Dialog 15, 17, 21–24, 30–35, 37, 49, 51–53, 57–58, 60–61, 64, 66, 71–72, 74, 141, 198, 204
Didaktik 22, 24–25, 30, 83–84, 87, 99, 115, 184, 192, 223
Dido 21, 24–25, 34–41, 69, 121, 124–126, 128, 131–135, 141–143, 147, 157, 159, 184–187, 193–197, 209–210, 221

Dionysos 66–67, 94, 110; *siehe auch* Bacchus; Vater Lenaeus; Liber
Donatus, Aelius 36, 185
Donatus, Tiberius Claudius 36
Dualismus 21–22, 34–35, 53–54, 60, 73–74, 88, 120, 125, 148, 165, 191

Ekphrasis 43, 55, 71, 113, 124, 132, 148, 184, 205
Ennius 25, 30, 51, 104–105, 160
Epikureer 26–27, 52, 103, 123, 131, 202, 222
Episch 24, 26, 39, 51, 59, 82, 86, 93–94, 104, 113, 117, 121–122, 124, 135, 151, 155–156, 161, 163–165, 183, 186–187, 196, 206, 208, 216; epischer Code 11, 15, 23, 120, 165, 180; epischer Zyklus 22; epische Tradition 30, 121–122, 185
Epos 11, 21–23, 25–26, 30–31, 49, 51, 57, 81, 83, 86, 93, 104–105, 107, 110, 113, 116–119, 121–123, 125, 145, 153–154, 157, 161, 164–165, 183–190, 198
Epyllion 26, 30–31, 110, 112, 114, 184, 193
Eratosthenes 25, 55, 91, 207
Euander 148–151, 154–158, 163, 176
Euphrat 19–20, 93, 116
Euripides 18–19, 21, 24, 135, 138–139, 210
Europäische Schule 34, 163, 183
Eurydike 65, 67, 113, 114, 193, 219

Fabius Pictor, Quintus 30

Gallus 27, 48, 51–53, 64, 83–86, 88, 113, 185, 204, 208, 219
Goldenes Zeitalter 31, 76, 78–80, 90, 143
Gracchen 38, 144
Grazien 18

Hadrian 120, 221
Harvard-Schule 34–35, 163, 183, 191, 202

Hektor 122, 126, 129–130, 147, 155, 160–161, 165, 179, 184
Hellenismus 17, 51
hellenistisch 24, 29, 194, 216, 211, 216
Herkules 109, 118, 143, 148–150, 155, 176–177, 211, 222
Herodot 67, 74
Hesiod 18–19, 23–25, 28, 51, 53, 63–64, 83, 88, 90–91, 96, 101, 104–105, 132, 141, 205–206, 216–217
Homer 16–17, 23, 25, 28, 30–31, 51, 56–58, 68, 90, 98, 113–114, 118–123, 130–132, 137, 145–148, 150, 153–156, 158, 160, 164, 168, 179–180, 184, 201–202, 211, 216, 221
Horaz 42, 45–46, 48–49, 164
Hylas 82–83

idealer Leser 16, 35, 180, 203
Imitation 17, 64, 120, 150, 186, 188, 197, 216
intertextuelle Referenz 17–20, 27, 55, 57–58, 66, 75, 85, 90, 95, 105, 186, 189, 198, 207, 216

Jason 18–19, 121, 124, 165, 185
Iulius Caesar, Gaius 38–41, 43, 54, 59, 68, 76, 79–80, 92, 118, 129, 136, 143–144, 151, 163, 184–185, 208, 219
Julus 123, 127, 143; *siehe auch* Ascanius
Juno 119, 121–122, 124–125, 127, 132, 134, 138–139, 146–147, 149, 153–154, 156–157, 161–163, 208, 211, 222
Jupiter 34, 72, 90, 95, 122–123, 125, 132, 150, 153–156, 161, 211, 222

Kallimachos 19–20, 23–25, 55, 57–58, 75, 90, 93, 105, 107, 110, 142, 147, 207, 216
Karthago 25, 34–35, 41, 121, 124–125, 132, 134–135, 185, 189, 196
Kirke 68, 145
Kleodamos 18

Kleopatra 41–43, 151, 203
Konsul(n) 12, 37–38, 43, 45, 75–76, 79, 169; Konsulat(e) 14, 43–44, 47, 144; *consul suffectus* 45, 78, 81; *consul ordinarius* 12, 14
Kreusa 128, 133, 143

lateinische Majuskel 172
Latifundien 38
Latinus 146–147, 158–160
Lavinia 119, 146, 154, 160, 162, 191, 211
Lepidus 40
liber 50, 85, 167–168, 224
Liber 88–89; *siehe auch* Bacchus; Dionysos; Vater Lenaeus
libertas 59
Linus 66, 83
Livius 37, 119, 222
Livius Andronicus 25
Lukrez 26, 30, 51, 82, 89, 98–99, 101–102, 106, 108–109, 115, 123, 131, 134, 136, 161–162, 173, 175, 202, 207, 223
Luxeuil-Minuskel 170
Lycidas 53, 61–64, 70

Maecenas 43, 45, 46–49, 71, 87, 94, 110, 204
Marcus Antonius 40–43, 59, 78, 111–112, 151, 210, 221
Marsfeld 14, 120
Medea 18–19, 67, 124, 131, 135
Meliboeus 21, 32, 34, 37, 51, 53, 58–61, 71, 74–75, 95
Menalcas 54, 57–58, 61–62, 64–65, 71–73, 79–80, 84
Merkur 34–35, 132, 134
Mezentius 147, 150, 154, 156–157, 211
Mimus 24, 51
mis en abyme 155
Moeris 37, 53, 61–64, 70
Mopsus 66–67, 79–80
Muse(n) 17, 23–24, 51, 59, 63–64, 66, 68, 72–73, 75–76, 83, 101, 104, 119–120, 145, 153–154, 202, 206

Nachleben 181–182, 212
Naevius 25, 57–58, 104, 202
Neoteriker 26–27, 30, 57, 62, 82–85
Nigidius Figulus 27, 52, 76
Nikander 24, 29, 88
nostos 119, 146–147, 164
Nysa 66–67

Octavian 19, 27, 39–48, 51, 59–60, 70–71, 76, 78–81, 89, 92, 96, 104–105, 111–112, 116, 163, 201, 208, 218–219; *siehe auch* Augustus
Odysseus 68, 119, 125, 130, 145–147, 152, 156, 162, 164–165, 211, 226
Orchomenos 18
Orpheus 18–19, 48, 53, 57, 65–68, 74, 81, 83, 113–115, 193, 207–208, 218–219
Ovid 20, 30–31, 45, 82, 86, 184, 187–188, 194, 202, 219, 222

Pales 14, 80, 103–104, 107, 207
Palimpsest 170–171
Papyrus 50, 167–168, 218
Parilia 14
Paris 122, 125, 137, 146, 160
Paronomasie 28, 69, 85, 96, 126–127, 161
pastoral 24, 51, 53, 64, 73, 108, 206, 219
Pathos 37, 39, 89, 97, 109, 135, 140, 153, 163, 179, 184, 190, 192, 199
pax Augusta 44, 164
Peleus und Thetis 26, 82
Penaten 128
Penelope 114, 146
Peri physeos 26, 82
Philippi 41, 163
Philodemos 27, 52
Phoibos 83; *siehe auch* Apollo
Pindar 17–19, 21, 27, 89, 105, 216, 220
Platon 22, 24, 112, 143
Plutarch 37, 43
poeta 17
Poliziano, Angelo 166, 212

Pompeius 38–39, 127, 144, 184–185, 209
praenomen 47
Priapus 75
Prometheus 82–83
Properz 85, 118, 164
Proteus 112–114, 176
Punische Kriege 25, 37, 134
Pythagoras 50, 219

Quintilian 118, 174–175, 185, 225

recensio 166, 173, 212
recusatio 81, 93; *anti-* 104; *quasi-* 71
referenzieller Stil 17, 19–21, 23, 26–27, 31, 56, 58, 67, 90, 104, 142, 189
Renaissance 7, 168, 170, 173, 182, 188, 190, 192–193, 224–225
Republik 14, 35, 37, 40, 43, 144, 203
Res gestae divi Augusti 43, 203
Romulus 103, 123, 151
Rubikon 39, 184

Saturn 25, 82, 96–97, 101–103, 149
Schriftrolle 11, 167–168, 193, 212, 224
Sedulius 15, 186, 213
Seneca 47
Servius 36f., 40, 48, 54, 76, 79, 101, 113, 127, 175, 177, 185, 217–218, 206, 209–211, 220, 222
Sibylle; Sibyllinische Bücher 76, 140–141, 143, 187, 193
sidus Iulium 76, 78
Silen 31, 54, 82–84, 184
sphragis 48, 116–117
Stemma 167–168
Strabo 130
Sueton 29, 36, 44–47, 49–50, 71, 185, 217
Sychaeus 124f., 131, 134, 142–143

Tasso, Torquato 188–189, 213
telos 118–119, 121, 128, 135, 165, 211, 221
terminus ante quem 12, 169

Tetraktys 52, 79, 219
Theokrit 24, 50–51, 53, 56–59, 63–66, 69, 71, 75–76, 83, 85, 206
Theseus 26, 66, 69, 133, 142, 165, 184, 212–213
Thukydides 109
Thyrsis 74–75
Tiber 141, 148, 153
Tiberius Gracchus 37–38; *siehe auch* Gracchen
Tibull 45, 85
titulus 144, 168
Tityrus 21, 32, 37, 46, 51, 53, 59–62, 67, 71, 78, 81, 116, 206
Tragödie 17, 24–25, 45, 70–71, 73, 94, 135, 139, 202
Tribun 37–38, 40, 44, 136
Troja 22, 57, 73, 76, 100, 118–120, 122–131, 133, 135, 137–140, 143–149, 151, 154, 158, 164, 184, 191–192, 194, 197, 209
Turnus 41, 146–148, 152–164, 177, 185, 194, 211
umbilicus 167
umbra 86, 161

Unterwelt 18, 86, 113–114, 140–141, 143, 145, 157, 164, 168, 187, 193, 210, 221

Varius 46, 62
Varro 27, 47, 91, 96–97, 99, 111–112, 207, 209, 220
Varus 45, 61, 81
Vater Lenaeus 93–94, 102, 110; *siehe auch* Bacchus; Dionysos; Liber
vates 17, 113–114, 129
vellum 168
Venus 67–69, 79, 89, 106, 123–125, 127, 132, 139, 141, 149–151, 154, 156–157, 160, 222; *siehe auch* Aphrodite
Verschwörung des Murena 47–49
Vita Suetonii Donati (VSD) 29, 36, 44–46, 49–50
volumen 167–168, 224
vorsokratisch 22, 115

Weisheit 22–23, 30–31, 33–35, 37, 49, 87–88, 100, 103, 109, 112, 115–117, 144, 164–165, 191, 198